BULLETIN

DE LA

SOCIÉTÉ DES SCIENCES

HISTORIQUES & NATURELLES

DE LA CORSE

XIVe ANNÉE
MARS-AVRIL-MAI-JUIN 1894. — 159e-160e-161e-162e FASCICULES.

BASTIA

IMPRIMERIE ET LIBRAIRIE OLLAGNIER

—

1894.

SOMMAIRE

DES ARTICLES CONTENUS DANS LE PRÉSENT BULLETIN

Pages

Pièces et documents divers pour servir à l'histoire de la Corse pendant les années 1790-1791, recueillis et publiés par M. l'Abbé Letteron xii-338

Pour paraître prochainement;

Registres de la Correspondance et des Délibérations du Comité Supérieur (1790) publiés par M. l'Abbé Letteron.

Recherches et notes diverses sur l'histoire de l'Eglise en Corse, par Mgr De la Foata, évêque d'Ajaccio.

Correspondance de Sir Gilbert Elliot, Vice-Roi de Corse, avec le Gouvernement Anglais. (Dépêches d'Angleterre). Traduction de M. Sébastien de Caraffa, Avocat.

PIÈCES ET DOCUMENTS DIVERS

POUR SERVIR

A L'HISTOIRE DE LA CORSE

PENDANT

LES ANNÉES 1790-1791

SOCIÉTÉ DES SCIENCES HISTORIQUES ET NATURELLES
DE LA CORSE

PIÈCES ET DOCUMENTS DIVERS

POUR SERVIR

A L'HISTOIRE DE LA CORSE

PENDANT

LES ANNÉES 1790-1791

RECUEILLIS ET PUBLIÉS

par M. l'Abbé LETTERON

PROFESSEUR AU LYCÉE

BASTIA

IMPRIMERIE ET LIBRAIRIE OLLAGNIER

1894

INTRODUCTION

Nous n'avons pas l'intention de faire ici une étude générale sur les délibérations contenues dans le présent volume. Les sujets en sont tellement divers qu'il serait difficile de les comprendre dans un cadre unique. Le moyen le plus sûr pour le lecteur de se renseigner vite et bien sera de consulter la table des matières, à laquelle nous avons donné une étendue très suffisante, peut-être même excessive. Nous nous proposons seulement ici d'attirer l'attention du lecteur sur certains faits plus saillants ou plus caractéristiques, et d'en éclaircir quelques autres à l'aide de témoignages, généralement inédits, laissés par des contemporains.

I.

Ce fut le 9 septembre 1790 que l'Assemblée Electorale tint sa première séance à Orezza dans l'église du couvent de Saint François. Elle comptait 419 électeurs, nommés par les citoyens actifs dans les assemblées primaires, d'après les dispositions de la Constitution du 3 septembre 1791 (1). Dès qu'elle eut nommé son bureau provisoire, le président, Paoli, reçut des commissaires du roi une lettre conçue en termes assez vagues, où l'embarras, la crainte d'affirmer des droits, fort réguliers pourtant, se dissimulent mal sous la pompe des félicitations adressées aux membres de l'Assemblée et à son président. Le rôle des commissaires était, en effet, très délicat. Aux termes de leur commission, ils devaient « convovoquer les assemblées pour les élections, veiller sur toutes

---

(1) « Pour être citoyen actif, il faut être né ou devenu Français ; être âgé de vingt-cinq ans accomplis ; être domicilié dans la ville ou dans le canton depuis le temps déterminé par la loi ; payer dans un lieu quelconque du royaume, une contribution directe au moins égale à la valeur de 3 journées de travail, et en représenter la quittance ; n'être pas en état de domesticité, c'est-à-dire de serviteur à gages ; être inscrit, dans la municipalité de son domicile, au rôle des gardes nationaux ; avoir prêté le serment civique. » — (Tit. III, sect. II, art. 2).

« Nul ne pourra être nommé électeur s'il ne réunit, aux conditions nécessaires pour être citoyen actif, savoir : dans les villes au-dessus de 6,000 âmes, celle de propriétaire ou usufruitier d'un bien évalué sur les rôles de contribution à un revenu égal à la valeur locale de 200 journées de travail ; dans les villes au-dessous de 6,000 âmes, celle d'être propriétaire ou usufruitier d'un bien évalué sur les rôles de contribution à un revenu égal à la valeur locale de 150 journées de travail, ou d'être locataire d'une habitation évaluée sur les mêmes rôles, à un revenu égal à la valeur de 100 journées de travail ; et, dans les campagnes, celle d'être propriétaire ou usufruitier d'un bien évalué sur les rôles de contribution à un revenu égal à la valeur locale de 150 journées de travail, ou d'être fermier ou métayer de biens évalués sur les mêmes rôles, à la valeur de 400 journées de travail. A l'égard de ceux qui seront en même temps propriétaires ou usufruitiers d'une part, et locataires, fermiers ou métayers de l'autre, leurs facultés à ces divers titres seront cumulées jusqu'au taux nécessaire pour établir leur éligibilité. » — (Tit. III, sect. II, art. 7).

les opérations, décider provisoirement toutes les difficultés qui pourraient s'élever sur lesdites formations et établissements. » Mais d'autre part, la Constitution contenait deux articles qui rendaient à peu près illusoires les pouvoirs accordés par le roi à ses commissaires (1). L'Assemblée s'en tint aux articles de la Constitution, et elle le fit avec d'autant plus de liberté que la nomination de certains commissaires avait été fort mal vue en Corse.

La vérification des pouvoirs dura jusqu'au 16 septembre. Dans l'intervalle, le 11 septembre, l'Assemblée avait donné audience aux députations des gardes nationales de Bastia et de l'Isle-Rousse. Ces députations rapportaient des fêtes de la fédération le drapeau du Département, présent de la ville de Paris. Galeazzini, capitaine des gardes nationales de Bastia, remit le drapeau entre les mains du président de l'Assemblée, puis, montant dans la chaire qui servait de tribune, il prononça, le sabre à la main, un discours qui, suivant l'expression d'un contemporain, *non spirava che l'entusiasmo della libertà*.

Le 13 septembre, Paoli fut nommé président définitif par

---

(1) « Les assemblées électorales ont le droit de vérifier la qualité et les pouvoirs de ceux qui s'y présenteront ; et leurs décisions seront exécutées provisoirement, sauf le jugement du corps législatif, lors de la vérification des pouvoirs des députés. » — (Tit. III, sect. IV, art. 5).

« Dans aucun cas et sous aucun prétexte, le roi ni aucun des agents nommés par lui ne pourront prendre connaissance des questions relatives à la régularité des convocations, à la tenue des assemblées, à la forme des élections, ni aux droits politiques des citoyens ; sans préjudice des fonctions des commissaires du roi dans les cas déterminés par la loi où les questions relatives aux droits politiques des citoyens doivent être portées dans les tribunaux.

338 voix sur 341 votants. Le nom de Buttafoco sé trouvait sur un des trois autres billets. A peine les électeurs l'eurent-ils entendu prononcer qu'ils firent avec leurs pieds un vacarme épouvantable. La chose alla même si loin que plusieurs se demandèrent si le nom de Buttafoco n'avait pas été mis en avant à dessein par quelque ami de Paoli, afin de provoquer cette bruyante manifestation.

C'est dans la séance du 23 septembre, l'une des plus importantes de la session, qui furent lues et approuvées les adresses à l'Assemblée Nationale et au roi. Rarement le gouvernement des Génois avait été maudit en termes aussi peu mesurés que le fut dans ces adresses le gouvernement du roi de France. On lui reprochait les *orrori della più violenta schiavitù*; on le qualifiait de *più crudele despotico governo*. Sans doute Paoli n'était pas fâché que les Corses fissent la leçon au roi et lui déclarassent, maintenant qu'ils étaient couverts par la protection de l'Assemblée Nationale, que, pendant l'exil du *père de la patrie,* le gouvernement royal n'avait été que violence et oppression. Mais les membres de l'Assemblée (et ils étaient nombreux) qui profitaient depuis vingt ans pour eux et pour leurs familles des bienfaits du roi, qui n'ignoraient pas tout ce que la Corse avait gagné à être réunie à la France, ne devaient-ils pas protester contre les termes plus qu'irrévérencieux employés dans ces adresses? Plusieurs, dit-on, songèrent à le faire ; mais ils n'eurent pas le courage de manifester leurs sentiments, et joignirent leurs applaudissements à ceux de leurs collègues dont la mémoire était plus courte.

Pompei surtout se distingua par son zèle infatigable à entasser les honneurs sur la tête de Paoli. Après avoir rappelé les *horreurs du despotisme royal*, et avoir adressé ses plus chaleureux remerciements à l'Angleterre, *questa nazione fortunata, produttrice di grand'uomini, che conosce ed approva il vero merito*, Pompei proposa coup sur coup à l'Assemblée 1º de voter une pension annuelle à Paoli ; 2º de le nommer commandant général des gardes nationales ; 3º de lui élever une statue pour immortaliser ses vertus. La première et la troisième proposition, combattues par Paoli, ne réunirent pas l'unanimité. Plusieurs membres trouvèrent qu'il y avait, en effet, quelque servilisme à élever à un général encore en vie une statue dans le chef-lieu même du département ; ils trouvèrent aussi qu'une pension annuelle de 50.000 fr. serait une charge bien lourde pour les finances d'un pays où le total des impositions, même sous *l'affreux despotisme royal*, n'avait jamais dépassé 180.000 fr. (1). La deuxième proposition était absolument illégale (2) ; elle n'en fut pas moins votée à l'unanimité. Paoli se laissa nommer commandant général des gardes nationales du département, malgré la loi, et sans faire la moindre objection.

Les intentions de Paoli et de ses partisans s'étaient plutôt laissé deviner jusqu'alors qu'elles ne s'étaient affirmées ostensiblement ; Arena allait les manifester sans ambages. Le système était bien simple : Tout aux mains de Paoli et de ses

---

(1) Ambrogio Rossi, appréciant en cette circonstance la conduite de l'assemblée et celle de Paoli, s'exprime ainsi : « Si vidde dell' umiliazione per ogni parte, tanto più sapendo che veramente ritirava la detta somma dalla cassa della nazione. »

(2) « Les officiers sont élus à temps et ne peuvent être réélus qu'après un intervalle de service comme soldats. *Nul ne commandera la garde nationale de plus d'un district.* » (*Constit.*, tit. IV, art. 6).

amis ; exclusion absolue de tous ceux qui avaient soutenu le gouvernement de la France.

Paoli avait été élu commandant général des gardes nationales ; il fut encore élu président de l'Administration départementale, et on lui donna pour l'assister un *Comité de recherches*. Les pouvoirs militaires et les pouvoirs civils allaient ainsi se trouver concentrés entre ses mains. Mais l'exercice de sa dictature aurait pu être gêné par le voisinage du Régiment Provincial qui, comme troupe régulière, échappait à l'autorité de Paoli. Arena en demanda donc la suppression, et la motion fut adoptée à l'unanimité. Paoli avait une vieille rancune contre le Régiment Provincial. Pendant son exil en Angleterre, grâce aux sommes considérables que lui avaient fournies les Anglais, il avait pu entretenir en Toscane et en Corse un grand nombre de ses anciens partisans, à la condition qu'ils resteraient pour la France des ennemis irréconciliables. Des troubles avaient éclaté dans l'île à plusieurs reprises, et c'était surtout au Régiment Provincial qu'on avait dû la répression ou l'expulsion des rebelles. Voilà quels étaient les *funesti servizi resi all' orribile despotismo da quel Reggimento,* ainsi que s'exprimait Arena dans sa motion. Les soldats du roi n'avaient été que des assassins ; les rebelles seuls étaient des patriotes.

Paoli avait encore d'autres ennemis à humilier, et particulièrement « *l'infame* Buttafoco. » Buttafoco et l'abbé Peretti, députés à l'Assemblée Nationale, furent donc dénoncés par Pozzodiborgo et Panattieri, comme ennemis de la liberté, et l'Assemblée Electorale exprima le regret que la loi ne lui permît pas de retirer leur mandat à ces deux représentants indignes. Singulier scrupule, en vérité, après tant d'autres délibérations illégales ! En violant la légalité cette fois encore, l'Assemblée Electorale aurait eu du moins le mérite d'inventer le mandat impératif.

Ce ne furent point les seuls coups portés à Buttafoco. Deux jours plus tard, Pozzodiborgo proposa de demander à l'Assemblée Nationale la révocation de toutes les concessions d'étangs, de biens communaux, etc., faites à divers individus. Buttafoco n'était pas nommé, mais il était visé directement ; on voulait lui arracher la concession de l'étang de Biguglia et les autres privilèges qui lui avaient été accordés lors de l'annexion de la Corse à la France.

Après avoir humilié les oppresseurs et essayer de les appauvrir, on devait naturellement songer à indemniser les victimes. Un grand nombre de Corses, refusant de se soumettre à la domination française, avaient quitté l'île avec Paoli et s'étaient retirés en Toscane, d'où ils n'avaient cessé d'entretenir parmi leurs compatriotes le mécontentement et l'esprit de sédition. Ils avaient repoussé toute amnistie et leurs biens avaient été saisis. Plus tard, autorisés par un décret de l'Assemblée Nationale à rentrer en Corse, ils étaient venus rejoindre Paoli. Arena demanda donc que ces émigrés non seulement fussent remis en possession de leurs biens, mais en recouvrassent encore les revenus perçus par les trésoriers royaux. Les termes dont se servit Arena indiquent bien que les amis de Paoli se préoccupaient de prendre une revanche sur la France : « *Tutti i beni dei difensori della libertà che si refugiarono in Toscana per non soccombere alla forza oppressiva che distrusse il nostro felice governo, ecc.* » L'Assemblée ne pouvait faire mieux que d'applaudir à ce langage ; elle déclara, à l'unanimité, comme le lui demandait

Arena, que les revenus des biens des rebelles avaient été *indebitamente percepiti*.

Enfin Panattieri fit une motion qui permit à l'Assemblée de condamner en bloc le gouvernement des administrateurs royaux pendant les vingt dernières années, et à un grand nombre de ses membres de faire un *meâ culpâ* solennel qui dut transporter de joie le cœur de Paoli. Elle décida, toujours à l'unanimité, que toutes les délibérations prises en faveur de Marbeuf, de Sionville et de Narbonne seraient cassées, et que la mémoire des *martyrs de la liberté*, c'est-à-dire les *victimes du pouvoir judiciaire et du pouvoir militaire*, serait réhabilitée.

II.

Nous n'avons rien de particulier à relever dans les procès-verbaux de la session de l'Administration départementale du 30 septembre au 14 novembre 1790. Toutes ces délibérations, fort importantes au point de vue de l'histoire générale de la Corse, ne se rapportent à aucun fait qui mérite d'être signalé d'une manière spéciale. Nous arrivons immédiatement à l'élection de l'évêque constitutionnel.

Le décret de l'Assemblée Nationale qui divisait la France en départements, ne reconnaissait qu'un seul évêché pour chacun d'eux, et comme Bastia était le chef-lieu de la Corse, Mgr de Verclos, évêque de Mariana et Accia, se trouvait naturellement désigné pour réunir sous sa juridiction les cinq diocèses de l'île. Mais il fallait pour cela prêter le serment constitutionnel et usurper l'autorité des quatre autres évêques qui n'avaient pas donné leur démission. Paoli et Arena auraient bien voulu que Mgr de Verclos, pour lequel ils avaient la plus grande estime, consentît à devenir l'évêque constitutionnel. Il prévoyaient qu'une élection faite par le peuple occasionnerait peut-être des troubles sérieux, surtout à Bastia, et ils étaient tout disposés à *adoucir* le serment à prêter par l'évêque de Mariana. Mgr de Verclos ne voulut point se prêter à leurs calculs.

Ce refus et le refus des autres évêques de donner leur démission occasionnèrent en Corse une confusion extrême. Deux partis s'étaient déjà formés : les constitutionnels et les anti-constitutionnels. Il faut rendre d'ailleurs ce témoignage au clergé corse, que la conduite des prêtres constitutionnels n'était pas moins édifiante que celle des autres. Nous avons à ce sujet le témoignage du P. Ambrogio Rossi qui refusa jusqu'au bout de prêter serment à la Constitution et dont l'attestation, par conséquent, n'est pas suspecte. Les populations, surtout dans les villes, avait pris parti pour les uns ou pour les autres, et comme le peuple traduit volontiers ses sentiments par des actes, on se jetait à la face les noms d'aristocrates, de royalistes, de traîtres, de réfractaires, d'hérétiques, de schismatiques. C'est dans cette dernière classe qu'étaient rangés Paoli et les Administrateurs du Département.

Une lettre circulaire du Procureur Général convoqua les électeurs à Bastia pour la nomination du nouvel évêque. Mgr de Verclos se trouvait alors à Rome, où il était allé chercher des conseils pour la conduite à tenir dans des circonstances si difficiles. Ses vicaires généraux, dont le doyen était l'abbé Guasco, le curé de Saint-Jean, Bajetta, et d'autres encore entretenaient avec lui une correspondance assidue ; Guasco surtout l'engageait à revenir à Bastia, et la longue lettre qu'il lui écrivait se terminait par ces mots : « *Monsignore, Quanto prima si unirà l'Assemblea per eleggere un vescovo in luogo di quello che è assente ; non sarebbe eletto, se fosse presente, ed eleggendosi, sarà benedetto dal Papa, trattandosi di una Francia.* » Mgr de Verclos demanda avis au Pape qui lui communiqua deux brefs, l'un du 16 mars précédent, l'autre du 13 avril, adressé à l'évêque d'Ajaccio, alors à Rogliano. Tous deux condamnaient la Constitution civile du clergé et le serment civique. Pie VI conseilla à l'évêque de Mariana de retourner dans son diocèse ; sa présence, disait-il, empêcherait peut-être l'élection de l'intrus ; en tout cas, en se conduisant avec prudence, il pourrait calmer les troubles que l'on redoutait et rester tranquillement dans son diocèse. Ainsi encouragé par le Pape, Mgr de Verclos quitta Rome et arriva le cinq mai à Bastia.

La population l'attendait sur le môle ; il débarqua, son bréviaire sous le bras, au milieu des vivats les plus chaleureux. Il se rendit aussitôt à l'église Saint-Jean et entonna lui-même les Litanies des Saints ; le clergé, qui était accouru tout entier, les continua. Parmi les assistants se trouvait le Supérieur des Missionnaires, le P. Salvadori, de Balagne, qui répéta par trois fois cette invocation : *Ut inimicos Sanctae Ecclesiae humiliare digneris, Te rogamus, audi nos.* Quand les Litanies furent terminées, l'évêque, sans quitter l'autel, adressa la parole au peuple, lui parla de son voyage à Rome et du bref du Pape qui condamnait la Constitution civile du clergé comme *un amas d'hérésies*, ainsi que le serment civique. Il ajouta que, le dimanche suivant, il lirait le bref et donnerait la bénédiction papale. Un électeur de Sartene, Angelo Chiappe, qui se trouvait à peu de distance, dit alors en riant à ses voisins, mais assez haut : « Vous voyez, Messieurs, notre bon évêque est revenu de Rome pour prêter le serment. » L'évêque, surpris d'un tel langage, lui répondit : « Vous avez mal compris mes paroles, je ne jurerai pas. » Le tumulte fut aussitôt à son comble ; Chiappe, menacé de toutes parts, prit la fuite, et ce fut fort heureux pour lui, car la foule paraissait disposée à se porter contre sa personne aux dernières extrémités. Cet incident augmenta encore l'animosité entre les deux partis ; de nombreux électeurs, qui n'étaient venus à Bastia qu'à contre-cœur et sur les instances réitérées des districts, se disposèrent à retourner chez eux.

Paoli savait déjà à quoi s'en tenir sur les dispositions des Bastiais, aussi avait-il fait venir de l'intérieur 1,500 gardes nationales pour veiller à la sûreté de l'Assemblée Electorale. L'incident de l'église Saint-Jean l'éclaira sur les dispositions des électeurs. Il fit donc aussitôt deux choses : il députa auprès de Mgr de Verclos le Procureur Général Syndic, Arena, afin qu'il décidât l'évêque à prêter le serment avec toutes les conditions et réserves qu'il voudrait exiger du côté de la religion. Il fit ensuite défendre par une proclamation qu'aucun électeur sortît de Bastia sans une permission expresse, sous peine d'être poursuivi. Arena ne voulut pas faire seul la démarche que lui demandait Paoli ; mais il demanda, par respect pour l'évêque et pour le Département qu'il représentait lui-même, à être accompagné. Dans son escorte se trouvait un jeune homme, d'une conduite et d'une piété irréprochables, Ambrogio Franceschetti, que l'évêque estimait d'une manière particulière. Arena et Franceschetti eurent beau faire les plus vives instances et mettre en avant l'intérêt suprême de la religion, Mgr de Verclos persista dans son refus.

Paoli et Rossi, commandant des troupes, se retirèrent alors à Terranuova, et firent savoir à la population de Bastia qu'au moindre attroupement, il serait pris des mesures rigoureuses. Paoli cherchait toujours le moyen de n'avoir pas à élire un nouvel évêque. Il fit parler à chacun des quatre évêques en particulier et leur proposa le serment, toujours avec les mêmes réserves à l'endroit de la religion. Aucun d'eux n'accepta d'être évêque constitutionnel, et l'élection fut définitivement fixée au 8 mai.

Dès le lendemain de son arrivée, Mgr de Verclos était allé faire visite à Paoli pour le remercier de la démarche du Procureur Arena. Paoli insista à son tour personnellement pour le faire revenir sur sa détermination, mais l'évêque resta inébranlable. On parla ensuite du bref du Pape qui condamnait le serment et que l'évêque avait apporté avec lui. Paoli témoigna le désir de l'avoir entre les mains, mais Mgr de Verclos l'ayant refusé, le ton de l'entretien devint aigre-doux et l'on échangea des propos qu'il est inutile de rapporter. Au sortir de cette entrevue, l'évêque se retira dans la maison des Missionnaires où le Département lui intima défense de publier le bref.

Le 8 mai arriva ; c'était un dimanche, le jour précisément où l'évêque de Mariana devait lire le bref et donner la bénédiction papale. Il donna, en effet, cette bénédiction à Sainte Marie, dans sa cathédrale. Puis ayant entendu dire que les votes des électeurs se porteraient probablement sur son vicaire Guasco, il lui écrivit pour qu'il refusât d'être nommé évêque dans des conditions semblables ; « ce serait, disait-il, un schisme, une intrusion qui ne convenait ni à son âge ni à son caractère. » Jusqu'alors, en effet, l'abbé Guasco avait joui d'une estime universelle (1). Il connaissait déjà l'existence du bref ; en recevant le billet de son évêque, il protesta « qu'il n'accepterait à aucun prix, quand même les électeurs auraient pour lui cette bonté. » Plusieurs amis l'entendirent s'exprimer ainsi, et entre autres Mgr Santini, qui depuis certifia le fait à d'autres personnes. « *Posso io*, ajouta-t-il, *ricevere un vescovato, non solo di vescovi viventi, ma del mio che è qui presente, senza loro dimissione, contro il volere del Papa, per una sola nomina popolare non approvata, ed anzi riprovata ?* » Mais son frère Giuseppe, qui avait tout fait pour préparer l'élection, insista si vivement auprès de lui que, l'élection faite, il finit par accepter l'épiscopat. On lui fit entendre et il feignit de croire « *che il Papa si sarebbe piegato a quel nuovo sistema, essendo giustificabile in tutte le sue parti, meno che non volesse smembrare dalla Chiesa cattolica il Regno di Francia.* »

Cependant le clergé, séculier et régulier, ne montra guère

---

(1) Voici le jugement, fort honorable en vérité, que le P. Ambrogio Rossi a porté sur le vicaire Guasco : « Deve osservarsi per la pura esattezza di questa storia che al detto vicario niente mancava per la pubblica stima. Da molti anni esercitava l'impiego di vicario generale, e sempre colla massima integrità e zelo ; dolce di carattere, fermo però, illuminato ne' suoi doveri che sapea presentare senza ostentazione a' meno eruditi, compativa e consolava li deboli con maniera degna di un vero Padre della Chiesa. Più volte fu vicario capitolare, e 'l suo governo sperimentato facea da tutti bramarlo per il vescovato. La sua età, eziandio con qualche incomodo, toccava gli anni settanta. A tutti questi riguardi univa il gran merito di esser patriotto, e di quel numero che si computavano o martiri o figli di martiri per la patria. Ecco il soggetto che presero in vista gli elettori per essere **nuovo vescovo, specialmente il general Paoli.** »

d'empressement à reconnaître le nouvel évêque ; tous les prêtres recouraient à l'évêque légitime avec une affectation marquée, et le peuple, de son côté, se mit aussitôt à appeler l'abbé Guasco intrus et schismatique. Le Procureur Général Syndic engagea la population à témoigner publiquement sa joie ; mais ses recommandations furent peu écoutées, surtout pour les illuminations, qui furent très rares. Un mai fut élevé à la porte de l'évêque constitutionnel, mais par ses parents, surtout ceux de l'intérieur, qui comptaient bien tirer quelque profit de leur démonstration sympathique, et qui, assure-t-on, en tirèrent en effet.

Cependant la présence de Mgr de Verclos à Bastia devenait embarrassante pour l'Administration départementale, le clergé et la population s'obstinant à ne reconnaître d'autre évêque que l'ancien évêque de Mariana. Le 12 mai, comme un bateau se trouvait prêt dans le port, Mgr de Verclos reçut l'ordre de partir dans les six heures. Il représenta qu'il n'avait même pas de quoi payer son voyage ; on lui donna sur les fonds publics 300 écus, dont il fit distribuer la moitié aux prisonniers et aux pauvres honteux. Un départ si soudain indisposa encore davantage la population de Bastia contre le gouvernement, et accrut son hostilité contre la Constitution.

Quelques jours plus tard éclata dans cette ville l'insurrection sur laquelle nous n'avons pas à nous étendre. L'histoire de Renucci, les documents publiés récemment dans notre Bulletin par M. Cagnani, les interrogatoires des officiers municipaux et autres personnes compromises, que l'on trouvera dans le présent volume, fournissent tous les détails désirables sur les causes de cette insurrection, sur la conduite de la population bastiaise pendant les troubles, et sur la manière dont elle fut châtiée. Ajoutons seulement que les Bastiais arrêtés et détenus dans les prisons de Corte, ne furent remis en liberté que lorsque le roi eut accepté la Constitution et que l'Assemblée Nationale eut voté à cette occasion une amnistie générale pour tous les faits politiques. D'ailleurs si le passé fut oublié, les choses ne furent pas pour cela remises dans leur état primitif : le siège de l'évêché, qui avait été enlevé à Bastia, resta définitivement fixé à Ajaccio.

III.

La deuxième Assemblée Electorale se réunit à Corte le 13 septembre 1791. Elle devait élire six députés à l'Assemblée législative, renouveler par moitié l'Administration départementale, élire deux jurés à la Haute Cour d'Orléans, fixer le chef-lieu du Département et le siège de l'évêché, Paoli, qui avait dirigé à son gré les délibérations de la première Assemblée Electorale, dirigea encore les opérations de la deuxième, mais avec une autorité moins souveraine. Des froissements étaient survenus entre lui et les Directeurs du département qui ne souffraient plus aussi facilement de se voir annihiler et prétendaient avoir une autre autorité propre. Dès l'ouverture de la session, il fut facile de deviner qu'il y aurait une lutte, au moins sourde, entre Paoli et les membres du Directoire. D'après la loi, les électeurs seuls pouvaient assister à l'Assemblée, et chacun d'eux présentait avant d'entrer, un billet d'admission à la sentinelle qui se tenait à la porte de la salle. Les Directeurs, qui délivraient les billets, prévoyant qu'ils seraient attaqués à la tribune par les partisans de Paoli, firent entrer dans la salle, avec les électeurs, un certain nombre de leurs amis. En effet, Coti, électeur de Talavo, et ami de Paoli, commença à prononcer un véritable réquisitoire contre le Directoire qu'il accusait d'arbitraire, de despotisme, etc. Mais bientôt les amis du Directoire firent un tel bruit avec leurs pieds que la voix de Coti, sonore pourtant, ne put le dominer. Alors un autre ami de Paoli, Mario Folacci, électeur de Bastelica, se leva, monta sur un banc, et se mettant une corde au cou, il se tourna vers Paoli, en disant : « Excellence, si les représentants du peuple ne peuvent plus parler, nous allons redevenir esclaves. » Beaucoup de gens crurent que la scène avait été préparée avec l'assentiment de Paoli, surtout quand le discours de Coti eut été imprimé avec la réflexion de Folacci, et que l'on sut que Leonetti avait donné un louis pour l'impression.

Les six députés qui furent élus à l'Assemblée Législative avaient chacun un concurrent : Leonetti fut élu contre Arena ; Pietri de Fozzano contre un Casabianca ; Pozzodiborgo contre Varese ; Boerio contre Ferrandi ; Arena contre Bozio et Peraldi contre Multedo.

Arena se croyait sûr de l'emporter au premier tour de scrutin sur Leonetti ; il répétait à qui voulait l'entendre qu'il aurait une majorité d'au moins quarante voix. Arena était favorisé par le Directoire ; mais s'il était en outre l'ami de Paoli, Leonetti était son neveu, et les paolistes qui, en toute autre circonstance, auraient donné volontiers leur vote à Arena, comprirent que, si Leonetti n'était pas élu, les Directeurs ne manqueraient pas de faire remarquer que cette exclusion était un échec significatif pour le général. Paoli comprit de son côté qu'il avait fait une maladresse en laissant ces deux candidats concourir l'un contre l'autre ; sa préférence était pour Leonetti, mais il ne pouvait l'indiquer que d'une manière détournée. Voici comment il s'y prit. Il se retira sur la place publique, et là, en présence de nombreux électeurs, il demanda à Leonetti s'il était vraiment candidat à la députation. Leonetti répondit que son amour pour la Corse était assez grand pour qu'il la servît encore de cette manière : *Bravo !* s'écria le général, *la nostra patria deve servirsi in preferenza di tutto, nè dispiacerà all'Assemblea Nazionale di avervi per legislatore uno della mia famiglia.* » Ce propos fut répété et les électeurs comprirent ce qu'ils devaient faire : Leonetti fut élu. Arena en éprouva un vif dépit, bien qu'il n'eût été battu que de quelques voix, et que la proclamation du nom de Leonetti n'eût été accueillie par la majorité elle-même qu'avec de maigres applaudissements. Il savait d'où partait le coup, mais il dissimula pour ne pas se rendre impossible toute élection à un autre siège.

Un ami de Paoli, Casabianca, se présenta au second scrutin ; il croyait avoir pour concurrent Varese, patroné par le Directoire. Mais Paoli avait d'autres vues ; son choix se porta sur Pietri de Fozzano, dont l'élection, disait-il, lui tenait encore plus à cœur que celle de son neveu même. Casabianca eut beau intriguer pour se débarrasser de cette concurrence : rien n'y fit, Pietri fut élu.

L'impuissance du Directoire à faire élire ses partisans était clairement démontrée. Pozzodiborgo, patroné par les Directeurs, profita pour lui-même de la leçon qu'avait reçue Arena ; tous deux se rendirent auprès de Paoli. Le général les croyant suffisamment humiliés par le résultat des deux premiers scrutins, les encouragea et leur dit de s'aider eux-mêmes, le succès étant certain. « Excellence, répondit Pozzodiborgo, vos amis intimes, et en particulier Leonetti, se déclarent contre nous, se donnant comme les interprètes de vos sentiments ; notre succès est donc impossible. — Mon neveu, répliqua Paoli, n'a pas cette commission ; c'est moi que l'affaire regarde. » Il sortit alors sur la place, appela un Religieux Observantin et en présence d'un grand nombre d'électeurs, il lui dit à haute voix, sur un ton assez mécontent : « *Mi si dice che il mio nipote avanza il mio genio per qualcheduno ; ditegli che si quieti assolutamente, e lasci la libertà dell' elezione a chi si deve.* » L'avis fut suffisant : Pozzodiborgo qui se présentait pour le troisième siège fut élu avec un nombre de suffrages supérieur à celui des deux premiers.

Les élections de Boerio et de Peraldi pour le quatrième et le sixième siège eurent lieu sans incidents. Il n'en fut pas de même pour le cinquième. Arena avait dû s'abaisser devant Paoli ; la démarche qu'il avait faite auprès du général avait coûté beaucoup à son amour-propre, mais enfin il avait obtenu sa protection ; il ne fut pourtant élu qu'après deux tours de scrutin. Arena se promit dès ce moment de ne pas rester l'ami d'un homme qui prenait plaisir à l'humilier, et l'on sait s'il tint parole.

L. LETTERON.

ERRATA

Au lieu de :			Lire :
lo	pag. 3,	lig. 23	la
Confermatto	» 12,	» 21	confermato
vostr	» 20,	» 20	vostri
seguente	» 25,	» 12	seguenti
coreggere	» 35,	» 6	correggere
aggiudicatri	» 35,	» 23	aggiudicatari
eiascheduno	» 42,	» 9	ciascheduno
assistenza	» 50,	» 26	sussistenza
pertubatori	» 53,	» 4	perturbatori
è che	» 60,	» 11	e che
puono	» 100,	» 20	puonno
degnera	» 100,	» 24	degenera
prendre	» 105,	» 28	prendere
neccessario	» 110,	» 11	necessario
installatti	» 112,	» 14	installati
nnmero	» 119,	» 29	numero
sessione	» 127,	» 25	sessioni
delle	» 128,	» 2	della
gturisdizioni	» 129,	» 1	giurisdizioni
soltia	» 216,	» 22	solita
d	» 240,	» 18	di
noscre	» 247,	» 8	noscere
servivà	» 250,	» 19	serviva
quatunque	» 253,	» 16	quantunque
trada	» 263,	» 21	strada
del 23	» 274,	» 21	del 29
sensa	» 288,	» 10	senza
del 18	» 293,	» 13	del 19
iuvolti	» 299,	» 14	involti
elettor	» 304,	» 20	elettori
Leoni	» 336,	» 28	Leonetti

PIÈCES ET DOCUMENTS DIVERS

POUR SERVIR

A L'HISTOIRE DE LA CORSE
pendant les années 1790-1791

PROCESSO VERBALE DELL'ASSEMBLEA DEGLI ELETTORI
DEL DIPARTIMENTO DI CORSICA (1)

Giovedì 9 Settembre 1790

(Sessione della mattina).

L'anno mille settecento novanta, li nove settembre, a nove ore della mattina, nel Convento d'Orezza, nella chiesa destinata per sala e preparata per la tenuta delle sessioni dell'As-

---

(1) Il presente registro composto di dugento quaranta cinque fogli, non compreso il presente, è stato numerato e parafato per primo ed ultimo foglio da Noi Ignazio Felce, vice-presidente del Consiglio Generale dell'Amministrazione del Dipartimento di Corsica, per servire a registrarvi di seguito e senz'alcun bianco, tanto il processo verbale delle sessioni dell'Assemblea Elettorale d'Orezza, che quello delle sessioni del detto Consiglio Generale del Dipartimento, o del suo Direttorio.

Fatto in Bastia nel palazzo della residenza del Dipartimento del suo Direttorio, li tre ottobre mille settecento novanta.

FELCE, *Vice-presidente.*
PANATTIERI, *Segretario generale.*

semblea del dipartimento di Corsica, per l'esecuzione delle lettere patenti del Re date a Parigi nel mese di gennaro scorso sul decreto dell'Assemblea Nazionale dei ventidue decembre mille settecento ottanta nove, portante constituzione dell'Assemblee primarie ed amministrative, ed in virtù dell'invito dei Signori Commissari del Re nominati per l'organizzazione del Dipartimento di Corsica, che fissa l'apertura dell'Assemblea per questo giorno, si sono riuniti i Signori Elettori delle Pievi dei nove Distretti, cioè di Bastia, Oletta, Isola Rossa, la Porta d'Ampugnani, Corte, Cervione, Ajaccio, Vico e Tallano.

L'Assemblea volendo constituirsi ha fatto ricerca dei cittadini più attempati conformemente agli articoli 15 e 24 del decreto dell'Assemblea Nazionale sopra enunciati, ed ha nominato per Presidente il Signor Pasquale de Paoli, comandante generale delle Guardie Nazionali di Corsica, ed elettore della Pieve di Rostino, Distretto della Porta d'Ampugnani, e per scrutatori i Signori Canonico Felce, elettore della pieve d'Alesani, Distretto di Cervione; Rossi, elettore della città e Distretto d'Ajaccio, e Tiburzio Morati, elettore della Pieve di S. Quilico, Distretto di Oletta.

Questa nominazione fatta ed accettata dai detti elettori, il Signor Presidente ha pronunciato un discorso, che è stato vivamente applaudito; l'Assemblea ne ha ordinato l'impressione, affinchè sia distribuito in tutte le Comunità del Dipartimento, e che sia registrato nel presente processo verbale, di cui siegue il tenore:

« Signori,

« Sensibilissimo all'onore che mi fa la vostra scelta, gradite, o Signori, che io ve ne contesti la mia più viva riconoscenza e permettete che io mi congratuli con tutti voi dell'oggetto per cui ci troviamo qui radunati. Non avrò bisogno di rammentarvi le passate vicende del nostro paese per farvelo maggiormente apprezzare. Ben sapete quante volte nella serie dei secoli i nostri compatriotti abbino prese le armi, o per difendere o per riacquistare la perduta libertà, di cui mai si spense la generosa passione nell'animo loro. È ancora recente nella memoria vostra lo stato in cui eransi ridotte le cose, dopo che liberata quasi intieramente l'Isola dagli esterni ed interni nemici della causa pubblica e stabilita e consolidata una constituzione di governo che potè meritare anche l'approvazione ed applausi degli Esteri, prosperavano fra noi sotto gli auspici della riacquistata libertà, assieme colle virtù patriottiche, il commercio, l'agricultura e le scienze più necessarie, frutti della pace interna riprodotta dalla rigida osservanza delle leggi.

» Non si godè lungamente di un tanto bene, e l'invidiosa politica dei gabinetti, dopo di avere studiato di privarcene per via di sorde pratiche, dopo di aver posto in opera tutti i mezzi che la corruzione suole impiegare, e che non bastarono a superare il patriottismo dei Corsi, si vidde obbligata a mandare forze troppo superiori contro questo povero paese. Pure si combattè non senza gloria, e vi fu qualche momento in cui la giustizia della nostra causa dette le più grandi apprensioni all'orgoglio del dispostico ministro. Trionfò, non ostante i vostri generosi sforzi, l'ingiustizia e lo violenza, e quanto il suo risentimento sia stato crudele per tutto il tempo della passata oppressione, voi tutti sapete, e pochi sono forse nell'Isola che non ne risentano ancora i danni e le funeste conseguenze. Sembrava minacciato alla nazione l'ultimo eccidio, se la fortunata rivoluzione ultimamente avvenuta nella Monarchia francese non tratteneva il colpo fatale. Poteste ancor voi in così fausta circostanza riprender vigore, e ricordarvi della virtù primiera dei nostri maggiori che presero la prima volta le armi senza quasi alcuna speranza di successo, ma determinati di spezzare le loro dure catene, o di perire nel conflitto. S'interessò a favore dei vostri sforzi la generosa nazione francese, compianse il vostro miserabile stato per il sentimento delle ingiurie che essa medesima avea sofferto, e ad onta delle cabale di una cieca e crudele politica, e disprezzati i riclami dei vostri antichi nemici, si determinò con tutto l'impegno a riparare i vostri torti; e se ad essa eravate stati compagni nella servitù, vi volle fratelli sotto le stesse insegne della libertà.

» Saranno sempre presenti alla nostra riconoscenza i due memorabili decreti passati nell'Assemblea Nazionale, e sanzionati dal Re, coi quali fu associata la Corsica alla libertà ed alla gloria dell'Impero francese. Noi non potremo meglio dimostrare la nostra gratitudine, che dev'essere indelebile per un tanto beneficio, che giurando ora, che la prima volta legalmente riuniti possiamo farlo liberamente, giurando, dissi, a quella nazione nobile un perpetuo attaccamento ed una totale adesione alla nuova felice costituzione, che ci riunisce con essa sotto le stesse leggi e sotto un Re cittadino, che la riconoscenza dei presenti e dei posteri riguarderà sempre come il Padre del suo Popolo, ed il modello dei buoni Principi.

» A questa fortunata situazione non siamo noi pervenuti senza che vi abbia molto contribuito il patriottico zelo di due dei nostri deputati all'Assemblea Nazionale. Ardenti, fino dal primo instante che se ne aperse la scena, a correre la lizza della libertà, non solo si sono essi adoprati con istancabile attività e vigore ad assicurare alla Patria il beneficio della fortunata rivoluzione, ma costanti nello spirito che la produsse e nei principj che l'hanno diretta, mai non mancò il loro voto ed adesione ai buoni patriotti francesi che compongono il corpo della legislatura per la promozione di tutti i decreti che formano la gloria della nostra costituzione e la felicità della Monarchia. Consapevole fin da principio, e da diversi mesi in qua testimone del loro operato in tal congiuntura, per giustizia e per riconoscenza devo ricordarne i nomi alla vostra gratitudine, quantunque tutti sappiate già che sono questi i Signori Cesari e Saliceti.

» Quel che deve ora occupare il vostro patriottico zelo ed assicurare alla Nazione il frutto della riacquistata libertà, è la scelta affidatavi dai vostri committenti ai vostri lumi ed alla virtù vostra, delle persone che debbano formare il Dipartimento del nostro Paese. Se, come voglio sperare, sarà questa diretta da spirito pubblico, se, spenta tra voi ogni animosità e rancore, ogni considerazione in somma di privato interesse e riguardo, caderà solamente su quelli tra i cittadini che per patriottismo, per talenti, e per virtù pubbliche sono già segnalati nell'opinione del popolo, voi consoliderete con questa importantissima operazione il rinascente destino della Patria, e giustificando la pubblica confidenza vi mostrerete degni dell'onorevole incarico, che da essa vi è stato imposto.

» Vi tratterrò per poco su quel che riguarda il mio particolare. Onorato sommamente da giornaliere moltiplicate testimonianze del vostro affetto e della confidenza che ancora dimostrate nel sincero zelo, con cui fu altre volte da me servita la Patria, debbo dolermi che l'età e gl'incomodi che l'accompagnano, non rendano pari al buon volere le forze ed i talenti. Consapevole a me stesso di quanto poco avrei potuto aggiungere col mio ritorno tra voi alla vostra attività ed energia per la causa pubblica, mi ero proposto di contentarmi della sospirata consolazione di sentirvi liberi e felici da lontano, se da una parte le maligne insinuazioni artificiosamente sparse da chi non trascurava occasione di nuocerci, sulla mia continuazione in Inghilterra, e dall'altra il vostro desiderio espressomi con replicate deputazioni, di rivedermi tra voi, non mi avessero fatta una legge di prestarmi ai vostri voti, e di consagrare alla mia nazione il resto di una vita che tanto solamente io valuto, quanto ho saputo impiegarla in sostenerne e promuoverne in ogni tempo l'onore e la libertà. Con quali sentimenti d'indelebile riconoscenza e gratitudine, con quali vincoli di onore che non saprò mai porre in obblio, io mi staccassi da quella potente e generosa nazione che poco fa rammentai e che per più di venti anni somministrandomi onorevole asilo mi avea tenuto luogo di Patria, e più particolarmente dell'Augusto Monarca della medesima, nato ad ogni virtù e degno veramente degli omaggi di un popolo libero e grande, ho fatto altrevolte palese, nè mai si cancellerà dall'animo mio la memoria della considerazione e munificenza con cui vi fui onorato, nè mai dimenticheranno i buoni patriotti che nella desinteressata beneficenza di quel Gran Monarca e di quella potente nazione trovarono onorevole ristoro e sollievo alle amarezze del volontario esilio quelli tra i nostri che lo preferirono alla violenta schiavitù, e poterono così serbare alla Patria oppressa miglior animo e destino.

» Nè devo temere che questi sentimenti che ho comuni con voi siano per dispiacere ai nostri generosi confratelli francesi, o che potrà trarne efficace vantaggio la maligna detrazione di qualche nostro nemico per scemare nell'animo loro l'opinione del nostro sincero attaccamento alla monarchia, a cui ci facciamo ora gloria di appartenere. Sanno le grandi nazioni rispettare la virtù e l'onore, e poco conto terrebbero del pubblico carattere di un popolo capace di dimenticarla; oltre di che si conforta già l'umanità, troppo lungamente afflitta dalle passate rivalità tra la Francia e l'Inghilterra, col vicino prospetto di nuovo ordine di cose, per cui questi due grandi Imperi, che si emulano già con tanto successo nella saviezza della legislazione, ed in tutti i progressi della perfezione sociale, deposta ogni gelosia ed animosità, coltiveranno, per sistema d'illuminata politica, stabile amicizia e pace fra di loro, ed assicureranno così la tranquillità dell'Europa, e direi meglio, del mondo intero.

» Non potrei poi, senza incorrere egualmente la taccia di sconoscente, passare sotto silenzio il favore, più che per verun mio merito particolare, per il mio conosciuto impegno e sentimenti per la libertà ed i vantaggi della Patria, dimostratomi in Francia dall'Augusta Assemblea Nazionale, la degnazione con cui fui accolto dal Re, ed il grazioso incarico da esso affidatomi di travagliare al ristabilimento della quiete del nostro popolo, e ad unirlo di buon cuore con i suoi nuovi confratelli francesi, perchè d'ora in avanti non vi sia più distinzione fra le due Nazioni, come egli mi assicurò e a voce e con lettera scritta di proprio pugno, che non ve ne sarebbe più stata nella sua paterna affezione. Tali sentimenti si è degnato il grazioso Monarca di farmi ripetere dal suo Ministro per mezzo dell'ultimo corriere.

» Animato da questo lusinghevole prospetto, io risguardo questo come il più felice de'miei giorni, e se nulla potrà accrescere in seguito il mio contento a un tempo e la mia riconoscenza verso di voi, amatissimi compatriotti, sarà il vedervi sempre più confermati in quei sentimenti di perfetta unione, che da voi richiede instantemente in queste urgenze la Patria, per consolidare la rinata libertà e la pace, all'ombra delle quali desidero di consumare, come ogni altro privato cittadino, il resto di mia vita, in ricompensa dei sparsi sudori, e di quel desinteresse che mi ha sempre animato, e di cui sarò sempre più geloso nella rispettata opinione vostra. »

Il Signor Presidente, a cui è stata deferita dall'Assemblea la nomina del Segretario provisorio, ha nominato il Signore Arena, elettore della città e Distretto dell'Isola Rossa.

E nell'istante essendo stata rimessa al Signor Presidente una lettera dei Signori Commissari del Re, diretta ai Signori Elettori del Dipartimento, ha dato l'incarico al Segretario di farne lettura, il quale ha eseguito immediatamente, ed eccone le espressioni:

« Signori,

» Ecco finalmente arrivato il momento in cui si apre la tanto bramata Assemblea degl'Elettori, che la base deve essere di nostra felicità. Noi, Signori, non abbiamo lasciato di adoprarci colla più scrupolosa diligenza per l'adempimento di nostra commissione, e non mancheremo di usare il medesimo impegno fin ch'essa durerà.

» Impediti di essere riuniti colle Signorie loro per cooperare al bene della Patria, faremo dei voti continui per l'esito felice di loro fatiche. La confidenza che essa ha avuta nell'affidar loro i suoi più cari e grandi interessi, si è una certa prova del loro merito e sincero loro patriottismo. Fondate così le comuni speranze, noi crederemmo di far loro un torto se osassimo di esortarle onde vogliano in una circostanza sì preziosa per la nostra nazione, spiegar tutta la loro attività per ciò che riguarda le importanti operazioni alle quali sono per applicarsi.

» Il Dio di pace a cui si porgono in ogni luogo ferventi preci, la Patria tutta che aspetta dalle loro cure i più saggi provvedimenti, l'augusta Assemblea Nazionale, che attende da noi cose degne di quella stima che di noi ha concepita, che stimoli non sono questi, o Signori, a vieppiù accenderle di quel patriottico fuoco che già loro arde negli animi? Ma la presenza dell'Eroe della Patria, il nome di cui non si può proferire senza tenerezza, la presenza del Signor Generale de Paoli, vale più di qualunque motivo possa loro addursi. Secondiamo le sue mire, entriamo ne' suoi sentimenti e niente più vi vorrà perchè la imminente Assemblea non sia per essere l'epoca di ogni nostra prosperità.

» Accettino, Signori, queste espressioni che sono insieme e l'effusione de' nostri cuori, ed un attestato non equivoco del rispettoso attaccamento, con cui abbiamo l'onore di essere etc.

» Dal Convento d'Orezza, li 9 settembre 1790.

» Sottoscritti — † D. M. Vescovo di Nebbio, Matteo Limperani, Paolo Mattei, Francesco Maria Aurelio Varese. »

Il Signor Arena, Segretario, ascese alla Tribuna e pronunciò un discorso patriottico che l'Assemblea applaudì e deliberò di far stampare.

I Signori Pompei e Pozzodiborgo parlarono egualmente colla maggior energia, e l'Assemblea ordinò l'impressione dei loro discorsi.

Diversi altri membri, cioè li Signori Ristori, Bonaparte e Casamarte, hanno espresso dei sentimenti analoghi alle circostanze.

Dovendosi verificare ed esaminare i poteri degli elettori, prima di procedere ad alcuna operazione, l'Assemblea per abbreviare il tempo, ha deliberato di nominare cinque elettori per Distretto, affine di procedere a questo travaglio in qualità di Commissari esaminatori, per farne poi il rapporto all'Assemblea, e che i Commissari del Distretto di Bastia verificheranno i poteri degli elettori di quello d'Oletta; i Commissari di questo Distretto i poteri degli elettori dell'Isola Rossa; i Commissari di questo Distretto i poteri degli elettori della Porta d'Ampugnani; i Commissari di questo Distretto i poteri degli elettori di quello di Corte; i Commissari di questo Distretto i poteri degli elettori di quello di Cervione; i Commissari di questo Distretto i poteri degli elettori d'Ajaccio; i Commissari di questo Distretto i poteri degli elettori di Vico; i Commissari di questo Distretto i poteri degli elettori di Tallano; e finalmente i Commissari di questo Distretto i poteri degli elettori del Distretto di Bastia. E perciò li nove Distretti si formeranno in scagni e faranno il rapporto della nomina di loro Commissari rispettivi domani alle nove ore della mattina, alle quali il Sig. Presidente ha indicato la continuazione dell'Assemblea.

Venerdì 10 Settembre 1790

(Sessione della mattina).

L'anno mille settecento novanta, li dieci settembre, a nove ore della mattina si sono riuniti li Signori Elettori componenti il Dipartimento di Corsica, nella medesima sala.

Il Sig. Segretario ha annunciato per parte del Sig. Presidente che li Signori Elettori dei nove Distretti, essendosi ridotti in scagni, hanno fatto scelta dei Commissari per l'esame e verificazione dei poteri in conformità della deliberazione presa nella sessione di jeri, e che, secondo il rapporto ch'è stato fatto al Sig. Presidente, sono stati nominati i seguenti Elettori, cioè :

Nel Distretto di Bastia, i Signori Mattei, Fraticelli, Salvadori, Semidei e Caraccioli per verificare i poteri degli Elettori del Distretto di Oletta.

Nel Distretto di Oletta, i Signori Barbaggi, Campocasso, Morati del Borgo, Bozio e Massiani per verificare i poteri degli Elettori del Distretto dell'Isola Rossa.

Nel Distretto dell'Isola Rossa, i Signori Giubega, Bonaccorsi, Savelli, Costa e Quilici per verificare i poteri degli Elettori del Distretto della Porta d'Ampugnani.

Nel Distretto della Porta d'Ampugnani, i Signori Raffaele Casabianca, Pompei, Valerj, Ciavaldini e Moroni per verificare i poteri degli Elettori del Distretto di Corte.

Nel Distretto di Corte, i Signori Raffaelli, Turchini, Chiarelli, Benedetti di Rogna e Padovani per verificare i poteri degli Elettori del Distretto di Cervione.

Nel Distretto di Cervione, i Signori Giafferri, Lepidi, Marcantoni, Casabianca e Tiberi per verificare i poteri degli Elettori del Distretto d'Ajaccio.

Nel Distretto d'Ajaccio, i Signori Abbatucci, Mario Peraldi, Casamarte, Rossi e Masseria per verificare i poteri degli Elettori del Distretto di Vico.

Nel Distretto di Vico, i Signori Defranchi, Multedo, Cittadella, Arrigo Colonna, e Francesco Antonio Ceccaldi per verificare i poteri degli Elettori del Distretto di Tallano.

Nel Distretto di Tallano, i Signori Oletta, Susini, Trani, Lorenzi e Bradi, per verificare i poteri degli Elettori del Distretto di Bastia.

I Signori Commissari verificatori sopranominati essendosi presentati allo scagno del Sig. Presidente, hanno dichiarato che accettavano la commissione datagli per eseguire la deliberazione presa jeri dall'Assemblea, e perciò il Sig. Presidente, a nome dell'Assemblea, ha dato atto della loro nomina ed accettazione, ed ha ordinato che i processi verbali di elezione delli rispettivi Distretti saranno rimessi ai Commissari incaricati di verificarli, per farne il rapporto subito finito il travaglio.

Ed immediatamente l'Assemblea essendosi formata in nove scagni, i Signori Commissari si sono resi nei luoghi destinati a quest'effetto, ed hanno proceduto all'esame e verificazione degli atti di elezione rimessi nelle loro mani, e vi hanno lavorato fino a sera.

Frattanto, prima della formazione dei scagni, l'Assemblea si è aggiornata a cinque ore dopo mezzo giorno.

Del detto giorno

(Sessione della sera).

L'anno mille settecento novanta, nel detto giorno dieci settembre, alle ore cinque di sera, si sono riuniti i Signori Elettori del Dipartimento di Corsica nella solita sala.

I Signori Commissari verificatori, avendo finito l'esame e verificazione degli atti di elezione, ne hanno fatto il rapporto, e sulli motivi allegati dai Commissari del Distretto della Porta d'Ampugnani, l'Assemblea ha dichiarato valida e regolare la prima elezione che è stata fatta nella pieve di Castello, ammettendo per elettori legittimi i Signori Giulio Francesco Grazietti, abbate Martino Casamarte, abbate Taddei, Giulio Martelli, Carlo Domenico Ottavj, Orso Santo Bonelli, e Tommaso Sabiani, ed ha annullato il secondo processo verbale.

L'Assemblea ha parimente deciso di ammettere li sei elettori stati nominati dalla città di Corte, ed ha riconosciuto per legali e valide tutte le elezioni, che sono state fatte nelle Pievi di Venaco, Talcini, Bozio e Giovellina.

Sulla contestazione insorta nella Pieve di Caccia, ha deliberato di ammettere il processo verbale che contiene l'elezione dei Signori Carlo Grimaldi, Marco Maria Mercurj, Pievano Pompei, Arrigo Arrighi, Angelo Raffaelli e Carlo Felice Grimaldi per essere il detto processo costrutto in conformità dei principj e dei decreti dell'Assemblea Nazionale, annullando l'altra elezione.

L'Assemblea ha confermatto la nomina degli elettori della Pieve di Niolo, all'eccezione del Sig. Paccioni, il quale avendo esercitato i dritti di cittadino attivo della città di Bastia, non poteva nel tempo stesso votare e farsi eleggere in un altro Distretto.

Ha approvato l'elezione degli elettori del Rione di là di Rogna, ed ha deliberato che il Signore Domenico Giacobbi, come maggiore d'età, sarà ammesso per elettore di detta Pieve, in preferenza del Sig. Gian Matteo Angelini, il quale ottenne un ugual numero di suffragj.

E sul rapporto dei Signori Commissari sono stati dichiarati validi tutti i processi verbali di elezione degli elettori del Distretto di Oletta, ed attesa la malattia e rifiuto del Sig. Calvelli, elettore della Pieve di Patrimonio, è stato ammesso il

Sig. Giuseppe Arena, come quello che ebbe il maggior numero di suffragj.

E sul rapporto dei Signori Commissari di Cervione, sono stati riconosciuti validi e regolari tutti i processi verbali di elezione degli elettori del Distretto d'Ajaccio.

Ed essendo tardi, l'Assemblea si è aggiornata a domani alle ore nove della mattina.

Sabato 11 Settembre 1790

(*Sessione della mattina*).

L'anno mille settecento novanta, l'undici settembre, a nove ore di mattina, i Signori Elettori del Dipartimento di Corsica si sono riuniti nella solita sala.

I Commissari verificatori del Distretto di Oletta, incaricati di esaminare i poteri degli elettori dell'Isola Rossa, hanno dichiarato che tutti gli atti di elezione delle Pievi e Città di questo Distretto sono in buona forma, eccettuati due processi verbali di elezione fatti nella comunità di Algajola.

L'Assemblea ha dato atto ai Commissari suddetti della loro dichiarazione, ed ha ammesso tutti gli elettori nominati nei processi verbali di quel Distretto; e quanto alle elezioni seguite in Algajola, è stata aperta la discussione. Diversi membri dell'Assemblea hanno attaccato questa elezione come contraria alla Costituzione perchè l'Algajola, non essendo città, dovea riunirsi coi cittadini attivi della Pieve d'Aregno.

La discussione essendo terminata, il Sig. Presidente ha consultato il voto dell'Assemblea per sapere se essa ammetteva o ricusava il Sig. Balestrino, designato per elettore nel primo processo verbale.

E l'Assemblea adottando il rapporto de'Commissari ha dichiarato nullo il detto processo verbale di nomina, ed ha rigettato il detto Sig. Balestrino.

E quanto al secondo processo verbale in cui si nomina per elettore il Sig. De la Rosata, il Sig. Presidente lo ha sottoposto alla decisione dell'Assemblea; ma non essendosi potuto riconoscere se la maggior parte preponderasse per l'ammissione o per l'esclusione, è stato ordinato di procedere alla chiamata nominale degli elettori per conoscere l'intenzione dell'Assemblea, la quale chiamata sarà eseguita domani dodeci di questo mese.

I Signori Commissari d'Ajaccio, verificatori de'poteri degli elettori del Distretto di Vico, hanno dichiarato che tutte le elezioni seguite nelle Pievi che compongono quel Distretto sono legali ed ammissibili.

I Signori Commissari del Distretto dell'Isola Rossa verificatori dei poteri degli elettori del Distretto della Porta d'Ampugnani, hanno riferito che gli elettori delle comunità di Loreto, Vescovato e Venzolasca, le quali componevano una sessione dell'Assemblea primaria della pieve d'Orezza, e la sessione del Rione superiore d'Ampugnani, e perciò l'Assemblea ha deliberato che gli elettori designati nei sopradetti processi verbali siano ammessi (1).

I Signori Commissari del Distretto di Tallano incaricati di verificare i poteri degli elettori del Distretto di Bastia hanno riferito che tutti i processi verbali sono nella più esatta regola; solamente però si osserva che nel processo verbale del Rione di San Giovanni della città di Bastia è stato eletto il Sig. Cesare Matteo Petriconi, uno dei Commissari del Re per l'organizzazione delle Assemblee primarie e del Dipartimento; il quale Sig. Petriconi si è presentato all'Assemblea elettorale, ed avendo chiesta la parola al Sig. Presidente, ha

---

(1) Nous rapportons cet alinéa tel qu'il se trouve dans le registre. Il y a ici évidemment une lacune.

detto: che era sensibile alla confidenza che avevano avuto i cittadini di Bastia, comprendendolo nel numero degli elettori ; ma siccome ha esercitate le funzioni di Commissario del Re per l'organizzazione dell'Assemblee primarie, teme di cagionar qualche incomodo o restrizione alla libertà che deve regnare nell'Assemblea del Dipartimento, onde la prega di gradire la sua demissione, e renuncia al titolo di elettore, che gli sarebbe stato molto caro se non gli sembrasse incompatibile colla qualità di Commissario del Re di cui trovasi rivestito.

L'Assemblea ha accettato l'offerta dimissione, ed ha ricevuto alla piazza del Sig. Petriconi il Sig. Gian Maria Oletta, il quale avea riportato la pluralità assoluta dei suffragj.

E nell'istante è stato annunciato che le Guardie Nazionali dei Distretti di Bastia ed Isola Rossa, state spedite alla confederazione generale dei Francesi seguita in Parigi li quattordici luglio, portavano la bandiera del Dipartimento, regalata dalla città di Parigi ; l'Assemblea ha deputato diciotto de' suoi membri per riceverla.

Il Sig. Carlino Ricetti, sargente della Guardia Nazionale di Bastia, introdusse la bandiera nella sala dell'Assemblea, in mezzo degli applausi e della gioja la più viva e la più straordinaria, e la consegnò al Signor Presidente.

Il Sig. Galeazzini, capitano delle Guardie Nazionali di Bastia, uno dei deputati della confederazione, pronunciò il seguente discorso :

» Signori,

» Qual dolce spettacolo è questo per noi il vedere i rappresentanti di tutte le comunità dell'Isola, liberamente eletti, qui uniti in Assemblea per occuparsi dell'esecuzione dei decreti dell'Assemblea Nazionale, che devono produrre il bene della nostra Patria, avendo per guida, consiglio e compagno il difensore della libertà corsa, il Padre di noi tutti, il caro generale De Paoli.

» È pur giunto quel giorno, in cui non più come vili organi di chi vi tiranneggiava, ma spinti dal desiderio di operare il bene, potete occuparvi dei mezzi capaci a procurarci una solida felicità.

» Da voi dipende la scelta dei buoni cittadini per confidar loro la nuova amministrazione, e da questi più che dagli altri a venire dipende il pubblico riposo.

» Siamo sicuri che risponderete con zelo alla confidenza di cui vi hanno onorato i vostri committenti, e con occhio attento saprete distinguere i veri patriotti dagl'ipocriti, e la vostra scelta non caderà che su i veri cittadini d'onore, che seguendo la sola legge, sappiano rimetter l'ordine nelle vostre tenui finanze, sconcertare gl'intrighi, scoprire l'interiore dei cuori falsi, riscaldare i cuori freddi, disarmare i fanatici, mantenere l'armonia generale, e restituire ai nostri cuori quella dolce calma, di cui siamo privi dopo tanti lustri.

» È necessario, o Signori, per ottenere un si gran bene, di spogliarsi eroicamente di tutti i sentimenti d'interesse e di partito; vi sarà facile di secondare gl'impulsi de'vostri cuori giusti e generosi, se vorrete seguir l'esempio del nostro generale. Egli ha saputo darvi le vere prove di un puro patriottismo col suo desinteresse.

» Corsi, se volete esser liberi e godere di quella libertà, che soli fra i popoli d'Italia abbiamo sempre professato, la sola legge vi governi, ed essa sola d'ora in poi risuoni fulminante nelle case dei ricchi come nelle capanne dei poveri, ed inesorabile come la morte, non distingua più nè condizione nè ranghi.

» La fortuna ci ride, e senza spargimento di sangue ci procura il primo fra tutti i beni, la libertà; tocca a noi di profittare di quella felicità, che ci promette, e dietro la quale abbiamo corso in vano per tanti anni.

» Domandate all'Istoria ciò che ne costa ai popoli per divenir liberi ; ella vi dirà che l'Inghilterra fu straziata da venti anni dalle guerre civili per acquistare quella libertà, di cui si glorifica ; vi dirà che la Svizzera ha dovuto vincere innumerabili battaglie per rendersi libera, e che la Francia essa sola ha sagrificato per una libertà forastiera molto più sangue che non gli costa per rompere le proprie catene. Dimandate ai nostri padri ed a voi stessi quanto sangue si è sparso in molti secoli per questa libertà.

» L'Istoria vi dirà ancora che la libertà romana restò intatta finchè vi furono dei cittadini simili a Bruto, console della Repubblica, il quale ebbe coraggio di abbracciare come tenero padre due figli colpevoli di lesa libertà, ma come giudice severo ed imparziale di far loro troncare la testa ; che per ottener pietà, non bastò ad un Manlio accusato di tradimento contro la Patria, di mostrare dei braccialetti, due corone d'oro, trenta spoglie de'nemici vinti in combattimenti singolari, ed il di lui petto ricoperto di ferite, ma che con tutto ciò fu precipitato già da quella rupe istessa ove egli salvando la Repubblica avea precipitato gli assalitori del Campidoglio : impresa che gli aveva meritato l'illustre sopranome di Manlio Capitolino ; e che fino a che fu osservato quest'eccessivo rigore per i delitti di lesa libertà, quel popolo accrebbe di splendore e di potere.

» Ma senza cercare in tempi così lontani, noi stessi abbiamo veduto che un popolo libero, dopo aver versato fiumi di sangue per rendersi tale, addormentatosi nelle proprie ricchezze e sull'oro, frutto della libertà acquistata, alcuni colpi di cannone gliel'abbiano tolta ai nostri giorni ; che un'altra Provincia sul punto di scuotere le di lei vergognose catene, gl'intrighi e le disunioni gli abbiano rimesso al piede ferri più duri e più insopportabili.

» Compatriotti, pigliate esempio, e diffidatevi della fortuna presente, che può mutarsi, se vi abbandonate ad una vergognosa letargia, e se non custodite gelosi il potere che vi è stato confidato.

» Armiamoci di coraggio e fermezza; disprezziamo, se ve ne sono, quei Corsi che si lusingano di veder rinascere la nostra oppressione e sacrifichiamo tutto noi stessi, se il bene della nostra Isola lo esige. Seguiamo l'esempio di due nostri Deputati, de due nostri Eroi; eglino soli colla loro costanza inalterablile hanno seguitato gli amatori della libertà, e colla loro condotta patriottica hanno saputo dare un'idea dei Corsi, capace a farli riguardare degni di essere Francesi liberi.

» Se non avessero saputo disprezzare le minaccie e le lusinghe degli Aristocratici, invece di aver la Corsica un'assemblea numerosa e composta di tanti patriotti, capaci a sostenere coi loro lumi e coi loro sforzi la nostra libertà, gemereste ancora sotto la tirannia e il dispotismo, e sareste stati costretti forse in quest'istesso momento di respingere i nostri oppressori, colle armi alla mano.

» Sì, o Signori, senza il patriottismo dei Signori Saliceti e Colonna Cesari Rocca, non avressimo forse ottenuto dall'Augusta Assemblea Nazionale, la giustizia che meritavamo. La nostra riconoscenza per un sì gran bene deve essere eterna, e dobbiamo con ragione chiamarli i secondi liberatori della nostra Patria.

» La situazione della nostra Isola ci dice essere noi nati per l'indipendenza, e la povertà medesima de' suoi abitanti non ci fa temere un cittadino ambizioso, che colla profusione dell'oro possa privarcene.

» Noi abbiamo giurato sull'altare della Patria, in presenza dell'Ente Supremo, di eseguire e far eseguire i decreti dell'Assemblea Nazionale, sanzionati o accettati dal Re, di esser sempre ed inviolabilmente attaccati ai gran principj della più bella Costituzione del mondo, di proteggere le proprietà particolari e nazionali, di assicurare la percezione di tutte le imposizioni ordinate per il mantenimento della forza pubblica, di aiutare la libera circolazione delle sussistenze in tutta l'estensione del Regno, di mantenere, ovunque saremo chiamati, l'ordine e l'armonia, senza di che le società, invece di perpetuarsi, si distruggono.

» Noi lo abbiamo giurato, persuasi che tali sono i sentimenti di ogni buon patriotto Corso-Francese.

» In Francia non si sente ripetere collo strepito guerriero del tamburo che le parole sacrate: *Lo giuro;* non si scorgono per ogni luogo che campi, altari, stendardi nazionali, e cittadini armati, pronti a spargere tutto il sangue per la comune libertà.

» Non abbiamo veduto nella capitale del Regno che zelanti patriotti, che sono stati a visitare le rovine della Bastiglia, la sepoltura dei martiri, la cuna della libertà, il tempio della legge ed i suoi Augusti Pontefici: questi Religiosi Guerrieri si sono colà riuniti per assistere al funerale del dispotismo, ed all'inaugurazione della libertà francese.

» Corsi-Francesi, dobbiamo viver liberi, o morir combattendo per divenirlo; il bene dei nostri posteri lo esige, l'onore ce lo comanda, e la ragione medesima ce lo consiglia, sì, la ragione. La vita è per se stessa assai amara, e se vi si aggiunge la schiavitù, la nostra infelicità arriva all'estremo, e per vivere infelici, è un bene il morire.

» Noi vi rimettiamo, o Signori, questa Bandiera in segno dell'alleanza, che i Rappresentanti di venticinque millioni d'uomini liberi hanno giurato con noi Rappresentanti dei Francesi di Corsica. Possa ella farci gl'imitatori di quel popolo di Eroi, che ce ne ha fatto dono, e raccordarci il sagro dovere di mantenere la nuova Costituzione, e di vivere liberi o di morire ».

Il Signor Presidente ha risposto:

» Signori,

» Ecco, amatissimi compatriotti, spiegarsi alla vostra presenza la Bandiera della Libertà, e della sempre memorabile confederazione dei 14 Luglio ultimo ; giorno singolare nei fasti dei secoli e delle Nazioni, giorno in cui tutti i Francesi, ai vincoli di cittadini che li riunivano già da un anno in poi nella causa della rivendicata libertà, aggiunsero quelli della più sacra fratellanza ; giorno finalmente in cui venticinque millioni d'uomini, per mezzo dei loro Deputati da tutte le parti della Monarchia, riuniti nell'immensa capitale tanto benemerita della fortunata rivoluzione, giurarono solennemente sull'altare della Patria, in faccia a Iddio omnipotente, protettore e vindice dei dritti dell'uomo, di vivere e morir liberi e fedeli alla Nazione, alla Costituzione ed al Re.

» Questo spettacolo, questo monumento onorevole e solenne della parte che prendeste alla confederazione universale dell'Impero Francese, e dell'impegno con cui la libertà della nostra nazione fu posta sotto la protezione di tutte le forze del medesimo, presentatovi ora per mezzo di una deputazione di valorosi cittadini, che, disprezzati i pericoli, e superata ogni resistenza, si segnalarono luminosamente i primi nella rivendicazione della nostra libertà, ed interpreti dei vostr sentimenti e vostri Rappresentanti alla confederazione, riscossero gli applausi di tutti i buoni Francesi, mi giova sperare che infiammerà sempre più gli animi vostri al compimento della grand'opera per cui siete qui radunati, a consolidare il destino della Patria sulla base della Costituzione, ad accelerare infine all'Augusta Assemblea Nazionale, ed al nostro grazioso Monarca, la sodisfazione di sentire che la Corsica, colla formazione del suo Dipartimento, si è già messa solennemente sotto la Bandiera della Libertà e della Costituzione, con proposito, non già nuovo per i vostri generosi petti, di versare, se fia d'uopo, il sangue e la vita per sostenerla. »

Il Sig. Presidente, a nome dell'Assemblea, ha permesso al Sig. Petriconi, colonnello delle Guardie Nazionali del Distretto di Bastia, ai Signori fratelli Galeazzini, Lanfranchi, Alessandri, Segni, e Francesco Antonio Arena, di assistere alle sessioni dell'Assemblea senz'alcuna voce.

Ha egualmente deliberato l'Assemblea, che sarà rimessa ai detti uffiziali delle Guardie Nazionali, Deputati della confederazione, che hanno qui accompagnato la Bandiera del Dipartimento, una copia del discorso del Sig. Presidente.

L'Assemblea si è aggiornata alle ore cinque dopo mezzo giorno.

Detto giorno 11 Settembre 1790

(*Sessione della sera*).

Alle ore cinque dopo mezzo giorno si sono riuniti i Signori Elettori del Dipartimento di Corsica nella solita sala.

I Signori Commissari del Distretto di Corte, verificatori dei poteri degli Elettori del Distretto di Cervione, hanno dichiarato che i processi verbali della città di Cervione e delle pievi di Serra ed Alesani sono regolari, e che gli Elettori nominati nei medesimi devono essere ricevuti senza difficoltà.

L'Assemblea ha dato atto di questa dichiarazione, ed ha ammesso tutti gli Elettori delle sopradette Pievi e Città.

I medesimi Commissari hanno riferito che nella pieve di Verde i cittadini aveano formato due Assemblee invece d'una, come era prescritto dai decreti dell'Assemblea Nazionale e dall'istruzione dei Signori Commissari del Re, ed hanno osservato che il processo verbale di elezione fatto nel Convento di Verde era quello che dovea essere riguardato come il più legale, e quello ch'era stato presentato dagli altri, costruito nel paese di Verde, dovea essere rigettato.

Su della quale contestazione diversi membri hanno portato la parola, gli uni per sostenere l'elezione seguita nel Convento, gli altri quella del paese. E dopo che la discussione è stata terminata, il Signor Presidente ha proposto all'Assemblea di deliberare se adottava l'avviso proposto dai Signori Commissari Rapportatori o se lo rigettava. E non avendo potuto distinguersi per mezzo della prima prova e controprova se la maggiorità dei suffragi si manifestava in favore dell'elezione del Convento o di quella del paese, ha ordinato l'appello nominale, da eseguirsi nella sessione di dimani.

I Signori Commissari Rapportatori hanno pure annunciato una simile operazione nella pieve di Campoloro, ove una parte dei cittadini ha formato l'Assemblea nella Chiesa, e l'altra nel refettorio del Convento.

I Signori Commissarj Rapportatori hanno opinato in favore dell'elezione seguita nella Chiesa, come quella che manifestava un maggior numero di deliberanti e più di regolarità nell'operazione.

Ed essendo stata sottoposta l'opinione dei Rapportatori all'Assemblea, la decisione è sembrata assai dubbia, onde il Sig. Presidente ha ordinato di procedere all'appello nominale degli Elettori per conoscere il voto dell'Assemblea.

Il Sig. Presidente ha rimesso la continuazione dell'Assemblea a domani, alle ore nove della mattina.

Domenica 12 Settembre 1790

(*Sessione della mattina*).

L'anno mille settecento novanta, li dodeci settembre, alle ore nove della mattina, i Signori Elettori del Dipartimento di Corsica si sono riuniti nella sala destinata per l'Assemblea.

Il Segretario ha annunciato per parte del Sig. Presidente che si deve procedere all'appello nominale degli Elettori per decidere la contestazione insorta nella pieve di Verde, sul rapporto stato fatto dai Signori Commissari verificatori dei poteri del Distretto di Cervione, ed ha invitato l'Assemblea a decidere se approvava l'opinione manifestata dai Signori Commissari.

E l'appello nominale essendo stato eseguito, si è riconosciuto che cento settanta suffragi erano favorevoli al rapporto, e settanta nove contrari; l'altre voci nulle. In conseguenza l'Assemblea ha ammesso li Signori abate Franchini, Giuseppe Maria Salici, Antonio Nicolai, Filippo Francesco Felice e Giovan Lorenzo Tox, eletti nel convento di Verde, come legali rappresentanti di quella pieve.

Il Segretario ha invitato per parte del Sig. Presidente l'Assemblea a pronunciare sulla doppia elezione eseguita nel convento di Campoloro; e fatto l'appello nominale, si è ritrovato cent'ottanta due suffragi in favore dell'opinione manifestata dai Commissari e cinquanta tre contrari. In conseguenza l'Assemblea ha ammesso per elettori legali della pieve di Campoloro i Signori Casalta, Cottoni e Bonaccorsi.

I Signori Commissari del Distretto dell'Isola Rossa, incaricati di verificare i poteri degli Elettori del Distretto d'Ampugnani, hanno riferito che l'elezione seguita nella Casalta mancava di qualche formalità, e che al rigore della legge poteva riguardarsi come nulla; ma che per non privare quella pieve de'suoi rappresentanti, sembrava di poterli ammettere.

L'Assemblea ha deliberato su questo motivo di non arrestarsi ai defetti di forma, ed ha ricevuti gli elettori nominati in detto processo verbale.

E siccome alcuni deputati di Tallano e delle pievi del di là da'monti non sono anche arrivati, perchè la convocazione delle Assemblee primarie in quel Distretto non è stata indicata che tardi, e vi è apparenza che non tarderanno a presentarsi, l'Assemblea li ha aggiornati a domani a nove ore della mattina.

Lunedì 13 Settembre 1790

(*Sessione della mattina*).

L'anno mille settecento novanta, li tredeci settembre, alle ore nove della mattina, i Signori Elettori del Dipartimento di Corsica riuniti nella sala destinata per la tenuta delle assemblee, hanno proceduto alla verificazione dei poteri degli elettori del Distretto di Corte, pieve di Rogna, e ne hanno riconosciuti vari.

L'Assemblea ha ammesso per elettore il Sig. Corazzini, come maggiore di età, in concorrenza del Sig. Marchioni che ha riportato un egual numero di suffragj.

L'Assemblea, avendo verificato tutti i poteri degli elettori che fin'ora si sono presentati, ha ordinato che gli atti di elezione saranno depositati allo scagno del Sig. Presidente.

E dopo queste operazioni preliminari, essendo in stato di procedere alla nomina del Presidente, ha esternato il desiderio di proclamare a viva voce ed unanimemente il Signor Pasquale De Paoli, comandante generale delle Guardie Nazionali di Corsica, per suo Presidente; ma questo virtuoso elettore, resistendo ai movimenti dell'Assemblea, ha osservato che la Costituzione prescriveva lo scrutinio per fare la nomina del Presidente, e che sarebbe un violar la legge adottando qualunque altro mezzo.

L'Assemblea conformandosi a questi principj ha proceduto allo scrutinio individuale per la scelta del Presidente a tenore degli articoli 12 e 24 del Decreto dell'Assemblea Nazionale, concernente la Costituzione delle Assemblee primarie ed amministrative.

Fatto l'appello nominale degli elettori, i tre attempati

hanno ricevuto i biglietti che hanno deposti in una cassetta destinata a quest'oggetto, e terminato lo scrutinio, spogliato e verificato, hanno dichiarato che il numero dei biglietti ascendeva a trecento quarant'uno, dei quali trecento trent'otto nominano il generale De Paoli per Presidente.

L'Assemblea ha dimostrato con replicati applausi il giubilo e la sodisfazione che risentiva nel vedere che l'unanimità dei suffragj si era riunita in favore del cittadino più benemerito della Patria, e più degno della confidenza de' suoi compatriotti, e l'ha riconosciuto per suo legittimo presidente.

Il generale De Paoli, eletto Presidente, ha palesato la sua riconoscenza all'Assemblea colle seguente espressioni:

« Signori,

» Sommamente onorato da questo nuovo segnalato riscontro della vostra buona opinione e confidenza verso di me in questa circostanza, che tanto interessa il destino della Patria, debbo dolermi, che appena con altro io possa corrispondervi che colla più sincera buona volontà per il pubblico bene. Desidero vivamente che sia questa da voi accettata in supplemento d'ogni altra qualità più valevole a giustificare la vostra scelta, e che non mi manchi occasione di dimostrarvi che se gli anni e le infermità hanno potuto indebolire il mio scarso natural talento per ben servirvi, non hanno reso che maggiore il mio zelo e disinteresse per la libertà, onore e vantaggi della Patria, soli titoli di cui mi farò sempre gloria per meritare la continuazione della vostra stima ed affetto. »

L'Assemblea si è aggiornata alle ore quattro dopo mezzo giorno.

Detto giorno 13 Settembre 1790

(Sessione della sera).

Nel giorno suddetto, alle ore quattro dopo mezzo giorno, si sono riuniti i Signori Elettori del Dipartimento di Corsica nella medesima sala.

Il Signor Presidente ha annunziato che l'assemblea dovea occuparsi della scelta d'un Segretario, che dovea procedervi per mezzo dello scrutinio individuale.

L'Assemblea essendosi disposta a quest'elezione, è stato fatto l'appello nominale degli elettori, i quali hanno presentato ai tre attempati, che fanno provvigionalmente le funzioni di scrutatori, i loro biglietti formati nella maniera prescritta dai decreti dell'Assemblea Nazionale, e terminato lo scrutinio, e fattane la verificazione o spoglio, gli scrutatori hanno detto che il Sig. Arena, elettore della città dell'Isola Rossa, e colonnello delle Guardie Nazionali di quel Distretto, avea riportato la pluralità assoluta di duecento novanta sei suffragj, il totale dei votanti non essendo fino a questo momento che di trecento quarant'uno. In conseguenza il Sig. Presidente ha proclamato il detto Sig. Arena per segretario dell'Assemblea ed ha rimessa la sessione a domani alle ore nove della mattina; e il Segretario ha fatto lettura di tutte le precedenti sessioni del processo verbale.

Martedì 14 Settembre 1790

(Sessione della mattina).

L'anno mille settecento novanta, li quattordici settembre, alle ore nove della mattina, i Signori Elettori del Dipartimento di Córsica si sono riuniti nella sala destinata per l'Assemblea.

Il Sig. Presidente ha aperto la sessione prestando il giuramento civico, e dopo di lui il Segretario, ed ha ricevuto il medesimo giuramento dai Signori Elettori, in conformità dei decreti dell'Assemblea Nazionale.

In quest'istante è stato annunciato che il Sig. Ciavaldini, colonnello delle Guardie Nazionali della pieve d'Orezza, chiedeva di presentarsi nella sala con gli uffiziali delle Guardie Nazionali, ed il Sig. Presidente, avendo ordinato che fosse introdotto, il predetto Sig. Ciavaldini ha detto :

« Signori,

» Le milizie di questa pieve hanno l'onore di presentarvi l'omaggio del loro rispetto, e di offerirvi il loro fedel servizio durante le sessioni della vostra Assemblea.

» La compiacenza colla quale si raccordano che quest' istesso Tempio fu in tante importanti occasioni consacrato alle adunanze della Patria, altre volte occupata della conservazione della sua libertà, accresce il trasporto della loro gioia nel vedervi ora, dopo venti anni di violenta oppressione e delle più afflittive vicende, riuniti nel medesimo per consolidarne il destino sulla base della felice Costituzione, e gli auspici del Padre della Patria, di quello che ha tanto dritto al nostro amore ed alla nostra riconoscenza che tra di noi non meno che tra i stranieri, non è più rammentato sopra altro nome che quello di Eroe e martire della nostra libertà.

» Noi non interromperemo più lungamente le importanti funzioni affidate al vostro zelo e patriottismo in questa circonstanza, ben fortunati ch'essa ci produce l'onore di avervi tra noi, e di poter unire ai sentimenti del nostro profondo rispetto le sincere offerte espressevi che vi preghiamo accettare con gradimento. »

Il Sig. Presidente ha palesato i sentimenti dell'Assemblea col discorso seguente :

« Signori,

» L'Assemblea accetta con sincero gradimento la vostra offerta, riposa con piena sicurezza sul patriottismo per cui si è sempre distinta questa generosa Pieve che in tante occasioni ne ha dato alla nazione intera le più convincenti prove.

» Vede poi con distinta compiacenza che dai patriottici sentimenti della pieve in questa circostanza sia stato scelto apportatore ed organo, uno di quelli che più l'onorano, e che camminando sulle tracce paterne si è già mostrato in ogni incontro degno figlio di uno dei primi campioni della causa pubblica, che col suo sangue cimentò la nascente libertà della Patria, e la di cui memoria sarà sempre in venerazione presso di ogni buon Corso.

» L'Assemblea v'incarica di attestare la sua sodisfazione e gradimento alle patriottiche milizie che vi hanno deputato. »

Il Sig. Presidente ha invitato l'Assemblea a nominare tre scrutatori per mezzo dello scrutinio di lista semplice, ed alla pluralità assoluta de'suffragj.

Fatto l'appello nominale degli Elettori, se ne sono ritrovati presenti trecento cinquanta, i quali hanno formato i loro biglietti sullo scagno, e li hanno riposti in una cassetta destinata a questa operazione dai Signori attempati che fanno le funzioni di scrutatori.

Finito lo scrutinio, verificato e spogliato, si è riconosciuto che un solo elettore ha riportato la pluralità assoluta dei suffragj, cioè il Sig. Francesco Maria Pietri di Fozzano, il quale è stato proclamato dal Sig. Presidente per scrutatore, ed è stata rimessa l'operazione del secondo giro alla sessione di domani.

Il Sig. Presidente ha detto che prima di passar oltre alla scelta degli Amministratori, conveniva d'invocare l'aiuto dell'Ente Supremo con far celebrare una messa solenne, a cui avrebbero assistito i Signori Elettori.

L'Assemblea ha in conseguenza deputato i Signori Antonio Gentili, Filippo Masseria, Pasquale Negroni, ed avvocato Panattieri per invitare i Signori Commissari del Re, i Signori Ufficiali Municipali di Piedicroce e Pastoreccia, ed il colonnello delle Guardie Nazionali di questa pieve, a voler concorrere a quest'atto religioso colla loro presenza, domani alle nove ore della mattina, e per pregare il Sig. Santini, vescovo di Nebbio, a celebrare la detta messa nella chiesa del convento di San Francesco d'Orezza.

L'Assemblea si è aggiornata a dimani alle ore undici di mattina per la continuazione de'suoi travagli.

Mercoledì 15 Settembre 1790

(Sessione della mattina).

L'anno mille settecento novanta, li quindici settembre, alle ore nove della mattina, i Signori Elettori del Dipartimento di Corsica si sono riuniti nella chiesa di S. Francesco ove il Sig. Presidente, essendo alla testa, e li Signori Varese, Limperani e Mattei, Commissari del Re, ai suoi lati, il Segretario coi scrutatori e tutti gli altri membri dell'Assemblea, gli Ufficiali Municipali delle due Comunità di Piedicroce e Pastoreccia, ed il colonnello delle Guardie Nazionali di questa pieve, hanno assistito con la decenza convenevole alla messa, che è stata celebrata dal Sig. Santini, vescovo del Nebbio, uno de' commissari del Re, e dopo d'aver invocata la divina assistenza, tutti li sopradetti Signori si sono ritirati.

Ed alle undici ore della mattina dello stesso giorno, i Signori Elettori del Dipartimento si sono radunati nella solita sala.

I Signori Commissari Rapportatori del Distretto di Vico,

incaricati di verificare i poteri degli Elettori del Distretto di Tallano, hanno detto che erano arrivati fin da iersera gli elettori della città di Bonifacio, e che i loro processi verbali erano nella più esatta regola, onde l'Assemblea gli ha ammessi come rappresentanti della città di Bonifacio, ed il Sig. Presidente ha fatto loro prestare il giuramento civico.

I medesimi commissari hanno pure opinato per ammettere gli Elettori nominati nel cantone d'Olmeto, i quali essendo stati ammessi dall'Assemblea, hanno prestato il giuramento civico.

I medesimi Rapportatori hanno osservato che il processo verbale d'elezione formato dal villaggio di Casalabriva, tra gli altri vizi, contava quello d'aver nominato alla pluralità assoluta dei suffragj un certo Gallone, decretato di presa di corpo sull'accusa intentata contro di lui d'aver fatto assassinare il fu Sig. Peretti, uomo d'altronde che non può esser nominato senza risvegliare la più profonda indegnazione per i delitti, enormità e vessazioni, che ha commesse da venti anni a questa parte.

L'Assemblea, considerando che sul numero di trecento cinquanta votanti, duecento quattordici aveano concorso a scegliere questo nemico della società e della nazione, ha rigettato il detto processo verbale, ed ha ordinato che sia abbruciato dall'uscero, ciò che è stato immediatamente eseguito.

Dopo di ciò, si è subito incominciato il secondo giro di scrutinio per la nomina dei due scrutatori che restavano a scegliersi; ed essendosi proceduto a quest'operazione nella solita maniera, li tre attempati hanno dichiarato che li Signori Abbatucci Padre, elettore del cantone di Zicavo, e Panattieri, elettore della città di Calvi, aveano ottenuto la pluralità assoluta de'suffragj. In conseguenza il Sig. Presidente li ha proclamati per scrutatori, e la sessione è stata rimessa a dimani, alle ore nove della mattina.

Giovedì 16 Settembre 1790

(*Sessione della mattina*).

L'anno mille settecento novanta, li sedici settembre, alle ore nove della mattina, i Signori Elettori del Dipartimento di Corsica si sono riuniti nella solita sala.

I Signori Commissari del Distretto di Vico, verificatori dei poteri degli Elettori del Distretto di Tallano hanno detto che erano nuovamente arrivati gli Elettori della pieve di Portovecchio, e che il processo verbale di elezione era nella più esatta regola, onde l'Assemblea ha ammesso l'elezione fatta in Levie, come la più regolare ;

Che nella pieve di Scopamene si presentavano ugualmente due elezioni; ma siccome quella che era seguita nel convento era la sola che meritava di essere ricevuta, l'Assemblea ha deliberato in favore di questa.

Il Signor Presidente ha fatto prestare il giuramento civico a tutti gli elettori sopradetti, e tutte le verificazioni dei poteri essendo terminate, l'Assemblea ha ordinato di formare la lista generale degli elettori, la quale sarà stampata col presente processo verbale.

Il Sig. Arena, Segretario, è montato alla tribuna ed ha detto che l'Assemblea degli Elettori del Dipartimento essendo costituta ed organizzata, dovea prima di procedere ad alcun'altra operazione palesare agli augusti rappresentanti della Nazione francese quei sentimenti di rispetto e di riconoscenza, che sono impressi nel cuore dei Corsi per l'insigne beneficio della restituta libertà e dell'associazione all'Impero francese, di assicurare quell'augusto Senato che hanno pienamente aderito ai suoi decreti, e che si faranno il dovere il più inviolabile di mantenerne l'esecuzione, e di spargere tutto il loro sangue per la gloria del nome francese.

L'Assemblea ha unanimemente adottato la mozione con i contrassegni della sensibilità e della gioia la più singolare, ed ha deliberato che i Signori Guelfucci, Mattei e Pietri saranno incaricati di travagliare al modello di un indirizzo, perchè poi presentato ed accettato dall'Assemblea, sia prontamente spedito all'Assemblea Nazionale.

Il medesimo Signor Arena ha detto: « L'Augusto Monarca dei Francesi, che noi onoriamo col titolo di *Padre della Patria,* e che si rende di giorno in giorno più degno dell' amore dei Francesi per le virtù le più eminenti, nel sanzionare il decreto del trenta novembre che fissa il nostro destino, e diviene la base della nostra futura prosperità, dimostrò in una maniera particolare che egli sanzionava con piacere quest'atto di giustizia e di generosità, ed espresse ugualmente a voce ed in scritto la sua propensione per noi al nostro generale De Paoli, e perciò l'Assemblea doveva offrirgli l'omaggio della volontaria sommessione e della fedeltà di questo Dipartimento.

L'Assemblea aderendo a questa mozione ha incaricato i medesimi tre elettori di formare un indirizzo che esprima questi sentimenti affinchè, presentato e ricevuto dall'Assemblea, sia spedito al più presto.

Il Segretario ha detto che coll'ultimo corriere erano stati diretti molti pacchetti al corpo elettorale ed ai membri dell'Amministrazione, che per non occupare il tempo dell'Assemblea era necessario di formare un corpo di corrispondenza per aprire i pacchetti e farne le risposte.

L'Assemblea, prendendo questo oggetto in considerazione, ha deliberato che li nove Distretti si riuniranno in scagno, e nomineranno due membri per Distretto per comporre il detto Comitato.

Il Segretario ha detto che l'Assemblea Nazionale lascia la

libertà agli Elettori di decidere se conveniva di formare due Dipartimenti oppure uno.

L'Assemblea ha deliberato che la Corsica provvisionalmente non formerà che un solo Dipartimento ; e quanto alla fissazione del luogo ove si dovrà tenere l'Assemblea del Dipartimento, ha aggiornato la questione dopo che saranno nominati i trenta sei membri dell'Amministrazione del Dipartimento, ed il Procuratore Generale Sindaco, e frattanto gli elettori continueranno in questa pieve le loro operazioni per l'organizzazione del Dipartimento.

L'Assemblea, considerando che i Distretti dovrebbero essere già in attività, e che ritirandosi gli elettori nei capiluoghi, oltrechè le operazioni sarebbero ritardate, potrebbero essere soggette a qualche inconveniente, e per evitarli, e per procedere con quella quiete ed ordine che regnano in questa pieve, ha deliberato che gli elettori dei rispettivi Distretti, dopo l'organizzazione del Dipartimento, formeranno le loro Assemblee particolari e nomineranno gli Amministratori dei loro Distretti.

L'Assemblea si è aggiornata alle cinque ore dopo mezzo giorno.

Detto giorno 16 Settembre 1790

(*Sessione della sera*).

Il detto giorno, alle ore cinque pomeridiane, i Signori Elettori del Dipartimento di Corsica si sono riuniti nella solita sala.

Il Segretario ha detto che era stato rapportato allo scagno del Sig. Presidente che i Distretti aveano nominato due dei loro elettori per ciascheduno per formare il Comitato di corrispondenza, che la scelta era caduta nei Signori Guelfucci e Giubega per il Distretto dell'Isola Rossa ; pievano Turchini e Mancini per Corte ; Felce e Lepidi per Cervione ; Barbaggi e Simoni per Oletta ; Bertolacci e Falcucci per Bastia ; Galeazzi e Pompei per la Porta ; Abbatucci e Pozzodiborgo per Ajaccio ; pievano Defranchi e canonico Fieschi per Vico ; Quilichini e Pietri per Tallano, li quali elettori hanno accettato la commissione.

L'Assemblea si è aggiornata a dimani alle ore nove della mattina.

Venerdì 17 Settembre 1790

(Sessione della mattina).

L'anno mille settecento novanta, li diecisette settembre, alle nove ore della mattina, si sono riuniti i Signori Elettori del Dipartimento di Corsica nella sala dell'Assemblea.

Il Sig. Massei, elettore di Brando, ha chiesto la parola ed ha rappresentato che nella divisione dei Distretti adottata dal Comitato di costituzione, la provincia del Capocorso era stata pregiudicata notabilmente ; che essa avea sempre formato da se una giurisdizione ; che la natura l'avea situata di maniera a fare un Distretto, e che la sua popolazione è di dodici mila anime, e sembra sufficiente per giustificare i suoi riclami, e perciò richiedeva che l'Assemblea Elettorale deliberasse che questa provincia debba fare un Distretto separato da quello di Bastia.

Il Sig. Arena ha detto che, dal decreto dell'Assemblea Nazionale portante costituzione delle Assemblee primarie ed amministrative, è stabilito che la divisione dei Distretti dovesse essere eseguita per la prima legislativa senz'alcun ostacolo, ed in caso di rappresentanze per fissazione di limiti, o per altre convenienze locali, è riservato il diritto di riclamare nanti dei corpi amministrativi, i quali esamineranno le contestazioni, e pronuncieranno, oppure le dirigeranno coi lor avvisi all'Assemblea Nazionale, affinchè essa possa coreggere e modificare la divisione suddetta nella maniera più giusta e più commoda ai popoli;

Che l'Assemblea Elettorale non può occuparsi dell'esame di tale questione, e non ha facoltà che di rimandare gli elettori del Capocorso a provvedersi nanti il Dipartimento, allorchè sarà organizzato.

L'Assemblea, non credendosi competente per giudicare, sulla mozione degli elettori della pieve di Brando, ha rinviato la dimanda del Capocorso nanti del corpo amministrativo incaricandolo di avervi particolare riguardo.

Il Sig. Bertolacci, elettore di Bastia, ha fatto la mozione perchè gli aggiudicatari della sovvenzione, che non hanno saldato il loro debito colla cassa nazionale, non possano essere ammessi ad esercitare gli impieghi dell'amministrazione, nel caso che fossero nominati.

L'Assemblea ha deliberato che gli aggiudicatari dei precedenti trienni non entreranno in esercizio che dopo di aver effettivamente saldato il loro debito, e gli aggiudicatri dell' ultimo triennio che dopo d'aver pagato per li primi dieciotto mesi.

L'Assemblea, volendo avanzare i suoi travagli e procedere alla scelta degli Amministratori, ha deciso d'incominciare quest'operazione dal Distretto d'Ampugnani, come quello che ha la sorte di avere per uno de'suoi membri il Signor generale De Paoli; e fatto l'appello nominale di tutti gli elettori, hanno rimesso il loro biglietto contenente otto nomi agli scrutatori, i quali l'hanno riposto nella cassetta, e dopo che lo scrutinio è stato riempito e verificato, si è incominciato lo spoglio, ed avendovisi travagliato sino a sera, non potendosi terminare, si sono riposti i biglietti dello scrutinio assieme ai biglietti che non sono stati sviluppati, e la cassetta chiusa con chiave, che è rimasta presso dei scrutatori, e sigillata dal Signor Presidente, è stata riposta nella segretaria.

L'Assemblea si è aggiornata a dimani alle nove ore della mattina per la continuazione de'suoi lavori.

Sabato 18 Settembre 1790

(*Sessione della mattina*).

L'anno mille settecento novanta, li dieciotto, alle ore nove della mattina, si sono riuniti i Signori Elettori del Dipartimento di Corsica nella solita sala.

Il Segretario ha fatto lettura delle precedenti sessioni del processo verbale.

Il Sig. Presidente ha fatto presentare la cassetta che contiene i biglietti, e dopo di essersi assicurato col segretario, in presenza dei scrutatori, che la fascia di carta segnata da loro, apposta sul coperchio della cassetta, era sana ed intiera, come pure i sigilli, ha invitato i Signori scrutatori a fare lo spoglio dei biglietti.

E siccome questa operazione si avanza poco, e pareva dovesse far perdere ai elettori un tempo considerevole, l'Assemblea ha ordinato di stabilire quattro scagni, ed ha nominato diversi membri per assistere in qualità di scrutatori, i quali tutti assieme con gli scrutatori ed il Segretario, sotto l'ispezione del Sig. Presidente, avendo spogliati i biglietti, e fattone il calcolo, hanno riconosciuto che i biglietti deposti erano trecento ottanta otto; che la pluralità assoluta era di cento novanta cinque, e che questa si era riunita in favore dei seguenti quattro elettori, cioè :

Distretto della Porta d'Ampugnani. — Signori : generale Paoli, 387 suffragi; Luigi Ciavaldini, 332 ; Pompei Paoli, 312 ; Raffaelle Casabianca, 298.

I quali sono stati proclamati per membri del Dipartimento ; e dopo è stato tirato alla sorte il Distretto che dovea passare allo scrutinio, ed è uscito il Distretto di Oletta.

Ed avendo incominciato l'appello nominale, e finito, sono stati deposti i biglietti nella cassa solita ; ma l'ora essendo avanzata, nè potendo farsi lo spoglio, è stata sigillata con fascia di carta e sigillo dal Presidente e Segretario, in presenza dei scrutatori, e deposta nella segretaria, il Sig. Presidente avendo conservata la chiave presso di se.

E la sessione è stata rimandata a dimani alle ore nove della mattina.

Domenica 19 Settembre 1790
(*Sessione della mattina*).

L'anno mille settecento novanta, li dieci nove settembre, alle nove ore della mattina, i Signori Elettori del Dipartimento di Corsica si sono riuniti nella solita sala.

Il Sig. Presidente avendo fatto portare la cassetta ove erano deposti i biglietti del precedente scrutinio, dopo ch'è stato riconosciuto che i sigilli e la fascia di carta erano intieri, ha incaricato i scrutatori, co-scrutatori, ed il segretario di travagliare nei loro rispettivi scagni allo spoglio dei biglietti sotto la sua ispezione.

E dopo di aver contati i biglietti che erano in tutto trecento novanta due, i scrutatori hanno dichiarato che li quattro particolari che aveano riunito il maggior numero delle voci, e la pluralità assoluta sono i seguenti :

Distretto di Oletta. — Signori: Antonio Gentili, suffragj 347; Achille Murati, 270; Carlo Francesco Murati, 228; Pietro Saliceti, 215.

In conseguenza il Sig. Presidente li ha proclamati per membri del Dipartimento, e l'Assemblea si è aggiornata alle ore quattro dopo mezzo giorno.

Detto giorno 19 Settembre 1790

(*Sessione della sera*).

Nel detto giorno, alle ore quattro dopo mezzo giorno, i Signori scrutatori del Dipartimento di Corsica si sono riuniti nella solita sala.

La sorte avendo indicato il Distretto dell'Isola Rossa per lo scrutinio, si è proceduto per mezzo dell'appello nominale degli elettori alla rimessa dei biglietti nella solita cassetta.

E dopo che lo scrutinio di lista doppia è stato riempito, i Signori scrutatori lo hanno verificato, ed il loro numero ascendeva a trecento ottanta.

Ciò fatto, i scrutatori assistiti dai co-scrutatori e segretario, sotto l'ispezione del Signor Presidente, ne hanno fatto lo spoglio nei scagni, e questo terminato, è stato riconosciuto che hanno riportato la pluralità assoluta:

Distretto dell'Isola Rossa. — Signori: Bartolomeo Arena con suffragi 268; Guelfucci, 246; Giuseppe Maria Bonaccorsi, 194; Giambattista Leoni, 192.

Ed il Presidente li la proclamati per membri del Dipartimento, ed ha rimessa la sessione a dimani alle ore nove della mattina.

Lunedì 20 Settembre 1790
(*Sessione della mattina*).

L'anno mille settecento novanta, li venti settembre, alle ore nove della mattina, i Signori Elettori del Dipartimento di Corsica si sono riuniti nella solita sala.

Avendo per mezzo della sorte riconosciuto che dovea farsi lo scrutinio per nominare quattro membri del Dipartimento nel Distretto di Bastia, è stato fatto l'appello nominale di tutti gli elettori presenti, e rimessi i loro biglietti, fatti per lista doppia,

E gli scrutatori, co-scrutatori e segretario, sotto l'ispezione del Presidente, avendo divisi i biglietti che erano trecento sessanta sette, e fatto lo spoglio nei quattri scagni, dopo di averli calcolati insieme, hanno dichiarato che i seguenti particolari avevano conseguita la pluralità assoluta dei suffragj, cioè :

Distretto di Bastia. — Signori : Santo Dominici con suffragj 257 ; Mattei avvocato, 253 ; Giovanni Antoni, 193 ; Giambattista Galeazzini, 190.

Ed il Sig. Presidente li ha proclamati per membri del Dipartimento, ed ha rimesso la sessione alle ore quattro dopo mezzo giorno.

Del detto giorno
(*Sessione della sera*).

Nel detto giorno, alle ore quattro della sera, gli elettori del Dipartimento di Corsica si sono riuniti nella solita sala.

Ove avendo toccato in sorte al Distretto di Tallano di

essere sottoposto allo scrutinio per fornire quattro membri al Dipartimento, fatto l'appello nominale, e ricevuti i biglietti per lista doppia, gli scrutatori avendoli verificati, li hanno ritrovati in numero di trecento ottanta.

Ed avendoli divisi nei quattro scagni, coll'assistenza dei co-scrutatori e del Segretario, e sotto l'ispezione del Sig. Presidente, ne hanno fatto lo spoglio, e questo terminato, dopo d'aver tutti insieme calcolati i diversi risultati, hanno dichiarato che la pluralità assoluta dei suffragj era stata conseguita dai seguenti elettori, cioè :

Distretto di Tallano. — Signori : Rocco Francesco Cesari, suffragi 323 ; Giambattista Quenza, 315 ; Anton Padovano Giacomoni, 285 ; Giuseppe Maria Pietri, 285.

Il Sig. Presidente li ha proclamati per membri del Dipartimento, ed ha rimessa la sessione a domani alle ore nove della mattina.

Martedì 21 Settembre 1790

(*Sessione della mattina*).

I Signori Elettori del Dipartimento di Corsica si sono riuniti questo oggi vent'uno settembre mille settecento novanta, nella solita sala, alle ore nove della mattina.

Il Sig. Presidente ha invitato l'Assemblea a nominare quattro membri al Dipartimento, per mezzo dello scrutinio, seguendo le formalità adottate nelle precedenti sessioni.

Essendo stato tirato alla sorte il Distretto di Corte, si sono raccolti i suffragj, gli scrutatori hanno riconosciuto che il numero dei biglietti era di trecento ottantasei, e fattone lo spoglio, hanno dichiarato che i seguenti particolari hanno riportato la pluralità dei suffragi, cioè :

Distretto di Corte. — Signori : Francesco Grimaldi, suffragj 258 ; Carlo Francesco Carlotti, 250 ; Don Pietro Boerio, 240 ; Giulio Matteo Grazietti, 228.

Ed in conseguenza il Sig. Presidente li ha proclamati per membri del Dipartimento, ed ha rimessa la sessione alle ore quattro della sera.

Del detto giorno 21 Settembre 1790

(Sessione della sera).

Gli Elettori del Dipartimento di Corsica essendosi riuniti nella solita sala a quattro ore pomeridiane dello stesso giorno,

Il Sig. Presidente, dopo aver riconosciuto che la sorte avea deciso per il Distretto di Ajaccio riguardo alla nominazione per lista dei quattro soggetti da eleggersi per il Dipartimento, si è proceduto all'appello nominale ed alla rimessa degli biglietti, che dagli scrutatori sono stati verificati, e trovati ascendere al numero di trecento settanta nove.

Ed avendoli divisi nei quattro scagni, come si è fatto nelle precedenti sessioni, in presenza del Sig. Presidente, ed assistenza del Segretario, dopo d'esserne stato fatto il calcolo, e questi riuniti insieme, i Signori scrutatori hanno dichiarato che la pluralità assoluta dei suffragi era caduta in favore come in appresso, cioè :

Distretto d'Ajaccio. — Signori : Domenico Casamarte, suffragi 248 ; Carlo Andrea Pozzodiborgo, 247 ; Don Giacomo Abbatucci, 226 ; Mario Giuseppe Peraldi, 220.

Dopo di che il Sig. Presidente li ha proclamati per membri del Dipartimento, ed ha rimessa la sessione a domani alle ore nove della mattina.

Mercoledì 22 Settembre 1790

(Sessione della mattina).

L'anno mille settecento novanta, li ventidue settembre, alle ore nove della mattina, i Signori Elettori del Dipartimento di Corsica si sono riuniti nella solita sala.

Il Sig. Presidente, dopo di aver riconosciuto dalla sorte che toccava al Distretto di Vico a nominare i quattro soggetti per il Dipartimento, ha fatto procedere all'appello nominale degli elettori, ciascheduno de'quali ha rimesso il suo biglietto di lista doppia per la nominazione dei quattro soggetti per il Dipartimento.

In seguito di che si sono distribuiti i biglietti alli quattro scagni, conforme a ciò che si è praticato nelle precedenti sessioni, e dopo fattone lo spoglio, e numerati i biglietti, si sono trovati ascendere al numero di trecento settanta due. E dopo fatti i calcoli dei suffragi di ciascheduno scagno, e questi riuniti insieme, si è ritrovato che la pluralità assoluta di essi è caduta in favore dei seguenti particolari, cioè:

Distretto di Vico. — Signori: Canonico Antonio Multedo, suffragi 241; Gian Maria Cittadella, 236; Vincentello Colonna, 225; Gian Antonio Pinelli, 221.

I quali sono stati dal Sig. Presidente proclamati per membri del Dipartimento.

E la sessione è stata rimessa alle ore quattro della sera.

Del detto giorno 22 Settembre 1790

(Sessione della sera).

Nel detto giorno, alle ore quattro pomeridiane, i Signori Elettori del Dipartimento si sono riuniti nella solita sala.

Il Sig. Presidente, avendo riconosciuto che non rimaneva più che al Distretto di Cervione a procedere per mezzo dello scrutinio alla nomina dei quattro soggetti per il Dipartimento, ha fatto fare l'appello nominale d'ogni elettore, che ha rimesso il suo biglietto.

E dopo essere questi numerati, e trovati ascendere alla quantità di trecento settanta cinque, e distribuiti alli quattro scagni, come si è fatto nelle precedenti sessioni, si è proceduto allo spoglio di essi.

In seguito di ciò essendo stati calcolati i detti suffragi, e poscia riuniti, si è riconosciuto che la pluralità assoluta è caduta in favore delli sotto nominati elettori cioè:

Distretto di Cervione. — Signori: Antonio Giafferri, suffragi 226; Canonico Ignazio Felce, 225; Antonio Filippo Casalta, 201; Giambattista Taddei, 193.

In conseguenza sono stati dal Sig. Presidente proclamati per membri del Dipartimento.

E la sessione è stata rimessa a domani, alle ore nove della mattina.

Giovedì 23 Settembre 1790

(*Sessione della mattina*).

L'anno mille settecento novanta, li venti tre settembre, alle ore nove della mattina, i Signori Elettori del Dipartimento di Corsica si sono riuniti nella solita sala.

Il Sig. Presidente ha invitato l'Assemblea a nominare per mezzo dello scrutinio di lista semplice, ed alla pluralità assoluta de' suffragi un Procurator Generale Sindaco del Dipartimento.

Fatto l'appello nominale, e riuniti li biglietti, è stato riconosciuto che ascendevano al numero di trecento settanta sette, e terminato lo spoglio, i scrutatori hanno dichiarato che il Sig. Cristoforo Saliceti, di Rostino, avea riportato trecento settant'uno suffragi.

Il Sig. Presidente lo ha proclamato per Procurator Sindaco del Dipartimento, con sodisfazione dell'Assemblea.

Il Sig. Francesco Pietri di Fozzano, a nome della Commissione che era stata incaricata per deliberazione del sedici del corrente di travagliare al ringraziamento da presentarsi all'Assemblea Nazionale ed al Re, è montato alla Tribuna, ed ha fatto lettura dei due seguenti progetti:

« Signori,

» I rappresentanti del popolo corso, per la prima volta dopo la rivendicata libertà legalmente radunati nell'Assemblea di questo Dipartimento, vi rinnuovano dal seno della medesima l'omaggio della rispettosa loro gratitudine per il decreto sempre memorabile dei trenta novembre dell'anno scorso, col quale pronunziaste sulla sorte della Corsica, non meno che della sincera e totale loro adesione alla felice Costituzione con cui la vostra illuminata sapienza, rivendicando i diritti della nazione e dell'umanità, ha assicurata la libertà, e con essa la prosperità della monarchia francese.

» In così fausto giorno, sacro alla riconoscenza ed alla venerazione per i vostri patriottici travagli, non si presenta all'animo nostro la memoria della passata oppressione che per rinforzare il sentimento dell'attuale nostra felicità. Di questo sono ripieni tutti i cuori, e da essi partono le benedizioni che riscuotete da ogni bocca ed in ogni angolo di quest'Isola infelice, troppo lungamente desolata dagli orrori della più violenta schiavitù. Erano questi aggravati fra noi assai più che in ogni altra parte dell'Impero Francese dal risentimento crudele attiratoci dai generosi quantunque inefficaci sforzi, coi quali osammo un tempo, in faccia alla non provocata alterigia ed ingiustizia di un dispotico ministro, di difendere la nostra libertà. L'amore di questa libertà, che mai si spense nei nostri petti, vi assicurò i nostri più fervidi voti fin dal primo momento che potè balenare dalle vostre determinazioni un lampo del miglior destino che vi accingevate a preparare alla Patria. Questi voti si cambiarono in entusiasmo di ammirazione, in trasporti di gratitudine e di gioia, allorchè, applaudendo alla rivendicazione della libertà corsa, voi degnaste di riceverla sotto la protezione delle forze della monarchia, e di associare la Corsica ai diritti ed alla gloria del popolo francese.

» L'operazione con cui si è compita felicemente in questa Assemblea la nostra regenerazione alla libertà, la formazione di questo Dipartimento, con cui si è consolidata in Corsica la Costituzione, assicurandoci su fondamenti inconcussi il frutto dei vostri travagli, renderà immortale il vostro beneficio, ugualmente che la nostra gratitudine.

» Questa vi deve essere garante della nostra piena e perfetta adesione a tutte le misure e decreti che formano la gloria della Costituzione e la felicità della monarchia.

» Sicuri di questi sentimenti per parte nostra, noi confidiamo che non avrete dato debito alla nazione corsa della resistenza che alcuni de'vostri più savi decreti costituzionali hanno incontrata presso i due tra i nostri Deputati, che ancora siedono tra voi come rappresentanti degli aboliti ordini della nobiltà e del clero. Scandalizzati in differenti occasioni del loro contegno, e principalmente delle loro sconsigliate proteste, che hanno meritato l'animadversione di tutti i buoni patriotti fra noi, ed hanno loro attirato non equivoci segni della pubblica indegnazione quasi in tutte le parti dell'Isola, noi ne saremmo assai più mortificati e dolenti, se da un lato non ci rammentasse che alle aperte pratiche soltanto, ed all'abituale irresistibile influenza del dispotico governo dovettero essi in tale occasione la loro nomina, e non in verun conto alla libera volontà del popolo corso, che anzi grave rincrescimento provò nel non averla potuto impedire; e se dall'altro non ci ristorasse la patriottica condotta degli altri due mandativi dal terzo Stato, i quali concorrendo costantemente in tutte le vostre misure ed operazioni, hanno sì ben meritato dalla causa pubblica, sì pienamente giustificata la confidenza della Patria. Di questa siano essi l'organo per l'avvenire appresso di voi come meritarono di esserlo per il passato, fino a che non assicuri la rinata libertà della monarchia il felice compimento della Costituzione che forma l'oggetto della più calda aspettativa della Nazione; di cui saprà certamente venire a capo la vostra pazienza e costanza prima che abbia luogo la vostra separazione. Tutti i voti dei buoni Francesi sono per voi; tutte le forze dell'Impero saranno il sostegno del vostro patriottico lavoro, del grandioso monumento che preparaste alla venerazione dei secoli. Consapevoli della tenuità delle nostre, e di quanto poco la loro accessione possa accrescere quella della monarchia, noi oseremmo appena di aggiungere l'omaggio a questi nostri sentimenti, se la vostra magnanimità non ci confortasse a sperare che voi non vorrete disprezzare l'offerta delle vite e sostanze di un popolo, quanto piccolo e povero, altrettanto grato e leale, che tante volte nella serie dei secoli ha cementato col suo sangue la libertà della Patria, e che saprà tutto versarlo a difesa dei dritti che ha comuni co'suoi generosi fratelli francesi e della Costituzione che ad essi lo riunisce sotto la protezione di un Re cittadino, del Restitutore della libertà corsa non meno che della francese. »

AL RE DEI FRANCESI.

« Orezza, 23 Settembre 1790.

» Sire,

» Riuniti par la prima volta, dopo tanti anni di disastri, sotto gli auspici della riacquistata libertà, per la formazione di questo Dipartimento, il primo movimento che si è comucato a tutti i cuori, la prima determinazione che ha riportata l'unanime concorrenza ed applauso di tutti i rappresentanti della Nazione, in quest'Assemblea Elettorale, è stata quella di contestarvi, nell'effusione dei nostri sentimenti, la nostra perpetua riconoscenza per l'unione da voi graziosamente sanzionata del nostro paese alla Monarchia, di umiliarvi per sì segnalato beneficio le grazie, che per noi si possono migliori, di offrirvi il sincero inviolabile omaggio della nostra fedeltà, del nostro amore e rispetto. Quest'omaggio nel corso della passata oppressione è stato altre volte portato in nome della Corsica al vostro Trono, ed era sicuramente dovuto alle vostre sovrane virtù, alle vostre benefiche intenzioni a pro della medesima; ma estranei, come eravamo per il passato, all'Impero Francese, considerati come popolo di conquista, e tenuti, ad onta delle paterne vostre disposizioni, sotto il più crudele dispotico governo, come ci potevamo lusingare che esso interessasse i vostri sentimenti, che meritasse la vostra confidenza? Ora solamente che parte da cuori liberi e riconoscenti, legati alla Francia, ed al suo Re con vincoli indissolubili di fratellanza, di fedeltà e di onore, noi osiamo crederlo degno di voi, e ci lusinghiamo che possa accrescere la vostra sodisfazione, venendo a mescolarsi agli omaggi della stessa natura, che la riconoscenza della Monarchia, dopo l'abolita schiavitù, moltiplica giornalmente da tutte le parti al *Re Cittadino,* al *Restitutore* della libertà. Sotto questo glorioso titolo con cui regnate sopra un popolo grande e generoso, degnatevi, Sire, di accogliere con gradimento questi nostri leali sentimenti, uniti alla più profonda venerazione per le vostre patriottiche virtù, ed alle proteste inviolabili del più sincero rispettoso attaccamento alla vostra sacra persona, ed alla Monarchia, con cui saremo eternamente,

» Sire, di Vostra Maestà,
» *Umilissimi e fedelissimi sudditi e servitori,*
» Gli Elettori dell'Assemblea
» del Dipartimento di Corsica. »

L'Assemblea ha adottato unanimamente questi due progetti d'addirizzo, come quelli che manifestano i sentimenti sinceri dei popoli di questo Dipartimento, ed ha deliberato che siano spediti due deputati incaricati di farne la presentazione all' Assemblea Nazionale ed al Re.

Il Sig. Presidente ha detto che se il peso degli anni e le infermità che indeboliscono giornalmente la sua salute, gli permetteano di poter intraprendere un nuovo viaggio, egli si renderebbe in Parigi ad offrire l'omaggio della Corsica all' Augusto Senato Nazionale, ed al benefico Monarca, che hanno degnato di accogliere le riclamazioni di questo popolo, e restituirgli la libertà garantita dalla Costituzione e dalle forze dell'Impero Francese; ma ridotto all'impossibilità di poter eseguire una così nobile commissione, prega l'Assemblea di scegliere nel suo seno due membri che possano adempire la deliberazione da essa presa in quest'istante.

L'Assemblea ha ricusato di nominare li due deputati, e ne ha deferito la scelta al Signor Presidente.

Il Sig. Pietri di Fozzano ha fatto la mozione di solennizzare in questo Dipartimento il giorno trenta novembre, giorno in cui l'Assemblea Nazionale ci reintegrò nei nostri dritti, e ci dichiarò parte integrante della Monarchia francese.

L'Assemblea ha unanimamente adottato questa mozione ed incarica il Direttorio del Dipartimento di far pubblicare in tutte le comunità dell'Isola questa deliberazione.

Il Sig. Pompei è montato alla tribuna, ed ha detto:

« Signori,

» Quegli di cui avete compianto per si lungo tempo la perdita, di cui avete con tanto ardore desiderato la presenza, il general Paoli è finalmente fra voi. Gli orrori del dispotismo, che minacciavano ancor da lontano la cara sua Patria, lo indussero a cercare l'asilo in una nazione che onora i sacri dritti dell'uomo; il primo raggio di libertà che è spuntato sul nostro orizzonte, che ha dissipato le tenebre che l'ingombravano, lo ha ricondotto fra noi.

» Inghilterra! tu hai conservato alla Corsica questo prezioso deposito; tu meriti i nostri omaggi; io non posso negarti i secreti interni ringraziamenti del mio cuore.

» Questa nazione fortunata, produttrice di grand'uomini, che conosce ed approva il vero merito, accolse l'Esule illustre di Corsica, e ne onorò le virtù. Essa non trascurò nulla per addolcire la noja dell'esilio a cui si era volontariamente condannato; gli accordò la pubblica stima, gli aperse i suoi tesori. Gli onorati compagni dell'esilio di Paoli sono i testimoni della di lei munificenza. Se i comodi privati avessero potuto, non dirò ammorzare, ma indebolire in lui il fervente amore della Patria che in tutti i tempi gl'infiammò il petto, noi non avremmo oggi la tenera consolazione di vederlo fra noi. Le anime privilegiate nascono meno per la propria che per l'altrui felicità; pochi hanno la virtù di sagrificar l'uomo al cittadino. Il general Paoli ha saputo vincere la vóce della natura. Parlo di cose che vi son note, o Signori, nessuno di voi ignora che egli ha sagrificato se stesso alla nostra felicità.

» La riconoscenza deve essere l'appannaggio delle anime generose; la generosità quello delle anime libere.

» La Patria deve avere i teneri sentimenti di madre per un figlio tanto benemerito, che ha rinunciato per lei fino ai mezzi della propria sussistenza. La di cui onorata povertà merita ch'essa faccia conoscere, che, se non ha potuto degnamente corrispondere al di lui merito, ha tentato almeno di dargli un segno di riconoscenza.

» La Corsica deve a giusto titolo lusingarsi ch'egli gradirà da lei ciò che il disinteresse e la generosità gli hanno fatto costantemente ricusare dal ministero.

» Sì, generoso cittadino, accordate alla Corsica l'onore di provvedere alla vostra sussistenza: essa non fa che rendervi ciò che vi deve, ed essa merita questo onore da voi; la vostra delicatezza non può soffrirne il più leggiero attentato ; giammai un figlio arrossì della generosità di una madre. Il pubblico Erario di Atene sostenne la virtuosa povertà della famiglia d'Aristide.

» La Corsica quasi tutta ha nominato nelle differenti sue pievi il general Paoli commandante delle Guardie Nazionali ; il voto unanime della Corsica intera adunata rinnovi oggi il voto prima d'ora separatamente annunciato nei diversi cantoni. Questo tempio sacro alla libertà della Francia rimbombi oggi degli Evviva dovuti all'antico Ristoratore della libertà corsa francese. Egli, che seppe un tempo rivendicarla, merita oggi che confidato gli sia l'onorevole incarico di proteggerla. I nostri posteri anch'essi non debbono rimanere fraudati della memoria di Paoli. Un monumento eterno della sua gloria, che resista alle ingiurie de' tempi, tramandi, o Signori, alla più rimota posterità la rimembranza delle di lui virtù. La storia è un monumento sicuro e fedele delle azioni degli uomini ; ma essa non può essere nelle mani di tutti, e le imagini sono più sentite che le parole. Versino un giorno i tardi nostri nepoti, istruiti dalla storia e dalla tradizione delle virtù di Paoli, versino a piè della sua statua quelle lagrime di tenerezza che noi versiamo oggi alla di lui presenza. »

Il Sig. Presidente ha pregato l'Assemblea di non prendere alcuna deliberazione a suo riguardo, osservandole che, quanto era sensibile all'affezione pubblica che desiderava di contribuire alla sua assistenza, era altrettanto deciso di non accettare le esibizioni che gli erano fatte, perchè gli restava ancora qualche bene, e delle piccole economie per poter vivere, senza bisogno di aggravare l'erario del Dipartimento, protestando sinceramente che in qualunque circostanza gli aiuti della nazione gli fossero divenuti necessari, egli ne avrebbe fatta la dimanda con confidenza.

L'Assemblea ha voluto deliberare sulla prima parte della

mozione, ed ha unanimamente approvato e confermato l'elezione ch'è stata fatta della massima parte delle comunità di Corsica del Signor Pasquale De Paoli, di commandante generale delle Guardie Nazionali, ed incarica l'Amministrazione di Dipartimento di farlo riconoscere ed ubbidire da tutti gli uffiziali e soldati delle Guardie Nazionali dell'Isola.

L'Assemblea volendo deliberare sulla seconda parte della mozione, il Sig. Presidente ha replicato di bel nuovo per impedire questa deliberazione, ed ha detto :

« Signori,

» Non è per orgoglio che insisto a ricusare le offerte generose che voi mi fate ; la situazione delle vostre finanze non vi permette di poterne assegnare alcun trattamento, e la mia non è cosi pressante che esiga da voi di anteporla a tanti pubblici bisogni urgenti che vi sovrastano. Permettetemi ch'io viva tra voi come semplice cittadino, e ch'io continui a prestarvi li miei serviggi ; la mia fortuna è sufficiente a'miei bisogni, e mi dispenserà dall'essere a carico di questo popolo esausto da tant'anni di un'Amministrazione oppressiva. »

L'Assemblea, vivamente penetrata dal generoso rifiuto e dai sentimenti esternati dal Presidente, ha insistito a voler deliberare, e preso l'oggetto in considerazione, ha determinato che sul danaro pubblico del Dipartimento sia assegnata una somma annuale di cinquanta mila franchi, affinchè il generale Paoli ne possa disporre in beneficio pubblico, o in quell'uso che giudicherà più proprio, senza obbligo di renderne alcun conto.

Lo stesso membro ha votato perchè sia eretta a spese pubbliche la statua del generale Paoli nel capoluogo del Dipartimento.

Il Sig. Presidente, opponendosi a questa mozione, ha detto :

« Signori,

» Il monumento più lusinghevole per me è quello che mi avete elevato nei vostri cuori; non prodigate gli elogi e gli encomi a dei cittadini finchè la loro carriera non è terminata. Chi vi assicura che negli ultimi periodi della vita, io non abbia ad eccitare dei sentimenti assai diversi da quelle che voi mi palesate in quest'istante? Il mio termine non è lontano; differite di grazia il vostro giudicio sulli servigi che mi attribuite avere prestati alla Patria, ed allora esternerete la vostra opinione senza riguardo, e senza offendere la mia modestia.»

Il Sig. Arena ha replicato:

» Noi abbiamo tante riprove della virtù del nostro generale, e tanti pegni della sua inalterabile passione per la felicità della Patria, che non possiamo dubitare che lo splendore della sua gloria possa rimanere in alcun tempo offuscato. Egli non può variare da' suoi principj, il dubitarne sarebbe un oltraggio. I nostri committenti ci hanno espressamente incaricati di erigere questa statua, che richiami alla posterità la memoria del benemerito cittadino, che ha riscossi gli applausi e la stima delle nazioni libere, e che ha ristorato la libertà Corsa. »

L'Assemblea ha deliberato che sia eretta la statua del general Paoli nel capoluogo del Dipartimento.

Il Sig. Panattieri è montato alla tribuna, ed ha detto che si ha certezza che si spargono nell'Isola delle patenti e del denaro a nome della Repubblica di Genova, sotto il pretesto di fare una leva di truppe;

Che è necessario che il Dipartimento formi un comitato di ricerche composto de'suoi membri per iscoprire questi insidiosi maneggi, che non possono aver altro fine, che di far nascere la guerra civile in Corsica, e d'intorbidare la nostra attuale prosperità;

Che per dissipare questi rei complotti e ristabilire l'ordine in tutte le parti dell'Isola, l'Amministrazione debba assoldare provvigionalmente una parte delle Guardie Nazionali, ed incaricarle di perseguitare i pertubatori del pubblico riposo, e gli inimici della Costituzione e della monarchia francese.

Il Sig. Benedetti, assessore, ha aggiunto un ammendamento, ed ha voluto che nel caso che si ritrovi che la Repubblica di Genova contribuisca colle sue commissioni a questa indegna pratica, che sia denunciata all'Assemblea Nazionale.

L'Assemblea, prendendo in considerazione le mozioni e l'ammendamento suddetto, le ha unanimamente adottate.

Il Sig. Arena ha detto:

» Il Reggimento Provinciale ha reso dei funesti servigi all'orribile dispotismo; diversi ufficiali e soldati, costretti d'eseguire degli ordini sanguinari, hanno saputo combinare coi loro doveri il rispetto che doveano alla vita ed alla libertà dei loro concittadini; questi non sono, nè saranno giammai compresi nella mozione che vi propongo; ma il voto generale è di sopprimere questo Reggimento, ed io v'invito ad incaricare i due Deputati che saranno portatori dei nostri addrizzi, di supplicare l'Assemblea Nazionale ed il Re di sopprimere il Reggimento suddetto, e di concedere i fondi alla nostra Amministrazione, acciò possa impiegarli nelle spese necessarie per il mantenimento dell'ordine e della regenerazione dell'Isola. »

L'Assemblea ha unanimamente adottata questa mozione.

I Signori Pozzodiborgo e Pompei hanno votato che l'Assemblea palesi la sua sodisfazione ai due Deputati Signori Cesari e Saliceti, che rappresentarono degnamente il voto dei Corsi nel Senato Nazionale, e che contribuirono coi loro suffragi a stabilire la Costituzione francese, ed alla nostra riunione con quella felice monarchia.

L'Assemblea ha incaricato il Sig. Presidente di scrivere in suo nome una graziosa lettera alli Signori Cesari e Saliceti, in cui si esprima che la loro condotta è stata vivamente applaudita ed approvata dal consenso generale dei popoli, e che la pubblica riconoscenza si è manifestata in una maniera corrispondente all'importanza dei servigi, che hanno reso ai loro concittadini.

I Signori Pozzodiborgo e Panattieri hanno denunciato all'Assemblea i due rappresentanti degli ordini già fu privilegiati, i quali in tutte le circostanze si sono mostrati nemici segnalati della libertà, e partigiani dell'odiosa aristocrazia, ed hanno votato che la loro condotta fosse disapprovata.

L'Assemblea, profondamente irritata dalla prevaricazione di questi due rappresentanti, ha dichiarato che fin da questo momento revocherebbe il mandato, che fu loro concesso da qualche individui degli ordini privilegiati, se ne fosse autorizzata dall'attuale legislazione; che disapprova la loro condotta e le proteste criminali, che hanno sottoscritte contro i decreti dell'Assemblea Nazionale, considerandoli per tal ragione immeritevoli della pubblica confidenza.

E la sessione è stata rimandata a dimani alle ore nove della mattina.

Venerdì 24 Settembre 1790

(Sessione della mattina).

L'anno mille settecento novanta, li ventiquattro settembre, alle ore nove della mattina, i Signori Elettori del Dipartimento di Corsica si sono riuniti nella solita sala.

Il Sig. Coti ha discusso la questione importante della fissazione del capoluogo del Dipartimento, ed ha opinato che per la prima volta fosse fissato in Bastia, la seconda legislatura in Ajaccio, la terza in Corte.

I Signori Bertolacci e Benedetti hanno sostenuto che conveniva di fissarla unicamente in Bastia, poichè in quella città gli Amministratori avrebbero trovato dei stabilimenti e dei comodi, perchè è più alla portata di corrispondenza colla Francia, e per diverse altre ragioni che hanno esposto.

Il Sig. Pozzodiborgo ha contradetto l'avviso delli Signori Benedetti e Bertolacci, ed ha proposto che l'Assemblea decidesse per l'alternativa tra Bastia ed Ajaccio.

Il Sig. Buonaparte ha sollecitato l'Assemblea a deliberare che il primo anno si stabilisse in Bastia, il secondo in Ajaccio.

Il Sig. Arrighi, combattendo tutte le opinioni precedenti, ha osservato che il governo dovesse essere ugualmente comodo a tutti i Distretti, e che per questo è necessario di fissarlo nel centro ; che l'antico governo nazionale faceva la sua residenza in Corte, ove si trovavano gli alloggj necessari per stabilire il Dipartimento ; che a vicenda adottando l'alternativa, l'unico mezzo è di determinare che sia fissato per capoluogo la città di Corte da dove il Dipartimento sarebbe in stato di accorrere a tutti i bisogni e d'influire prontamente alla pubblica prosperità.

Diversi altri membri hanno parlato per conciliare questi diversi avvisi, ed hanno conchiuso di non fissare in questo momento alcun capoluogo e di lasciare all'arbitrio degli Amministratori, per questa prima legislatura, di trasportarsi ove il bisogno l'esigerà, senza pregiudicare alle ragioni dei rispettivi Distretti.

La discussione essendo terminata, l'Assemblea ha preso la seguente deliberazione :

« L'Assemblea considerando le attuali circostanze della Corsica, senza fare alcuna fissazione positiva di capoluogo del Dipartimento, delibera che, senza pregiudicio e senza tirare a conseguenza, i membri del Dipartimento si trasporteranno in Bastia per ricevere gli scritti ed i conti dell'antica amministrazione ; che, questa operazione finita, potranno rendersi, a seconda dei bisogni, e stabilirsi in quelle parti dell'Isola ove crederanno necessario, salvo, alla prossima Assemblea degli elettori del Dipartimento, di fissare definitivamente il capoluogo, e di renderlo alternativo. »

Il Sig. Arena ha detto :

« Esistono ancora nelle galere di Tolone delle vittime innocenti del dispotismo giudiciale, d'altro non ree che di aver desiderato di ricuperare la libertà che noi abbiamo conseguita, e che fù il più gran pregio della nostra attuale esistenza. Propongo che i Deputati che saranno spediti in Francia siano incombenzati di supplicare l'Assemblea Nazionale di farli liberare dalla catena, che non hanno meritato. Molti Corsi sono stati condannati in contumacia senz'aver commesso alcun delitto, solamente per soddisfare la politica che dominava. Molti altri sono stati condannati arbitrariamente ed i giudici non hanno saputo indicare la colpa che sotto il nome di casi risultanti dal processo. È necessario che sia fatta istanza all' Assemblea Nazionale, che tanto i suddetti contumaci che quelli che sono stati giudicati per li casi risultanti dal processo, possano rientrare nell'Isola, e presentarsi nanti dei Tribunali, per subire un nuovo giudicio, e che frattanto che il processo sia istruito, possano rimanerci con sicurezza, come se tali sentenze non fossero state pronunciate. »

L'Assemblea ha unanimamente adottato la sopradetta mozione, e si è aggiornata a dimani alle ore nove della mattina.

Sabato 25 Settembre 1790

(Sessione della mattina).

L'anno mille settecento novanta, li venticinque settembre, alle ore nove della mattina, i Signori Elettori del Dipartimento essendosi riuniti nella solita sala,

Il Sig. Arena ha detto che, all'epoca della conquista, tutti i beni dei difensori della libertà, che si refugiarono in Toscana per non soccombere alla forza oppressiva, che distrusse il nostro felice governo, sono stati confiscati, e li dominj del Re ne hanno ritirato annualmente i frutti.

L'Assemblea Nazionale avendo permesso ai predetti nostri concittadini di ritornare alle loro case e di rivendicare le loro proprietà, ha senza dubbio inteso che debbano essere reintegrati dei frutti che sono stati indebitamente percepiti. Dagli affitti e dalle quittanze risulta la quantità che è entrata nella cassa dei domini, ed ha proposto che si supplichi l'Assemblea Nazionale affinchè ne sia fatta la restituzione ed il pagamento dall'antico tesoro reale.

L'Assemblea ha adottato unanimamente questa mozione.

Il Sig. Pozzodiborgo ha detto che sotto l'antica amministrazione sono state fatte moltissime concessioni di stagni e beni comunali, ed anche particolari, a diversi individui, con contratti d'infeodazione, o d'enfiteusi e per asserte indennità; che queste sono state di grave pregiudicio ai popoli, e che conviene di chiederne l'annullazione e la revoca.

L'Assemblea ha deliberato di sollecitare dalla giustizia dei rappresentanti della nazione francese la revocazione ed annullazione di tutte le concessioni fatte dall'antico governo sotto qualunque contratto d'infeodazione, o d'enfiteusi, e sotto qualunque titolo lucrativo o oneroso, per essere i detti beni restituiti alla nazione, salvo li dritti dei leggittimi proprietari e delle comunità.

Il Sig. Coti ha osservato che esiste in Corsica un Libro Rosso, in cui vi sono dei titoli, ai quali molte comunità e particolari sono in caso d'aver ricorso ; che è necessario che l'Amministrazione del Dipartimento obligli il depositario, che è uno degl'impiegati dell'antico governo, a presentarlo, affinchè sia deposto nell'archivio del Dipartimento.

L'Assemblea ha unanimamente adottata la sopradetta mozione.

Il Sig. Panattieri ha proposto di far mettere una lapide sulla porta della chiesa del convento d'Orezza, in cui sarà fatto menzione che in questo tempio si è tenuta la prima assemblea libera dopo la ricuperata libertà.

L'Assemblea ha applaudito e deliberato in conformità della mozione.

Uno dei membri ha detto :

« Il comando delle Guardie Nazionali del Dipartimento è stato affidato al Signor Generale De Paoli ; ma questi non può occorrere nell'interiore e nei luoghi ove sarà necessario il servizio delle truppe civiche ; conviene di nominare un comandante generale in secondo delle Guardie Nazionali a cui sia data la facoltà di portarsi in tutti i Distretti ed invigilare alla difesa della Costituzione ed al mantenimento della quiete e della tranquillità, sotto gli ordini del comandante generale. Il Sig. Cesari Colonna che ha sì bene eseguita la commissione che gli avete appoggiata di vostro rappresentante all'Assemblea Nazionale, e che in tutte le occasioni si è distinto per i suoi talenti militari e per l'affezione che ha sempre dimostrato ai pubblici interessi, è il cittadino che potrà assumere questo comando con successo, e con sodisfazione delle Guardie Nazionali. »

L'Assemblea, applaudendo alla mozione, ha eletto all'unanimità dei suffragi, e proclamato per comandante generale in secondo delle Guardie Nazionali il Sig. Cesari Colonna.

Il Sig. Buonaparte ha votato per l'elezione di un pubblico monumento e l'istituzione di una festa nazionale intorno a questo il dì trenta di novembre.

L'Assemblea ha gradito questo progetto ed ha ordinato l'impressione del discorso pronunciato dal suddetto elettore.

E nell'istante i Signori Commissari del Re hanno addrizzato al Sig. Presidente una lettera per rappresentare che essi concorrono volontieri alla deliberazione presa di procedere in questa pieve all'elezione dei membri dei Distretti, ed affinchè si possa proseguire questo travaglio con quella quiete ed unione che hanno regnato fin'ora fra gli elettori, li autorizzano a convocarsi domani per l'organizzazione dei Distretti.

Il Sig. Presidente ha invitato gli Elettori dei rispettivi Distretti ad unirsi in questo convento nelle diverse sale destinate a quest'oggetto per procedere alla nomina degli amministratori dei Distretti.

E dopo che tutte queste operazioni saranno terminate, ha pregato i Signori Elettori di rendersi in questa sala per assistere al *Te Deum* che sarà cantato per ringraziare l'Ente Supremo.

Il Sig. Panattieri ha detto che negli Stati tenuti sotto l'antica amministrazione, i Corsi sono stati costretti a votare dei ringraziamenti, ad erigere delle lapidi e conferire dei titoli a quelli stessi comandanti militari che, governando l'Isola col più fiero despotismo, non risparmiarono nè la vita, nè la fortuna dei Corsi, e che non hanno lasciato in quest'Isola che la più funesta memoria delle crudeltà che vi hanno esercitate.

Li fu Signori De Marbeuf, Sionville e Narbona furono i principali nemici di questa nazione, che perseguitavano arbitrariamente i migliori cittadini, che riempirono la torre di Tolone dei nostri buoni compatriotti, e che in ricompensa sollecitarono dalle Assemblee dei Stati delle deliberazioni, che non potevano essere scritte che con l'inchiostro dell'adulazione o della paura, onde ha proposto che tutte le deliberazioni prese in quelle critiche circostanze, in favore di qualunque dei tre particolari sopradetti, siano cancellate dai registri, che in margine di esse sia trascritta la presente mozione, assieme colla deliberazione che sarà presa.

L'Assemblea aderendo unanimamente a questa proposizione, ha deliberato che i membri dell'Amministrazione del Dipartimento saranno incaricati di far cancellare dai registri degli Stati di Corsica tutte le deliberazioni che sono state prese a favore dei suddetti Marbeuf, Sionville e Narbona, come dettate dal timore e dalla prepotenza, e che nel margine sarà registrata la presente mozione, e la presente deliberazione per intiero.

Il Sig. Arena ha richiamato alla memoria dei Signori Elettori le vittime infelici del potere giudiciale e militare, che non hanno commesso altro delitto che di desiderare la libertà della Patria, e che per questa cagione hanno perito tra i supplicj, ed ha proposto di supplicare l'Assemblea Nazionale, affinchè la memoria di questi martiri della libertà sia riabilitata, e che i processi e sentenze pronunziate contro di essi siano riguardati come se non fossero avvenuti.

L'Assemblea ha unanimamente aderito a questa mozione.

Li Signori Belgodere, Panattieri, Casabianca e Morati hanno reso conto della missione che fu loro affidata nel congresso provvisorio tenuto in Bastia nel mese di febbraio scorso, per presentare all'Assemblea Nazionale ed al Re l'omaggio della riconoscenza dei Corsi, e per condurre in quest'Isola il Sig. generale De Paoli, ed hanno pronunciato un discorso che è stato applaudito, e di cui è stata ordinata l'impressione.

Il Sig. Bonaccorsi, a nome del Comitato Superiore, ha pronunciato un discorso, in cui ha esposto quello ch'era stato operato da questo capo provvisorio nei momenti della rivoluzione.

L'Assemblea informata dei travagli patriottici, delle cure, e del disinteresse che hanno mostrato i membri del Comitato per servire la Patria, e per impedire gli effetti della licenza e dei maneggi orribili, che si sarebbero propagati, se non vi si fossero opposti con fermezza allontanandone dall'Isola i principali autori, ha incaricato il Sig. Presidente di scrivere una compita lettera al Sig. Barbaggi, per palesargli la pubblica gratitudine, affinchè egli, come Presidente, comunichi a tutti i membri di quel corpo i sentimenti, che hanno ispirato colla loro condotta, durante l'esercizio delle funzioni del loro governo.

E la sessione è stata rimessa al giorno ventisette di questo mese, alle ore nove della mattina.

Lunedì 27 Settembre 1790

(Sessione della mattina).

L'anno mille settecento novanta, li ventisette settembre, alle ore nove della mattina, i Signori Elettori del Dipartimento di Corsica si sono riuniti nella solita sala.

Il Sig. Presidente ha annunciato all'Assemblea che egli nominava li Signori Antonio Gentili e Carl'Andrea Pozzodiborgo in qualità di Deputati, per presentare gli addrizzi e petizioni dell'Assemblea Elettorale all'Augusto Senato Nazionale ed al Re, e l'Assemblea ha confermato questa scelta.

Il Sig. Arena ha detto che alle petizioni già fatte bisognava aggiungerne una assai importante. La Corsica è stata disarmata dall'antico governo, ed ha perduto più di quaranta mila fucili, i quali sono stati trasportati in Francia. Sembrerebbe giusto che l'attuale governo fornisse alle Guardie Nazionali di quest'Isola dodici mila fucili almeno per servire alla difesa del paese contro i nemici esteri, e per preservare la Costituzione da ogni attacco, ugualmente che per mantenere la pubblica tranquillità, senza che questo Dipartimento sia obbligato di sopportarne la spesa.

L'Assemblea vi ha parimente aderito.

Il Sig. Casamarte ha osservato che è stato fatto un impiego di fondi considerevoli in Parigi, appartenenti alla città d'Ajaccio.

Un altro membro ha esposto che questi fondi sono nazionali e spettanti al Dipartimento, e che dovea darsi l'incarico ai Deputati di ritirarli assieme con tutti gli interessi decorsi, e farli rimettere nella cassa del Dipartimento.

L'Assemblea ha deliberato d'incaricare i due Deputati a ritirare dette somme, e che siano ad essi rimessi i documenti per poterne effettuare il rimborso, dando loro ogni mandato necessario.

Il Sig. Mario Peraldi ha posto sotto gli occhi dell'Assemblea le obbligazioni che si erano contratte con diversi rappresentanti della nazione francese, che hanno difeso la nostra causa particolare in quell'Augusto Consesso.

L'Assemblea ha deliberato che i due Deputati suddetti ringrazieranno in suo nome quei degni rappresentanti, che si compiacquero di patrocinare la nostra causa.

L'istesso membro ha detto che Sua Maestà avea nominato il Sig. Volney per Direttore di questo commercio, ma che questi per delicatezza ricusò quest'impiego; che se dipendesse una tal nomina dal Dipartimento, sarebbe convenevole di preferire il detto Sig. Volney, o di pregarlo di venire almeno per qualche tempo nell'Isola, ove potrebbe essere di molto utile e vantaggio.

L'Assemblea ha adottato la mozione.

Il Sig. Francesco Casabianca ha pronunciato un elegante discorso patriottico che è stato vivamente applaudito dall'Assemblea, e di cui è stata ordinata l'impressione.

L'Assemblea ha deputato dodici elettori, affinchè si presentino al Sig. Presidente per ringraziarlo in suo nome di aver assistito alle sessioni, e di aver cooperato a farvi regnare la più perfetta tranquillità ed ordine.

Il Sig. Presidente ha ringraziato l'Assemblea per questo nuovo officio e contrassegno della sua deferenza.

Dopo di che il Sig. Presidente, Segretario e tutti i Signori Elettori hanno assistito al *Te Deum*, che si è cantato con solennità nella chiesa di San Francesco d'Orezza.

E tutte le operazioni dell'Assemblea essendo terminate con quiete ed armonia, il Segretario avendo fatto lettura delle precedenti sessioni, il Sig. Presidente ha levato la presente.

Ed è stato il presente processo verbale chiuso ed arrestato quest'oggi, mese ed anno suddetti.

Certificato conforme alla minuta originale esistente al Segretariato del Dipartimento da noi Segretario generale del Dipartimento di Corsica.

PANATTIERI.

(Segue la lista generale degli Elettori del Dipartimento di Corsica convocati in Orezza li 9 settembre 1790).

DISTRETTO DI BASTIA

CITTA DI BASTIA

Rione di S. Giovanni

Pietro Francesco Mattei,
Cristiano Salvadori,
Luigi Benedetti,
Pasquale Bertolacci,
Gio : Antonio Santelli,
Giambattista Bonelli,
Gian Maria Oletta.

Rione de' Gesuiti

Vincenzo Marinetti,
Giuseppe Maria Guasco,
Paolo Morati,
Cesare Maria Quartini,
Gian-Maria Patrimonio,
Santo Giordani.

Rione di Terranova

Giambattista Moretti,
Vincenzo Maria Farinole,
Ignazio Agostini,
Antonio Biadelli,
Anton Francesco Casanova.

CANTONE DI LOTA

Ville e Cardo

Giuseppe Santamaria,
Francesco Figarella,
Giovanni Anziani,
Giuseppe Mattei.

CANTONE DI BRANDO

Rocco Nicolai,
Giovanni Ristori,
Giuseppe Maria Massei,
Anton Giacomo Lazarini.

Cantone di Luri

Santo Dominici,
Paolo Vessini,
Angelo Catone,
Giuseppe Antonorsi,
Gian Maria Agostini.

2º Rione

Domenico Maria Urbani,
G. Maria Caraccioli Semidei,
Giovanni Antoni,
Agostino Caraccioli,
Antonio Giacomoni,
Santo Semidei.

Cantone di Rogliano

Giuseppe Maria Falcucci,
Francesco Giovannetti,
Pasquale Negroni,
Bernardino Lucchetti,
Giuseppe Maria Terami,
Domenico Emmanueli,
Angelo Francesco Marchini,
Bonaventura Romani.

Cantone di Canari

Angelo Maria Franceschi,
Angelo Giuseppe Mattei,
Giacomo Antonio Giuliani,
Benedetto Massiani,
Vincenzo Maria Alessandrini.

Cantone di Nonza

Gian Lorenzo Fraticelli,
Silvestro Angeli.

DISTRETTO D'OLETTA

Citta di San Fiorenzo

Antonio Gentili.

Cantone di S. Quilico

Giuseppe Simoni,
Giuseppe Barbaggi,
Achille Morati,
Tiburzio Morati.

Cantone di Santo Pietro

Castellano Casta,
Filippo Antonio Massiani,
Lepido Casta.

Cantone di Oletta

Sebastiano Ristorcelli,
Pietro Saliceti,
Gian Giacomo Saliceti.

Cantone di Olmeta

Giuseppe Antonio Casale,
Gian Tommaso Casale,
Luigi Campocasso.

Cantone di Patrimonio

Giacomo Nicodemi,
Giuseppe Arena,
Francesco Maria Antonetti.

Cantone di Orto

Giambattista Bozi,
Carlo Francesco Biguglia.

Cantone di Marana

Orso Giacomo Mattei,
Carlo Francesco Morati,
Silvestro Ottaviani.

Cantone di Bigorno

Pietro Francesco Agostini,
Domenico Mattei,
Paolo Andrea Lorenzi,
Stefano Orsini.

Cantone di Canale

Gian Francesco Giuseppi,
Teodosio Morelli,
Gian Tommaso Franzini,
Gian Nicolò Bonavita.

DISTRETTO DELL'ISOLA ROSSA

Citta dell'Isola Rossa

Bartolomeo Arena.

Cantone d'Ostriconi

Anton Leonardo Monti,
Giambattista Leoni.

Cantone di Giussani

Pietro Giudicelli,
Giovanni Renucci,
Francesco Maria Franceschi,
Tommaso Giacomoni.

Cantone d'Aregno

1º Rione

Giuseppe Nobili-Savelli,
Pietro Paolo Petrucci,
Giovanni Fabiani,
Francesco Salvadori,
Pietro Paolo Croce,
Andrea Savelli.

2º Rione

Pasquale Fondacci,
Gian Pietro Savelli,
Francesco Grandi,
Antonio Maria Franceschini,
Antonio Fondacci,
Giovan Pietro Parigi,
Pietro Maria Olivi.

Cantone di Tuani

Bonfiglio Guelfucci,
Andrea Leoni,
Ambrogio Maria Quilici,
Ludovico Belgodere,
Michel Angelo Costa,
Domenico Andrea Filippi.

Cantone di Sant'Andrea

Giambattista Costa,
Nicolao Salvini,
Giuseppe Nobili.

Cantone di Pino

Giambattista Orsatelli,
Gian Natale Ambrosini,
Giovanni Massoni,
Giovan Antonio Giannoni.

Cantone di Olmi

Giuseppe Maria Bonaccorsi,
Giuseppe Maria Marini,
Paolo Giovanni Albertini,
Gian Francesco Fabiani,
Antonio De Petris.

Citta di Calvi

Lorenzo Giubega,
Franc. Benedetto Panattieri,
Giuseppe Castelli,
Pietro Giovanni Salici,
Benedetto Ballero.

DISTRETTO DELLA PORTA

Cantone d'Ampugnani
Rione della Porta

Paolo Pompei Paoli,
Francesco Casabianca,
Paolo Casabianca,
Giacinto Sebastiani,
Orso Paolo Saverj,
Francesco Andreani.

Rione della Casalta

Giacomo Francesco Agostini,
Antonio Casalta,
Giacomo Nicroso Poli,
Giambattista Agostini,
Francesco Petrignani,
Anton Paolo Orsini.

Cantone di Vallerustie

Gian Paolo Natali,
Orso Giovanni Poggi,
Gian Benedetto Benedittini,
Quilico Luciani,
Francesco Vincenti,
Teseo Rocca.

Cantone di Rostino
1º Rione

Luigi Giacomoni,
Anton Giacomo Valentini,
Sebastiano Valerj,
Pietro Giovannoni.

Cantone di Orezza
1º Rione

Orso Pietro Emmanuelli,
Pier Felice Cristofari,
Nobile Antonio Sicurani,
Anton Giovanni Ponticaccia,
Bartolomeo Campana,
Carlo Francesco Leoni.

2º Rione

Luigi Ciavaldini,
Giuseppe Matteo Don Simoni,
Filippo Maria Castelli,
Maurizio Paoli,
Gian Tommaso Rinaldi,
Gian Felice Paoli.

Cantone di Casacconi

Giacomo Antonio Filippi,
Angelo Pietro Moroni,
Placido Santi,
Orso Giovanni Giafferri,
Dionisio Gavini,
Lorenzo Micaelli,
Pietro Paolo Astolfi.

Cantone di Casinca
1º Rione

Gennaro Ciavaldini,
Gian Antonio Gianlucchi,
Sebastiano Buttafoco,
Gian Francesco Galeazzi,
Pietro Francesco Frediani.

2º Rione

Raffaele Casabianca,
Paolo Luigi Vinciguerra,
Giuseppe Casabianca,
Gian Decio Giammarchi,
Antonio Andrea Filippi,

DISTRETTO DI CORTE

Città di Corte
Francesco Montera,
Giovanni Dasignorio,
Giuseppe Cristiani,
Luigi Mancini,
Antonio Luigi Arrighi,
Andrea Gambini.

Cantone di Talcini
Francesco Raffaelli,
Placido Battaglini,
Giovan Santo Giudicelli,
Gian Bernardo Leschi,

Cantone di Niolo
Francesco Grimaldi,
Pietro Ordioni,
Benedetto Albertini,
Ferdinando Acquaviva,
Orso Maria Castellani,
Gian Valerio Sabiani.

Cantone di Giovellina
Francesco Colonna,
Giambattista Ceccaldi.

Cantone di Bozio
Marco Giovanni Turchini,
Carlo Maria Mazzola,
Domenico Falconetti,
Pietro Francesco Mazzola,
Angelo Luigi Mallavati,
Gian Andrea Defendini,

Cantone di Rogna
1º Rione
Gian Quilico Benedetti,
Ignazio Filippi,
Giuseppe Antonio Cervoni,
Orso Pietro Orsini,
Gian Stefano Franceschi,
Francesco Maria Orsatelli,
Francesco Matteo Cortinchi,
Gian Natale Corazzini.

2º Rione
Gian Stefano Pantalacci,
Gian Stefano Mariani,
Gian Tommaso Pantalacci,
Marco Santo Muracciolo,

Cantone di Venaco
Domenico Giacobbi,
Gian Tommaso Chiarelli,
Carlo Francesco Carlotti,
Francesco Maria Guglielmi,
Pietro Stefani.

Cantone di Castello
Giulio Matteo Grazietti,
Martino Casamarte,
Paolo Taddei,
Giulio Francesco Martelli,
Carlo Domenico Ottavj,
Orso Santo Bonelli,
Tommaso Sabiani.

Cantone di Caccia
Carlo Grimaldi,
Marco Maria Mercurj,
Domenico Pompei,
Carlo Girolamo Bareni,
Angelo Raffalli,
Carlo Felice Grimaldi,

DISTRETTO DI CERVIONE

Citta di Cervione

Francesco Santolini,
Giuseppe Maria Virgitti,
Antonio Luigi Paoli.

Cantone di Tavagna

Agostino Giafferri,
Giambattista Taddei,
Agostino Orso Pietri,
Paolo Luigi Vittini,
Ventura Petronelli,
Sebastiano Mattei.

Cantone di Moriani

Francesco Angeli,
Giuseppe Raffini,
Giacinto Battisti,
Paolo Luigi Contri,
Felice Matteo Agostini,
Francesco Casabianca,
Gian Luca Bonaccorsi.

Cantone di Campoloro

Anton Filippo Casalta,
Federico Cottoni,
Domenico Bonaccorsi.

Cantone di Alesani

Ignazio Felce,
Paolo Sebastiani,
Marc'Antonio Zannettini,
Giannisio Luporsi,
Angelo Matteo Marc'Antoni,
Ludovico Emmanuelli,
Bartolomeo Borromei,
Giuseppe Maria Pieraggi.

Cantone di Verde

Gian Francesco Franchini,
Giuseppe Maria Felici,
Antonio Nicolai,
Filippo Francesco Felici,
Gian Lorenzo Tox.

Cantone di Serra

Ignazio Giuseppe Lepidi,
Marco Santo Gaffajoli,
Pietro Paolo Marsilj,
Giacomo Francesco Magiocchi,
Giuseppe Antonio Matra,
Giacomo Filippo Balderacci,
    supplementario per il Sig.
Magiocchi.

Cantone di Cursa

Mamercino Colombani,
Serafino Colombani,
Pietro Francesco Carlotti.

Cantone di Coasina

Angelo Felice Tiberi,
Natale Martinetti,
Giambattista Battesti,
Domenico Francesco Marchi,
Matteo Ruggeri.

DISTRETTO D'AJACCIO

Cantone d'Ajaccio

Città d'Ajaccio

Mario Giuseppe Peraldi,
Filippo Ponte,
Giambattista Tortaroli,
Giuseppe Bonaparte,
Sebastiano Colonna,
Marc'Aurelio Rossi.

Borgo d'Ajaccio

Domenico Casamarte,
Giacomo Pò,
Tommaso Tavera,
Filippo Antonio Masseria,
P. Pompeano Pozzodiborgo,
Stefano Conti.

Rione di Appietto

Ottavio Colonna,
Carlo Andrea Pozzodiborgo.

Cantone di Ornano

1° Rione

Gian Antonio Quilici,
Francesco Aurelio Aiquï,
Domenico Susini,
Gian Andrea Grosseto,
Gian Francesco Franceschi.

2° Rione

Giambattista Giancarli,
Francesco Maria Bruni,
Anton Martino Casanova,
Anton Francesco Giustiniani.
Ignazio Pasquini.

Cantone di Bastelica

Giuseppe Porri,
Filippo Folacci,
Gian Santo Costa,
Mario Battista Peraldi,
Antonio Giordani,
Gian Matteo Poli,
Domenico Vincenti,
Giovanni Seta, supplementario per il Sig. Francesco Maria Costa, assente.

Cantone della Mezzana

Gian Santo Peraldi,
Nicodemo Sarola,
Giambattista Leca-Ondella,
Antonio Battistelli.

Cantone di Talavo

1° Rione

Giacinto Renucci,
Luigi Coti,
Giacomo Abbatucci,
Giacomo Pietro Fagianelli.

2° Rione

Carlo Antonio Olivieri,
Filippo Gabrielli,
Antonio Tasso,
Antonio Leccia,
Vincente Leonardi.

Cantone di Cinarca

Luigi Antonio Borgomano,
Girolamo Campinchi,

Giovanni Olivieri,
Saverio Murati.

CANTONE DI CELAVO

1º Rione

Matteo Bonelli,
Girolamo Celli,
Francesco Martinetti,
Gian Antonio Tusoli,
Giovanni Tavera.

2º Rione

Anton Santo Casanova,
G. Giacomo Martinacci Mori,
Giulio Antonio Giustiniani,
Giuseppe Poggioli,
Saverio Poggioli,
Gian Francesco Mariani.

DISTRETTO DI VICO

CANTONE DI CRUCINI

Gian Simone Paoli,
Antonio Antonini.

CANTONE DI SORROINSU

Gian Simone Defranchi,
Giovanni Leca,
Giannettino Pinelli.

CANTONE DI SORROINGIU

Andrea Multedo,
Vincentello Colonna,
Enrico Colonna,
Giambattista Fieschi,
Gian Maria Cittadella,
Francesco Antonio Bandiera,
Francesco Antonio De Luca,
Domenico Antonio Versini.

CANTONE DI SEVIDENTRO

Francesco Antonio Ceccaldi,
Giuseppe Casanova,
Antonio Benedetti,
Anton Francesco Versini,
Pasquale Antonio Versini.

CANTONE DI SEVENFUORI

Francesco Antonio Ceccaldi,
Gian Andrea Alessandri,
Francesco Subrini,
Pietro Leca,
Anton Francesco Benedetti.

CANTONE DI CARGESE

Giovanni Stefanopoli.

DISTRETTO DI TALLANO

CANTONE DI TALLANO

Anton Padovano Giacomoni,
Anton Quilico Quilichini,
Giambattista Ortoli,
Rocco Francesco Peretti,
Giacomo Maria Quilichini.

CANTONE DI SARTENE

1º Rione

Giuseppe Maria Pietri,
Paolo Francesco Pietri,
Francesco Maria Bradi,

Giambattista Susini assente,
e per Federico Susini supplementario.

2º Rione

Gian Francesco Giorgi,
Giambattista Giacomoni,
Simone Lorenzi,
Carlo Lorenzo Cappone.

CANTONE DI VIGGIANO

Francesco Maria Pietri.

CANTONE D'ISTRIA

1º Rione

Giuseppe Maria Bugni,
Paolo Francesco Istria,
Orazio Istria,
Paolo Poli,
Decio Guiderdoni.

2º Rione

Giovanni Peretti,
Domenico Antonio Pianelli.
Giuseppe Balisoni.

CANTONE DI SCOPAMENE

Giambattista Quilichini,
Francesco Antonio Quilici,
Nicolino Chiaroni,
Padovani Susini,
Vincente Comiti,
Giambattista Lanfranchi.

CANTONE DI CARBINI

Giuseppe Peretti,
Gian Paolo Peretti,
Pietro Peretti,
Rocco Francesco Peretti,
Giambattista Peretti,
Gian Paolo Roccaserra.

CANTONE DI PORTOVECCHIO

Rocco Cesari,
Giambattista Quenza,
Francesco Maria Manarini,
Giambattista Pietri,
Pietro Francesco Manarini.

CANTONE DI BONIFACIO

Pietro Vincenzo Malerba,
Pietro Varsi,
Francesco Trani,
Dario Mattarana,
Domenico Lucioni,
Ottaviano Aldobrandi,
Giacomo Peretti.
Franc. Bonaventura Meglia.

RICAPITULAZIONE

Distretti	N° degli elettori di ciascheduno Distretto.
Bastia	53
Oletta	30
Isola Rossa	43
La Porta	58
Corte	56
Cervione	46
Ajaccio	61
Vico	24
Tallano	48
TOTALE	419

PROCESSO VERBALE DEI MEMBRI DELL'AMMINISTRAZIONE
DEL DIPARTIMENTO DI CORSICA

Giovedì 30 Settembre 1790
(*Sessione della mattina*).

L'anno mille settecento novanta, li trenta settembre, alle ore dieci della mattina, i Signori Raffaelle Casabianca, Luigi Ciavaldini, Paolo Pompei Paoli, Antonio Gentili, Pietro Saliceti, Carlo Francesco Murati, Bartolomeo Arena, Giuseppe Maria Bonaccorsi, Giambattista Leoni, Giambattista Galeazzini, Santo Dominici, Pietro Francesco Mattei, Giovanni Antoni, Rocco Francesco Cesari-Colonna, Giuseppe Maria Pietri, Giambattista Quenza, Anton Padovano Giacomoni, Don Pietro Boerio, Francesco Grimaldi, Carlo Francesco Carlotti, Giulio Matteo Grazietti, Domenico Casamarte, Carl'Andrea Pozzodiborgo, Giacomo Abbatucci, Mario Peraldi, Vincentello Colonna de Leca, Andrea Antonio Multedo, Gian Maria Cittadella, Gian Antonio Pinelli, Agostino Giafferri, Ignazio Felce, Giambattista Taddei, Anton Luigi Casalta, amministratori del Dipartimento di Corsica, eletti nell'Assemblea tenuta in Orezza, assenti i Signori generale Pasquale

Paoli, Achille Morati e Ronfiglio Guelfucci, per causa di malattia, si sono riuniti nella casa della nazione situata sulla piazza denominata di Corte nella cittadella di Bastia, in esecuzione delle lettere patenti del Re, del mese di gennaio scorso, sul decreto dell'Assemblea Nazionale dei 22 settembre dell'anno 1789, e delle lettere patenti del Re in data dei 2 luglio del presente anno, sopra un decreto dell'Assemblea Nazionale, per porre in attività i suoi corpi amministrativi.

L'Assemblea ha fatto scelta del Sig. Felce, come il più vecchio, per fare le funzioni di Presidente, e dei Signori Giafferri, Mattei e Antoni, come più attempati, per scrutatori, come pure del Sig. Arena, per segretario provvisorio ; e prima di costituirsi, uno dei membri ha osservato che la sala era troppo angusta per l'Assemblea del Dipartimento, e che conveniva di sceglierne una più vasta e più comoda tanto per l'Assemblea che per li scagni, e che a questo oggetto non si poteva che occupare il palazzo pubblico. La qual mozione essendo stata applaudita da tutti, è stato incaricato il Sig. Presidente di scrivere ai Signori uffiziali municipali di far preparare la sala e l'appartamento del palazzo per questo oggi.

E l'Assemblea si è aggiornata alle quattro ore dopo mezzo giorno.

FELCE, Presidente.

Detto giorno 30 Settembre 1790

(*Sessione della sera*).

Nel giorno suddetto, alle quattro ore della sera, i Signori Amministratori del Dipartimento di Corsica si sono riuniti nella sala del Palazzo, ed il Sig. Decano, dopo di aver prestato il giuramento civico, ugualmente che il Segretario ed i tre scrutatori, e tutti i membri dell'Amministrazione, ha annunciato che dovea procedersi alla nomina del Presidente per mezzo dello scrutinio individuale, ed alla pluralità assoluta de'suffragi. Ed essendosi per mezzo dell'appello nominale riempito lo scrutinio, gli scrutatori hanno dichiarato che l'unanimità dei suffragi si era riunita a nominare il Sig. Pasquale Paoli, onde il Sig. Decano lo ha proclamato per Presidente del Dipartimento.

L'Assemblea ha in seguito proceduto alla scelta del Segretario, ed al primo giro dello scrutinio, gli scrutatori avendo dichiarato che niuno avea riportato la pluralità assoluta, si è proceduto al secondo giro, ed in questo i Signori Scrutatori hanno manifestato all'Assemblea che il Sig. Francesco Benedetto Panattieri, di Calvi, avea riportato la pluralità assoluta, onde è stato proclamato per Segretario del Dipartimento di Corsica.

E l'Assemblea si è aggiornata a dimani alle ore nove della mattina.

Felce, Presidente.

Venerdì primo Ottobre 1790.
(Sessione della mattina).

L'anno 1790, il 1º ottobre, alle ore nove della mattina,
Il Consiglio generale dell'Amministrazione del Dipartimento di Corsica si è riunito nella solita sala del Palazzo e dopo che il Sig. Francesco Benedetto Panattieri, che nella sessione di ier sera fu nominato Segretario del Dipartimento, ha prestato il giuramento prescritto dai decreti dell'Assemblea Nazionale, ed ha manifestato i sentimenti del suo rispetto e della sua riconoscenza, alcuni dei Signori Amministratori hanno osser-

vato che, essendosi scelto per Presidente del Dipartimento il Sig. Pasquale Paoli, questo degno cittadino trovandosi assente, e l'epoca del suo ritorno dipendente dal perfetto ristabilimento della sua salute, ciò che la rende incerta, diveniva necessario, per non occasionare alcun ritardo agli affari importanti dei quali il Consiglio Generale è caricato, di eleggere interinamente un Vice-Presidente ; al che essendo stato generalmente applaudito, il Sig. Decano ha deferito al Consiglio Generale, prima di procedere a questa operazione, il giuramento usitato. Gli scrutatori avendo preso piazza all'intorno dello scagno, si è per mezzo dell'appello nominale riempiuto lo scrutinio, e fatto il conto dei bullettini, il numero si è ritrovato conforme a quelli di trenta due votanti presenti a questa sessione ; e fattane in seguito l'apertura e lo spoglio, gli scrutatori hanno annunziato che la pluralità dei suffragi si era manifestata in favore del Sig. Felce che avea ottenuti trenta voti. In conseguenza, il prefato Sig. Felce è stato proclamato dal Consiglio Generale per Vice-Presidente interino dell'Amministrazione del Dipartimento, ed in questa qualità ha prestato il solito giuramento.

Il Sig. Vice-Presidente ha annunciato che deve procedersi alla nomina di tre scrutatori, per i cui i membri dell'Amministrazione avendo prestato l'ordinario giuramento, fatto l'appello nominale, deposti ostensibilmente nel vaso i biglietti, fattone il conto, e trovato il numero eguale a quello dei deliberanti, aperti quindi ed esaminati dagli scrutatori più antichi d'età, hanno questi dichiarato che i Signori Giafferri, Mattei e Antoni aveano riunito la pluralità assoluta dei suffragi, avendo il primo ottenuto trenta due voti, e gli ultimi due trent'uno, e perciò il Sig. Vice-Presidente ha proclamato la nominazione dei tre scrutatori, i quali nell'istante hanno prestato il giuramento analogo alle funzioni delle quali il Consiglio Generale veniva d'onorarli.

Essendo stato annunziato che il Sig. Cadet, uno dei suddelegati generali dell'Intendenza, ed il Sig. Gautier, Tesoriere generale della cassa nazionale, e faciente funzioni di Tesoriere della cassa civile, si trovavano in una delle Camere del Palazzo e dimandavano di presentarsi al Consiglio Generale riunito, introdotti nella sala, hanno questi presentato l'omaggio de' loro rispetti, e si sono protestati d'essere ai suoi ordini per rendere i conti delle rispettive Amministrazioni, e far la consegna di tutti gli scritti, tosto che fosse stato loro ordinato.

In appresso il Sig. Vice-Presidente ha detto che, in conformità delle lettere patenti del Re dei 2 luglio prossimo passato, rese sui decreti dell'Assemblea Nazionale de' venti otto e trenta giugno precedente, doveva procedersi alla nomina degli otto membri, che devono formare il Direttorio del Dipartimento, e ciò per mezzo dello scrutinio individuale, e alla pluralità assoluta dei suffragi; ed avendo esatto per questa importante operazione il giuramento prescritto dai decreti, gli scrutatori avendo preso piazza davanti allo scagno, è stato fatto l'appello nominale, ed ogni membro del Consiglio Generale ha deposto ostensibilmente nel vaso il suo bullettino, il di cui numero si è trovato conforme a quello di trenta due deliberanti presenti. In seguito i bullettini sono stati aperti, ed esaminati dagli scrutatori, i quali hanno annunziato che il resultato dava la pluralità assoluta dei suffragi al Sig. Bartolomeo Arena, mediante venti tre voti favorevoli, che aveva riportato.

Si è coll'istesso ordine, osservando la stessa formalità, proceduto per scrutinii separati alla nomina degli altri membri, e gli scrutatori hanno annunziato alla fine di ciaschedun scrutinio che nel secondo il Sig. Antonio Gentili avea riportato la pluralità assoluta col numero di venti due suffragi; che nel terzo l'avea riportato il Sig. Carlo Andrea Pozzodiborgo con ventiquattro voti; che nel quarto il Sig. Andrea Antonio Multedo; che nel quinto al primo giro niuno avea riportato la pluralità assoluta ; ed essendosi proceduto ad un secondo scrutinio, questa pluralità si era manifestato in favore del Sig. Giambattista Taddei con suffragi vent'uno ; che nel sesto il Sig. Paolo Pompei, mediante il numero di dieci nove voti favorevoli, avea riunito la pluralità assoluta ; siccome pure l'avea riunita nel settimo il Sig. Giuseppe Maria Pietri con suffragi diecisette ; che finalmente nell'ottavo scrutinio, al primo giro, niuno avendo ottenuto la pluralità assoluta, erano gli scrutatori passati al secondo scrutinio, nel quale essendosi manifestati in favore del Sig. Pietro Francesco Mattei dieciotto voti, aveva perciò riportata la pluralità assoluta, ed in conseguenza il Consiglio Generale ha proclamato i predetti Signori Arena, Gentili, Pozzodiborgo, Multedo, Taddei, Pompei, Pietri e Mattei per gli otto membri che dovranno formare il Direttorio del Dipartimento di Corsica.

E il Sig. Vice-Presidente ha terminato la sessione, e l'ha rimandata alle ore quattro dopo il mezzo giorno.

FELCE, Vice-Presidente.

Detto giorno primo Ottobre 1790.
(Sessione della sera).

Nel giorno suddetto, alle ore quattro della sera, il Consiglio Generale dell'Amministrazione del Dipartimento di Corsica essendosi riunito, il Sig. Vice-Presidente ha aperto la sessione con deferire il giuramento prescritto dai decreti dell'Assemblea Nazionali ai Signori Arena, Gentili, Pozzodiborgo, Multedo, Taddei, Pompei, Pietri e Mattei, che nella sessione di questa mane erano stati nominati e proclamati per gli otto membri che devono formare il Direttorio del Dipartimento, e questo giuramento prestato, lo stesso Sig. Vice-Presidente ha detto che conveniva procedere alla scelta d'uno fra i suddetti otto membri del Direttorio per riempiere, in caso d'assenza, impedimento e malattia del Procurator Generale Sindaco, le sue funzioni, conformemente ai decreti Costituzionali, operazione che diveniva tanto più necessaria, quanto che il Sig. Saliceti, che era stato dall'Assemblea Dipartimentale nominato a questa carica, ritrovavasi assente; ha soggiunto che questa nominazione dovrà farsi per mezzo del scrutinio individuale, e alla pluralità assoluta dei suffragi, da tutti i membri componenti il Consiglio Generale. Dopo di che essendosi prestato il giuramento accostumato per procedere a questa elezione, gli scrutatori avendo preso piazza, l'appello nominale essendo stato fatto, i bullettini ostensibilmente deposti da ciaschedun membro nel vaso preparato sullo scagno, fattone il conto, e trovato eguale al numero dei trenta due deliberanti presenti, aperti ed esaminati dagli scrutatori, hanno questi dichiarato che il resultato dava la pluralità assoluta de'suffragi al Sig. Arena che avea riunito in suo favore ventisei voti; quale, dopo di essere stato proclamato, ha immediatamente prestato il giuramento analogo a detta carica.

Questa operazione terminata, nel mentre che il Sig. Arena, nella sua qualità di Procurator Generale Sindaco, andava a fare qualche proposizione al Consiglio Generale, il Sig. Galeazzini avendo ottenuto la parola, ha detto che il Consiglio non doveva aver perduto di vista la deliberazione presa in Orezza dall'Assemblea degli Elettori del Dipartimento nella sessione de'17 settembre 1790, colla quale viene stabilito di non ammettere in esercizio alle cariche, siasi del Direttorio del Dipartimento, che di quelle dei Distretti, gli aggiudicatari debitori, se non avevano prima pagato il montante dei dieciotto primi mesi della loro aggiudicazione, e non giustificandolo con delle quittanze di pagamento; che egli, fermo a mantenere in tutta la sua purità la legge, non potea impedirsi di far osservare al Consiglio Generale che, trovandosi il Sig. Arena aggiudicatario, doveva prima di porsi in esercizio delle cariche che il Consiglio Generale gli aveva compartite, sodisfare alla suddetta deliberazione, per non esporlo ad essere il primo ad infrangere quelle determinazioni che l'Assemblea Elettorale avea prese, e delle quali le aveva confidato l'esecuzione.

Il Sig. Arena, avendo ottenuta la parola, ha fatto osservare che egli non era in alcun modo debitore della nazione, che i diciotto mesi in questione erano stati saldati, e che aveva fatto delle spese per conto pubblico, delle quali avrebbe fornito lo stato al Direttorio del suo Distretto, non già coll'intenzione di ripeterne l'ammontare, ma per giustificare l'impiego de'proprii fondi in vantaggio della nazione.

Il Sig. Vice-Presidente, dopo che la questione era stata dibattuta, avendo consultato il Consiglio Generale, ha questo dichiarato colla gran maggiorità de'suffragi che non v'era luogo a deliberare sulla mozione del Sig. Galeazzini.

Il Segretario ha annunciato che v'era una lettera del Signor general De Paoli indirizzata ai membri del Consiglio Generale, della quale, dopo fattane lettura, è stata ordinata la trascrizione *per extensum* nella sessione d'oggi, e il di cui tenore è il seguente :

Ai membri del Consiglio Generale dell'Amministrazione del Dipartimento di Corsica.

« Amatissimi confratelli,

» Spiacemi grandemente in questo momento, che la mia salute esiga alcuni giorni di riposo, e di non potere unitamente a voi metter la prima mano alla grand'opera dell'edifizio della nuova Amministrazione sopra le rovine di quella, che li sforzi coraggiosi dell'Assemblea Nazionale hanno distrutto, di quella che stabilita sopra fondamenti che opprimevano il povero, sembrava un labirinto, le di cui oscure tortuosità erano solo praticabili da quelli che tenevano il filo dell'intrigo, della bassezza, e del vile orgoglio.

» Una delle mie prime e più vive inquietudini è di vedere che queste rovine medesime vanno a lasciare senza risorsa un numero considerevole dei nostri stimabili fratelli di libertà. È dunque del nostro dovere di loro offrirne qualch'una. Non dimentichiamo di grazia, che quelli fra i Corsi, che le circostanze hanno condotti ultimamente in diverse parti dell'Impero Francese, vi hanno trovato dapertutto degli amici pieni di grandezza d'animo e di una obbligante lealtà che ci hanno fatto dimenticare tutti i mali che ci aveva più particolarmente recati il governo arbitrario dal quale erano oppressi eglino stessi. Ricordiamoci quanto erano generose e benefiche le viste del governo sopra quest'Isola sventurata, sulla quale credeva di spargere con profusione delle immense richezze, che il vizio dell'antico governo lasciava spargere altrove. Diamoci la gloria onde dir si possa che i figli suoi novelli siano andati in soccorso dei primogeniti. Egli è il tenero padre di tutti i Francesi; mostriamoci degni d'essere loro fratelli; moderiamo, calmiamo per quanto si può da noi il dolore del colpo funesto a molti fra loro, ma necessario per il ben pubblico, ma salutare per la società ed indispensabile per la libertà; calmiamo, dissi, il dolore di questo colpo portato sopra l'antica amministrazione e sopra l'antica magistratura.

» Voi già prevedete la mia opinione. Nella ricordanza che i soccorsi onorevoli somministrati da quella nazione, che la filosofia sembra avere scelta per far germogliare le virtù le più rare, hanno diminuito l'amarezza dell'esilio volontario, che molti fra noi avevano preferito coraggiosamente, voi troverete quanto è dolce d'imitare l'esempio che voi avete ammirato per tanto tempo con riconoscenza.

» Parmi già di leggere una deliberazione del Consiglio Generale dell'Amministrazione del Dipartimento in favore di tutti i Francesi del continente residenti in quest'Isola, privi di soccorso, ed in seguito dell'esecuzione dei decreti dell'Assemblea Nazionale al momento di perdere il loro impiego, la quale assicura loro un trattamento mensuale che li mette al coperto d'ogni inquietudine sopra la loro sussistenza. Questa provvisionale determinazione è loro assolutamente indispensabile fino a che la giustizia dell'Assemblea Nazionale abbia provveduto alla lor sorte e che i nostri voti siano secondati a loro riguardo, ritenendoli nel nostro paese attaccati a qualche impiego.

» Noi siamo poveri, è vero, ed abbiamo bisogno per noi medesimi di gran soccorsi; queste considerazioni però devono determinarci a regolare con una savia economia, non a rendere infruttuosi gli effetti della nostra giusta amicizia per i nostri fratelli francesi.

» Conosco, amatissimi confratelli, che facendovi questa proposizione, non ho altro vantaggio nè altro merito che quello di darvi prove dell'umanità de' miei sentimenti con quelli che vi animano, e non dubito punto che voi prenderete immantinente i mezzi di manifestarli di maniera che il timore non affligga un sol momento dei cuori che noi vorressimo penetrati di gioia, come sono i nostri di riconoscenza per li beneficj segnalati che abbiamo ricevuti dall'Assemblea Nazionale, e dal saggio monarca del vasto impero, di cui ci gloriamo di far sempre una parte integrante.

» Sono con rispetto etc... amatissimi confratelli etc.

» *Sottoscritto:* PASQUALE DE PAOLI ».

Il Consiglio Generale avendo preso nella più grande considerazione il tenore di detta lettera, ha incaricato il suo Vice-Presidente di rispondere al Sig. generale Paoli nella maniera la più compita, testificandole che i suoi generosi sentimenti sono analoghi a quelli del Consiglio Generale; che questo, appena avrà conosciuto la situazione delle sue finanze, adotterà volontieri i mezzi che le suggerisce per apportare qualche sollievo agl'impiegati francesi, nostri nuovi fratelli, che per la Costituzione vengono a perdere il loro stato, che si avranno pure per essi tutti i possibili riguardi nella distribuzione degl'impieghi, che saranno di competenza del Dipartimento.

Il Consiglio Generale ha deliberato di separarsi, affinchè i membri del Direttorio possano prendere quei schiarimenti che sono necessari.

FELCE, *Vice-Presidente.*
PANATTIERI, *Segretario Generale.*

Sabato 2 Ottobre 1790

(*Sessione della mattina*).

L'anno 1790, 2 del mese di ottobre, alle ore nove della mattina,

Alla richiesta del Procurator Generale Sindaco, i membri dell'Amministrazione del Dipartimento si sono riuniti in numero di trenta due, gli altri essendo assenti per causa di malattia, ed hanno preso seggio nella solita sala del Palazzo ove hanno aperto la prima sessione del Consiglio Generale del Dipartimento.

Il Procurator Generale Sindaco ha richiesto, in conformità della deliberazione presa dall'Assemblea Elettorale del Dipartimento nella sessione dei 25 settembre prossimo passato, l'assoldamento d'una forza pubblica per occorrere agli urgenti bisogni del Dipartimento.

Intesi gli avvisi di diversi membri, la materia dibattuta e posta in deliberazione, il Consiglio Generale ha deliberato che saranno posti a soldo cinquecento uomini da prendersi nei diversi Distretti; che avranno questi dieci uffiziali per comandarli col titolo di capo di distaccamento, ogni uffiziale dovendo averne il comando di cinquanta; che saranno pagati ai soldati sedici franchi al mese per cadauno, e cinquanta franchi agli uffiziali; che questa truppa dovrà eseguire gli ordini del Dipartimento, dei Distretti e delle Municipalità, accorrere ove farà di bisogno per arrestare i malviventi, i torbidi ed i sediziosi e proteggere la riscossione delle pubbliche imposizioni. Dichiara finalmente il Consiglio Generale che questo assoldamento debba essere provvisorio, e da durare fino a che sarà ricondotto il buon ordine e la tranquillità in quelle parti della Corsica ove si trova in pericolo, e che siano cessati quei fondati sospetti di maneggi e intrighi, che i nemici della Corsica e della rivoluzione pongono in uso per privarci di quella felicità che la nuova Costituzione francese ha preparato a questa Isola; che il Sig. Pasquale De Paoli, comandante generale delle Guardie Nazionali del Dipartimento, sarà autorizzato a prendere quelle misure che crederà le più opportune e convenevoli, tanto per la scelta dei detti capi che pel ripartimento da farsi nei diversi Distretti dell'assoldamento della truppa suddetta.

La municipalità di Bastia è stata introdotta nella sala ed ha presentato l'omaggio del suo rispetto al Consiglio Generale. Il Signor Vice-Presidente le ha risposto d'una maniera lusinghevole e le ha permesso d'assistere alla sessione.

Il Sig. Dumont, che fa funzioni d'Ispettore dei Domini e Boschi, si è pure presentato al Consiglio Generale per offrirle la testimonianza del suo rispetto, e per ricevere i suoi ordini.

Il Consiglio Generale, considerando che è necessario per la spedizione degli affari di formare diversi comitati incaricati di materie diverse, ha deliberato quello della corrispondenza, ed ha nominato per questa commissione i Signori Boerio, Peraldi, Multedo e Bonaccorsi.

Conformemente alla deliberazione presa dall'Assemblea Generale del Dipartimento nella sessione dei venticinque settembre prossimo passato, colla quale è stata riguardata come necessaria la formazione d'un comitato di ricerche per iscoprire gl'insidiosi maneggi della Repubblica di Genova, che non possono avere altro fine che d'intorbidare la nostra attuale prosperità, il Consiglio Generale ha nominati e incaricati di questa importante commissione i Signori Antoni, Saliceti, Ciavaldini, Pompei, Peraldi, Quenza, Colonna, Casalta e Grimaldi, con facoltà ai medesimi di fare quei passi, che crederanno necessari, tanto per iscoprire i detti maneggi e i loro autori, quanto tutti gli altri complotti che possono tendere contro la libertà della Patria e la Costituzione Francese, e a questo effetto perseguitare i torbidi, ladri e sediziosi, e qualunque altro che inquieti colle sue operazioni la tranquillità, coll'incarico però alla stessa commissione di rendere informato di tutte le loro operazioni il Consiglio Generale.

Il Sig. Vice-Presidente ha terminata la sessione e l'ha rinviata alle ore quattro dopo il mezzo giorno.

FELCE, *Vice-Presidente.*
PANATTIERI, *Segretario Generale.*

Dello stesso giorno 2 Ottobre 1790

(Sessione della sera).

Nel giorno suddetto, alle ore quattro della sera, il Consiglio Generale dell'Amministrazione Dipartimentale di Corsica si è riunito, ed il Sig. Vice-Presidente ha aperta la sessione colla lettura di diverse lettere. Il Presidente e gli altri membri che compongono il Distretto di Bastia sono stati introdotti nella sala ove il Consiglio Generale era riunito. Il Presidente del Distretto ha pronunciato un discorso per testificare i sentimenti del suo rispetto e quelli del suo Distretto al Dipartimento. Il Sig. Vice-Presidente le ha fatto sentire a nome del Consiglio Generale la sua sodisfazione e gradimento.

È stata fatta lettura d'una lettera scritta dal Sig. Pasquale De Paoli al Consiglio Generale contenente diversi scritti relativi all'opposizione fatta da vari individui di Sartene al registramento delle lettere patenti del Re sul decreto dell'Assemblea Nazionale, che abolisce la nobiltà ereditaria etc, fra quali la protesta fatta da sessanta individui della soppressa nobiltà di Sartene, e deposta alla Cancelleria della Giurisdizione li sei settembre prossimo passato; le lettere del Sig. Procurator Generale del Re scritte al Sig. Pasquale Paoli, Presidente dell'Assemblea d'Orezza, in data de'dodici e diecinove del suddetto mese, egualmente che i certificati del vice-pievano e vicario foraneo di Sartene, datati lo stesso giorno, e del Procurator del Re suddetto, in data dei ventiquattro; la lettera scritta dagli Uffiziali Municipali di Sartene al Sig. Presidente del Dipartimento, dai quali risulta che le lettere patenti in questione sono state registrate, lette alla messa parocchiale e affisse nella città di Sartene, e in tutte le comunità del Distretto di Tallano; che i particolari opponenti hanno desistito della loro opposizione a riserva dei Signori Giambattista Susini, Simon Giovanni Susini quondam Giambattista e Angelo Francesco Susini quondam Giacomo, i quali oltre di persistere ostinatamente nella loro opposizione hanno cagionato dei torbidi nella città all'occasione dell'Assemblea che vi si è tenuta per improvare la detta operazione, e hanno portata la loro temerità a mancare pubblicamente alle genti del Re e alla stessa municipalità.

Il Consiglio Generale, dopo aver inteso l'avviso di diversi membri e le conclusioni del Procurator Generale Sindaco, ha deliberato che il Sig. Cesari, comandante generale in secondo delle Guardie Nazionali del Dipartimento di Corsica, attese le circostanze, sarà provvisoriamente incaricato di passare nelle parti del di là da'monti, ove il buon ordine puol essere turbato, e di transferirsi in Sartene, ove farà arrestare i suddetti Giov. Battista Susini, Simon Giovanni Susini quondam Giambattista e Angelo Francesco Susini quondam Giacomo, i quali si sono opposti al registramento ed esecuzione dei decreti dell'Assemblea Nazionale, e quelli far condurre nelle carceri del Distretto per essere processati e puniti secondo il loro reato. L'incarica egualmente di perseguitare tutti li rei e delinquenti conosciuti, e specialmente un certo Giuseppe Gallone d'Olmeto, e quelli che lo scorteranno con armi, e gli presteranno aiuto, siccome pure tutti quelli che avranno notoriamente turbato e potranno turbare la pubblica tranquillità, concertando a questo effetto coi rispettivi Distretti e facendo rimettere a loro disposizione i rei per esser processati; la qual commissione sarà provvisoria e revocabile.

Il Sig. Vice-Presidente ha terminata la sessione e rimandata a dimani alle ore quattro dopo il mezzo giorno.

FELCE, *Vice-Presidente.*
PANATTIERI, *Segretario Generale.*

Domenica 3 Ottobre 1790

(*Sessione della sera*).

L'anno 1790, 3 del mese d'ottobre, alle ore quattro della sera, il Consiglio Generale dell'Amministrazione del Dipartimento essendosi riunito nella solita sala del Palazzo, è stata fatta lettura del processo verbale delle precedenti sessioni.

Dopo di che il Procurator Generale Sindaco ha richiesto di far la nomina di quattro commissari per esaminare lo stato delle finanze di Corsica negli stati dell'Intendenza, un'ugual nomina per ricevere nella sala di questo Palazzo dal Tesoriere Generale della cassa civile e nazionale uno stato generale delle dette casse, e la nota dei debitori della sovvenzione, siccome pure la nomina di due commissari per esaminare la contabilità dell'Ispettore dei Domini del Re.

Il Consiglio Generale, dopo d'aver inteso gli avvisi dei membri che lo compongono, ha adottato il piano delle tre commissioni propostele dal Procurator Generale Sindaco, e per la prima ha nominato per Commissari i Signori Pompei, Pietri, Pinelli e Giacomoni; per la seconda i Signori Peraldi, Leoni, Mattei e Grazietti; per la terza i Signori Pozzodiborgo e Quenza.

Lo stesso Procurator Generale Sindaco ha richiesto di far la nomina di diversi Commissari per formare un piano per esigere dalle comunità del Dipartimento il pagamento della sovvenzione dell'anno corrente, che si ritrova quasi di tutto impagata, da farsi quest'esigenza con tutta moderazione e facilità, perchè possa effettuarsi più prontamente.

Dopo che la materia è stata dibattuta, e che diversi membri sono stati intesi, il Consiglio Generale ha aderito al requisitorio del Procurator Generale Sindaco, ed ha scelto per Commissari del travaglio al detto piano i Signori Casabianca, Boerio, Abbatucci e Bonaccorsi coll'incarico ai medesimi di presentarlo al più presto per essere poi sul medesimo dal Consiglio Generale riunito, stabilito quello che si crederà più espediente.

Il Consiglio Generale ha pure incaricato i Commissari del Comitato di corrispondenza di presentarle un regolamento dettagliato per servire di scorta ai Distretti che si trovano in attività nei loro travagli.

Il Sig. Vice-Presidente ha terminata la sessione, e i diversi Commissari nominati dovendo nella giornata di domani occuparsi delle commissioni che il Consiglio Generale ha loro date, ha rimandata la sessione a martedì cinque del corrente, alle ore nove della mattina.

FELCE, *Vice-Presidente.*
PANATTIERI, *Segretario-Generale.*

Martedì 5 Ottobre 1790

(Sessione della mattina).

L'anno 1790, li 5 del mese d'ottobre, alle ore nove della mattina, il Consiglio Generale dell'Amministrazione del Dipartimento di Corsica si è riunito nella solita sala del Palazzo, e dopo la lettura di diverse lettere, uno dei membri ha proposto la creazione d'una commissione incaricata di verificare la legittimità delle municipalità del Dipartimento per prendersi dal Consiglio Generale, sul loro rapporto, quelle deliberazioni che giudicherà le più convenevoli. Un altro membro ha suggerito d'incaricare questa stessa commissione di far l'inventario degli scritti dell'antica Cancelleria degli Stati, e della Commissione dei Dodeci, e ricevere i conti della loro amministrazione, siccome pure di far l'inventario e ritirare gli scritti del Comitato Superiore di Corsica, e ricevere i conti della sua amministrazione.

Intesi gli avvisi di diversi membri, egualmente che le conclusioni del Procurator Generale Sindaco, il Consiglio Generale ha deliberato la creazione della commissione suddetta, ed ha nominato per Commissari della stessa i Signori Taddei, Colonna Cesari, Cittadella, Casamarte e Carlotti.

Il Procurator Generale Sindaco ha richiesto che si debba ordinare a tutti i Tesorieri e Ricevitori dei denari pubblici di non pagare il montante d'alcuna ordinanza, e particolarmente di quelle che si fossero prima d'ora ottenute per le case appigionate, siasi per servizio del Re, che per quello della nazione, se queste non sono riconosciute e verificate da quattro o cinque Commissari da nominarsi, sotto pena ai Tesorieri e Ricevitori suddetti, in caso di contravenzione, di pagare del proprio.

Il Consiglio Generale, intese le opinioni di diversi membri, ha deliberato in conformità del requisitorio del Procurator Generale Sindaco, ed ha nominato per Commissari incaricati della verificazione delle dette ordinanze e dell'abbonamento delle medesime i Signori Matteo Taddei, Pompei, Pietri e Multedo, ed ha ordinato che, senza la segnatura di tre almeno di detti Commissari, niuna ordinanza potrà essere pagata.

Gli uffiziali della Guardia Nazionale di questa città sono stati introdotti nella sala. Il Sig. Galeazzini, a nome della stessa, ha presentato al Consiglio Generale il tributo del rispetto di quel corpo, e le ha offerto i suoi servizi.

Il Sig. Vice-Presidente ha detto:

« Bravi e generosi cittadini,

» Voi siete divenuti soldati per rivendicare la libertà della Patria, e per contenere i nemici del ben pubblico e dell'Impero Francese. L'eroico coraggio che voi mostraste per infrangere lo scettro di ferro che conservar si voleva in quest'Isola, e la costanza, con cui vi siete dedicati al servizio della causa comune, vi hanno ricolmati di gloria e d'onore.

» Il Consiglio Generale del Dipartimento gradisce l'omaggio che gli prestate, accetta le vostre graziose offerte, e vi assicura che i vostri patriottici travagli non saranno giammai dimenticati.

» Palesate al vostro virtuoso colonnello il nostro rincrescimento per la situazione della sua salute; essa è stata senza dubbio alterata dai viaggi ed occupazioni, che hanno prodotto il mantenimento dell'ordine in questa città, e nelle assemblee primarie di diverse pievi. Il Dipartimento si lusinga che egli, voi ed i vostri fratelli d'armi continuerete ad impiegare le vostre forze in sostegno della Costituzione e dei corpi amministrativi.

» Il Consiglio Generale vi permette di assistere alla presente sessione ».

Una lettera del Controllore delle Poste, scritta al Consiglio Generale pel pagamento de' suoi conti, ha dato luogo d'esaminare la maniera di render franche le diverse lettere che saranno scritte all'Amministrazione del Dipartimento; le circostanze e la località di quest'Isola non permettendo di seguitare presentemente il regolamento che il detto Controllore ha rimesso al Consiglio Generale, presi gli avvisi di diversi membri, inteso il Procurator Generale Sindaco nelle sue conclusioni, il Consiglio Generale ha provvisoriamente deliberato, che mediante il contrassegno del Presidente, del Procurator Generale Sindaco e del Segretario del Dipartimento, le lettere scritte in qualunque parte dell'Isola e a qualunque persona, saranno franche, siccome pure lo saranno quelle dirette alle tre indicate persone, e agli Amministratori del Dipartimento o Direttorio collettivamente, e finalmente lo saranno quelle provenienti da Francia dirette ai differenti Distretti del Dipartimento, o al Presidente e Procurator Sindaco dei medesimi, e che la presente deliberazione sarà trasmessa al Direttor Generale delle Poste, per dare in conseguenza gli ordini necessari agli altri Direttori dell'Isola. In riguardo al pagamento del suo antico conto, è stato arrestato che non conoscendo per anco il Consiglio Generale la situazione delle sue finanze, non può dare per ora alcun ordine; che allorquando le operazioni delle quali s'occupa, saranno terminate, non negligenterà di far soldar l'importare del suo avere.

Lo stesso Consiglio ha deliberato che saranno ordinati due

sigilli portanti l'impronta dei tre gigli da un lato, e dall'altro la testa del Moro colle parole nel contorno, *Dipartimento di Corsica*.

Dopo di che il Sig. Vice Presidente ha terminata la sessione, e l'ha rimandata a domani alle ore nove della mattina.

FELCE, *Vice-Presidente*.
PANATTIERI, *Segretario Generale*.

Mercoledì 6 Ottobre 1790

(*Sessione della mattina*).

L'anno 1790, ai 6 del mese d'ottobre alle ore nove della mattina,

Il Consiglio Generale dell'Amministrazione del Dipartimento di Corsica si è riunito nella solita sala del Palazzo, e dopo la lettura del processo verbale delle precedenti sessioni, si è introdotta nella sala une deputazione del Distretto di Bastia per sentire gli ordini del Dipartimento sulla designazione di quelle persone che devono rappresentare l'antica commissione, nella fissazione degli alloggiamenti militari. Il Consiglio Generale ha provvisoriamente deliberato che uno dei membri del Distretto assisterà unitamente agli uffiziali municipali alla distribuzione degli alloggi militari per gli interessi del Dipartimento.

Uno dei membri ha detto che era necessario di nominare due commissari per procedere all'inventario dei travagli, memorie e piani del Terriere Generale, egualmente che di tutti gl'istrumenti, che erano stati impiegati fin'ora.

La materia posta in deliberazione, inteso il Procurator Generale Sindaco, il Consiglio Generale ha deliberato che i Signori Pompei e Taddei, membri dell'Amministrazione, si trasporteranno nella casa di M. Vuillier, Direttor del Terriere, ed in di lui presenza, o esso dovutamente chiamato, procederanno a porre i sigilli negli scagni, e dopo formare un inventario di tutti i piani, minute, copie al netto, disegni, quaderni di livelli, processi verbali di verificazione, registri di contabilità, memorie, ed in generale di tutti i progetti e scritti concernenti il piano terriere, e i travagli fatti allo stagno di Biguglia, e qualunque altro stato eseguito sotto l'antica amministrazione, insieme di tutti gli istrumenti e misure qualunque, che si trovavano nello scagno del Terriere all'epoca del 1786, allorchè il detto Sig. Vuillier ne ricevè la consegna per mezzo d'inventario, unitamente a tutti gli altri, che sono stati fatti posteriormente, affinchè i detti piani, memorie e altro restino in deposito presso la persona che sarà commessa dal Consiglio Generale; ingiunge a detto Sig. Vuillier ed altri impiegati che travagliano in detto scagno, di rimettere fedelmente tutti i piani, memorie, ed altri scritti, esistenti nei detti scagni, come in qualunque altro luogo, senza poterne sottrarre, nè ritirare direttamente o indirettamente.

Il Sig. Vice-Presidente ha levata la sessione, e l'ha rimandata a domani alle nove della mattina.

FELCE, *Vice-Presidente*,
PANATTIERI, *Segretario Generale*.

Giovedì 7 Ottobre 1790.

(*Sessione della mattina*).

L'anno 1790, li 7 del mese d'ottobre, alle ore nove della mattina,

Il Consiglio General dell'Amministaazione del Dipartimento di Corsica si è riunito nella solita sala del Palazzo, e dopo la lettura di diverse memorie, è stato annunziato e introdotto nella sala il Sig. De Barrin, comandante in capite delle truppe di linea in Corsica, e ha presentato nella maniera la più onesta il tributo del suo rispetto al Dipartimento al quale ha manifestato i suoi sentimenti e le sue determinazioni di conformarsi intieramente alle misure, deliberazioni e ordini, che il Dipartimento sarà nel caso di dare nelle attuali circostanze, tanto pel mantenimento del buon ordine, che per la difesa e sicurezza delle piazze.

Il Sig. Vice-Presidente ha detto:

« Il Consiglio Generale riceve con sodisfazione i sentimenti che venite di testificarle; la Costituzione c'impone il dovere di ristabilire l'ordine pubblico in tutti i Distretti, e noi ci sollecitiamo a prendere a questo riguardo tutti gli espedienti, che possono ricondurlo; spera di ritrovare in tutte le truppe di linea l'appoggio che è necessario per sostenere l'Amministrazione in tutte le sue operazioni e per far eseguire i decreti dell'Assemblea Nazionale ».

Uno dei membri ha proposto di stabilire l'Università o almeno delle scuole per l'educazione della gioventù. Questa materia è stata lungamente dibattuta, e varie sono state le opinioni che si sono manifestate da diversi membri. Il Consiglio Generale ha aggiornata la questione a domani.

È stata fatta lettura d'una lettera scritta dagli Amministratori del Distretto dell'Isola Rossa, in data de' sei ottobre corrente, in cui si dolgono che avendo domandato al Sig. Maudet, comandante in Calvi, un distaccamento di sessanta uomini per essere agli ordini del Distretto dell'Isola Rossa per alcuni giorni, fintanto che l'altro distaccamento che era destinato a proteggere l'ordine in alcuna municipalità del Distretto, che compone la guarnigione dell'Isola Rossa, fosse rientrato, detto comandante ha rifiutato.

Intesi gli avvisi di diversi membri, ed il Procurator Generale Sindaco, il Consiglio Generale ha deliberato che il detto comandante sarà chiamato personalmente, e tenuto di comparire alla Barra del Dipartimento fra giorni otto, a contare da quello della significazione della presente, per render conto della sua condotta, e frattanto le ingiunge di conformarsi alla Costituzione ed a fornire il distaccamento richiesto da gli Amministratori del Distretto dell'Isola Rossa, sotto le pene che apparterranno. Delibera egualmente che copia della presente deliberazione sarà trasmessa al Sig. De Barrin, comandante delle truppe di linea, affinchè ne dia communicazione ai diversi comandanti che si ritrovano stabiliti nelle diverse piazze dell'Isola.

Il Sig. Vice-Presidente ha terminato la sessione e l'ha rimandata a domani a nove ore della mattina.

FELCE, *Vice-Presidente*.
PANATTIERI, *Segretario Generale*.

Venerdì 8 Ottobre 1790

(*Sessione della mattina*).

L'anno 1790, 8 del mese di ottobre, alle ore nove della mattina,

Il Consiglio Generale dell'Amministrazione del Dipartimento di Corsica si è riunito nella sala del Palazzo, e la sessione è stata aperta colla lettura del processo verbale della sessione di ieri, e di diverse memorie e lettere indirizzate ai Sigg. Amministratori del Dipartimento, dopo di che il Procurator Sindaco ha detto che, essendo stati nominati dei deputati per presentare all'Assemblea Nazionale ed al Re gli indirizzi e le petizioni di questo Dipartimento, diveniva necessario di fare l'assegnamento di due mila quattrocento franchi per ciascheduno per servire alle spese del loro viaggio.

Il Consiglio Generale, inteso l'avviso di vari membri, ha deliberato che sarà accordata ai due deputati, la somma di due mila quattrocento franchi per ciascheduno, e in conseguenza ha autorizzato il Sig. De la Bouillerie, Tesoriere militare, di pagare ai SS. Gentile e Pozzodiborgo suddetti, e sulla loro ricevuta, la somma di quattro mila ottocento franchi, di cui sarà tenuto conto su quella che deve versare nella cassa civile nel corrente di questo mese.

Lo stesso Procurator Generale Sindaco ha richiesto di dimandare al Sig. Gautier figlio, incaricato dell'approvvisionamento del sale, di dare uno stato esatto della quantità del sale che si ritrova nei diversi magazzini del Dipartimento, per potere in seguito sopra il detto stato richiedere quello che sarà più convenevole.

Il Consiglio Generale ha unanimemente deliberato che il Sig. Gautier darà subito lo stato della quantità del sale che ritrovasi nei diversi magazzini del Dipartimento, e che a questo effetto sarà trasmessa copia della presente.

Essendo stati annunziati i Signori Cardi e Bigani, il primo console di Spagna, e il secondo di Napoli, sono stati introdotti nella sala, ove hanno presentato gli omaggi del loro rispetto al Dipartimento.

Il Sig. Vice-Presidente ha risposto ai medesimi d'una maniera sodisfacente, ed è stato permesso loro d'assistere alla sessione.

Alla richiesta del Procurator General Sindaco, il Consiglio Generale ha deliberato che il Ricevitore della Dogana di Bastia dovrà incessantemente rimettere a mani del Sig. Mattei, uno dei membri del Direttorio, che è stato a questo effetto deputato, e mediante la di lui ordinanza, che le servirà di discarico, la somma di cinque mila ottocento quaranta nove franchi, sedici soldi e sei denari, la qual somma dovrà servire per conto delle spese del Dipartimento e suoi stabilimenti.

Si è ripreso l'ordine del giorno sullo stabilimento delle

scuole pubbliche per l'anno prossimo, e dopo lunghi dibattimenti, la questione è stata aggiornata a domani alle ore nove della mattina.

FELCE, *Vice-Presidente.*
PANATTIERI, *Segretario Generale.*

Sabato 9 Ottobre 1790

(*Sessione della mattina*).

L'anno 1790, li 9 del mese d'ottobre, alle ore nove di mattina,

Il Consiglio Generale dell'Amministrazione del Dipartimento di Corsica si è riunito nella sala del Palazzo, e fatta lettura del processo verbale della sessione d'ieri, è stato richiamato l'ordine del giorno sulla necessità di stabilire delle scuole per la pubblica educazione, e sul luogo che doveva preferirsi per questo stabilimento.

È stata fatta lettura dell'istruzione presentata dal Comitato di corrispondenza per spedirsi ai differenti Distretti. Il Consiglio Generale l'ha approvata, e ridotta nella maniera seguente:

Istruzione del Corpo Amministrativo di Corsica ai Distretti

« Allorchè siamo stati chiamati dai voti comuni alla pubblica amministrazione, noi, amatissimi confratelli, abbiamo ben preveduto la carica difficile, che compariva ai nostri passi incerti, e le gravi e conseguenti funzioni che si destinavano ai nostri e vostri uffici, secondo il rango e la loro graduazione regolare che la Costituzione assegna a ciascuno dei nostri corpi amministrativi; ma i sentimenti civici, dai quali ogni buon patriotto dev'essere animato, l'attaccamento indelebile ai principj della Costituzione, il più ardente desiderio di servire la Patria, il sagro fuoco della libertà che ci rapisce, non ci hanno sbigottito, anzi ci hanno incoraggito ad accettare il grave incarico e sagro deposito della pubblica confidenza.

» Queste dolci impulsioni saranno quelle che ci agevoleranno le nostre marce, e regolando per il dritto sentiere la spedizione degli affari, ci faranno sperare d'adempire ai nostri principali doveri, di proteggere i diritti dell'uomo secondo la legge, di difendere il pubblico e privato interesse ed assicurare la percezione delle imposizioni, a fine di osservare le obbligazioni che noi abbiamo contrattate col più solenne nostro giuramento.

» Voi che siete chiamati con noi all'esecuzione della legge, dovete partire coll'unità di questi principj, e travagliando sopra la stessa base nel vostro Distretto, colle vostre riflessioni, coi vostri lumi, e colla vostra saggezza, dovete concorrere a perfezionare la grand'opera dell'amministrazione, ed a secondare queste nostre speranze, e questi primi nostri voti, che altro non sono, se non se di giustificare quello che il pubblico aspetta dal nostro patriottismo.

» Animati da questa fiducia, abbiamo creduto indispensabile d'indicarvi colla presente istruzione, e di delinearvi i travagli sopra i quali devono raggirarsi le prime vostre occupazioni. Esse non essendo dissimili alle nostre, produrranno quell'armonia, e quel metodo che l'ordine ricerca. Lo stato delle cose l'esige per stabilire la base delle operazioni, che la politica richiede per la prosperità dello Stato e dei cittadini.

» Dovete primieramente farvi conoscere da tutte le municipalità del vostro Distretto, con indirizzar loro per mezzo del vostro Procurator Sindaco, la lista dei Dodeci Amministratori. Le municipalità, nelle funzioni che sono proprie del potere municipale, sono sotto l'ispezione e la vigilanza delle Amministrazioni.

» 2º Vi farete rimettere dalle medesime copia del processo verbale delle loro elezioni dal cancelliere. Voi le esaminerete congiuntamente alle memorie di quelli, che si lagnano tanto dei vizi della formazione di alcuna municipalità, quanto delle ingiustizie personali, che avranno provato nel corso delle elezioni.

» Dopo che avrete verificato i fatti, il vostro Direttorio farà uno stato di tutte le municipalità della sua dipendenza, e indicherà in una colonna marginale quelle che non hanno dato luogo ad alcun riclamo, e quelle che sono contestate nella validità della loro elezione. C'invierà colla maggior celerità, tanto la copia del processo verbale quanto le sue osservazioni, ed il suo avviso sopra la regolarità e difetto delle formazioni di esse.

» 3º L'Assemblea Nazionale ha bisogno incessantemente dello stato di tutti i cittadini attivi di ciascheduna municipalità affine di conoscere la popolazione attiva di ciaschedun Dipartimento. È facile di conseguirne l'intento. Il numero degli Elettori, e i processi verbali delle Assemblee primarie potrebbero regolare quello dei cittadini attivi, e di ciaschedun cantone e comunità.

» 4º La confezione dei ruoli dell'imposizione è un oggetto importante, e della comune sollecitudine. Le imposizioni pagano i bisogni dello Stato, e noi ne formiamo una parte. Il ritardo del pagamento dei contribuibili sarebbe un furto manifesto, che farebbe sovvertire l'ordine sociale ed anneantirlo.

» La nostra cassa si ritrova creditrice di molte somme, e nello stesso tempo debitrice di altre riguardevoli ; in conseguenza dovete occuparvi con tutto il vostro zelo di farci pervenire colla maggior prontezza lo stato esatto e verificato di tutte le partite che devono gli aggiudicatari trascorsi e presenti, principiando dallo stabilimento della sovvenzione in natura fino al quartiere del 1º ottobre 1789. — Preverrete a tal effetto il Tesoriere del vostro Distretto, e con esso lui potrete verificare le somme dovute da ciascun aggiudicatario, e ridurre alla più perfetta precisione lo stato del suo debito, e dopo essere da lui sottoscritto, immediatamente ce lo indirizzerete.

» Sarà utilissimo che voi conosciate la situazione della contabilità del Tesoriere del vostro Distretto col Tesorier Generale. Vi occuperete di ritrarne uno stato che dovrà indicare le somme che ha versate nella cassa generale, e di spedirlo al nostro Procurator Generale Sindaco.

» È indispensabile che voi travagliate a stabilire il debito delle comunità del vostro Distretto colle casse nazionali per l'imposizione dei due ventesimi delle case appigionate, come pure quello di ciascun contribuibile; subito che ne avrete ultimata la situazione, ce ne rinvierete lo stato.

» Diviene ancora necessario di conoscere gli alloggiamenti militari, le pigioni de'quali sono a carico della nazione, come pure osserverete quanti uffiziali sono alloggiati nei paviglioni e nelle caserne delle fortificazioni, affine di poter con esattezza regolare e fissare quella retribuzione che è a carico della nazione.

» 5º Il godimento di una libera Costituzione, e la sicurezza di tutti i concittadini non si puono rinvenire se non se nella subordinazione e nella concordia. La libertà non può sussistere senza un profondo rispetto per le leggi, per le persone e per le proprietà. Allorchè il cittadino si allontana da questi principj, la sua libertà degnera in licenza, e commette un delitto contro la società.

» Deve dunque essere la prima nostra cura di vegliare unitamente alla difesa della Costituzione contro gli sforzi de' nostri nemici, a quella delle persone e delle proprietà delli cittadini.

» Per arrestare i funesti effetti dei sediziosi e dei pubblici perturbatori, e per allontanare dal nostro Dipartimento le pubbliche ed individuali calamità, abbiamo creduto necessario di nominare un comitato di ricerche tirato dal seno della nostra Assemblea, come risulta dalla deliberazione che già vi è stata trasmessa con nostra lettera de'cinque del corrente.

» Voi dunque vi occuperete di conoscere le cause che possono cagionare l'agitazione popolare in ciascun cantone. e comunità, di verificarne i fatti, e di scoprire i sediziosi, e per mezzo del Procurator Generale Sindaco inviarne il rapporto colle prove giustificative al Comitato di ricerche. Mettete la più grande attenzione ad impedire l'emigrazione e l'arruolamento di gente, che qualunque Potenza, nemica irreconciliabile della nostra libertà, progettasse d'eseguire. Voi dovete far arrestare questi arruolatori, e ragguagliarne il Comitato.

» Vi occuperete ancora di designarci in uno stato preciso i nomi dei ladri pubblici, e di quelli che hanno commesso qualche delitto, e contro de'quali sia pronunziata sentenza o decreto di punizione, come pure di quelli che hanno attentato alla persona ed alle proprietà dei cittadini nella presente rivoluzione.

» Il Comitato ecclesiastico dell'Assemblea Nazionale è instruito che molti segretari e commissari delle municipalità e delle giustizie reali del vostro Distretto abbiano negligentato d'indirizzargli gli originali delle dichiarazioni dei beni mobili ed immobili degli ecclesiastici e beneficiati, e delle case religiose, i quali devono essere deposti alla loro cancelleria, in esecuzione dei decreti dei tredici novembre trascorso; vi occuperete in conseguenza di dare gli ordini più precisi, affinchè abbiano a spedirli nella più corta dilazione. Sarebbe ancora necessario che voi invitaste tutte le municipalità del vostro Distretto, e tutti i beneficiati, di rifare tutte le dichiarazioni che eglino hanno dovuto formare in esecuzione del decreto, e di spedircele colla maggior sollecitudine. Non facciamo per ora che indicarvi queste osservazioni generali per stabilire l'uniformità delle nostre occupazioni. La saggezza, la probità, la moderazione ed il patriottismo guidino i nostri travagli; lontana sia da noi la vana gelosia dei poteri. Tutti con armonia li combinino secondo la legge a perfezionare la grand'opera che ci è confidata dal Legislatore, e che un saggio regolamento provi in ogni tempo al popolo che il regno della libertà è quello della sua felicità.

» Potreste ancora occuparvi nel designarci la situazione dei pubblici travagli già principiati, come pei ponti, strade e porti, e progettare la necessità di altri nuovi edifici per regenerazione del commercio, e per le facilità del trasporto dei generi di consummazione fra le rispettive comunità e Distretti. Le altre istruzioni vi saranno indicate successivamente.

» Siamo coi sentimenti di fraternità, amatissimi fratelli, gli Amministratori del Dipartimento di Corsica, e per essi sottoscritti ».

FELCE, *Vice-Presidente*.
PANATTIERI, *Segretario Generale*.

Il Sig. Vice-Presidente ha terminata la sessione, e l'ha rimandata a lunedì undici del corrente.

FELCE, *Vice-Presidente*.
PANATTIERI, *Segretario Generale*.

Lunedì 11 Ottobre 1790

(*Sessione della mattina*).

L'anno 1790, li 11 del mese d'ottobre, alle ore nove della mattina,

Il Consiglio Generale dell'Amministrazione del Dipartimento di Corsica essendosi riunito nella solita sala del Palazzo, dopo la lettura del processo verbale della sessione di ieri, e di diverse suppliche e lettere indirizzate al Dipartimento, è stato annunziato e introdotto nella sala il Sig. Viale, Console di Sua Maestà Austriaca, il quale ha presentato al Dipartimento il tributo del suo rispetto, e le ha testificato lo zelo il più ardente per meritare la continuazione della stima e della protezione del Dipartimento.

Il Sig. Vice-Presidente le ha risposto d'una maniera onesta e lusinghevole a farle sentire il gradimento e la sodisfazione del Consiglio Generale.

Essendosi ritirato, si è l'Assemblea occupata alla discussione di materie diverse, che per la varietà de'pareri, e per la loro intrigatezza non hanno potuto terminarsi. Le diverse commissioni dovendo occuparsi separatamente di quanto sono state incaricate del Consiglio Generale,

Il Sig. Vice-Presidente ha levata la sessione, e l'ha rimandata a domani alle ore nove della mattina.

FELCE, *Vice-Presidente,*
PANATTIERI, *Segretario Generale.*

Martedì 12 Ottobre 1790

(Sessione della mattina).

L'anno 1790, li 12 del mese d'ottobre, alle ore nove della mattina,

Il Consiglio Generale dell'Amministrazione del Dipartimento di Corsica essendosi riunito nella sala del Palazzo, è stata aperta la sessione per la lettura di varie lettere e memorie dirette agli Amministratori del Dipartimento.

In seguito uno dei membri ha detto che il buon ordine ed il mantenimento della pubblica tranquillità esigevano, principalmente nelle attuali circostanze, che il Dipartimento e i Distretti fossero istruiti delle persone che si assentavano da quest'Isola, affine d'impedire l'evasione di quelli che, dopo aver commessi dei delitti contro la società, cercherebbero sottrarsi alla punizione della legge.

Intesi gli avvisi di diversi membri, ed il Procurator Generale Sindaco, la materia posta in deliberazione,

Il Consiglio Generale senza arrestarsi all'ammendamento proposto, se cumulativamente al certificato della municipalità debba esservi quello dei sindici, ha provvisoriamente deliberato che verun particolare di qualunque stato, grado, e condizione non potrà uscire dall'Isola, senza averne ottenuto un permesso in iscritto dal Direttorio ove ritrovasi domiciliato; che questo permesso non sarà accordato che alla presentazione d'un certificato della municipalità del luogo ove risiede, col quale sarà dichiarato che il particolare che sollicita il permesso di partire non ha commesso alcun delitto, nè contro la nazione, nè contro la società;

Che tutti i Distretti invieranno alla fine d'ogni mese al Direttorio del Dipartimento uno stato de' particolari, ai quali avranno accordato delle permissioni d'imbarcarsi;

Che copia della presente deliberazione sarà spedita ai Distretti dell'Isola, perchè la spediscano alle municipalità e ai diversi scagni di sanità della loro giurisdizione, acciò si uniformino esattamente al contenuto nella medesima.

Il capitolo della cattedrale di Bastia essendo stato annunziato, ed introdotto nella sala, il Sig. Arcidiacono Olmeta ha pronunziato, a nome del suo corpo, un discorso pieno d'energia e di patriottismo.

Il Sig. Vice-Presidente, a nome del Consiglio Generale, dopo d'aver ricevuto con sodisfazione dal capitolo di Bastia il tributo del suo rispetto, l'ha assicurato del piacere che egli provava nell'udire l'espressione de'suoi sentimenti, e si sono immediatamente ritirati.

È stato osservato per parte di alcuni membri che i Signori Gentile e Pozzodiborgo, deputati incaricati dall'Assemblea Elettorale di portarsi a Parigi per presentare all'Assemblea Nazionale ed al Re l'omaggio di questo Dipartimento, erano nel tempo stesso membri del Direttorio; che colla loro prossima partenza il Direttorio medesimo sarebbe rimasto composto di soli cinque membri, riempiendo il Sig. Arena le funzioni del Procurator Generale Sindaco assente, ciò che avrebbe potuto pregiudicare alla pronta spedizione degli affari; ha proposto in conseguenza che siano nominati dei sostituti per supplire ai detti due membri, durante la loro assenza.

La materia dibattuta, udito il Procurator Generale Sindaco,

Il Consiglio Generale, sotto il buon piacere dell'Assemblea Nazionale, ha deliberato che alla fine delle sue sessioni, e nell'ultima di queste procederà per via dello scrutinio alla nomina di due Sostituti, i quali entreranno in esercizio con gli altri membri del Direttorio, durante l'assenza solamente dei Signori Pozzodiborgo e Gentile; che questi due Sostituti goderanno, a proporzione del tempo che rimarranno in esercizio, degli emolumenti eguali a quelli attribuiti agli altri membri del Direttorio, e senza pregiudicio però di quelli che sono accordati ai detti Signori Gentile e Pozzodiborgo, il godimento dei quali sarà loro conservato per intiero.

Dopo di che è stato annunziato che il Sig. Jadart, commissario ordinatore di guerra, unito agli altri commissari ordinari, desideravano presentarsi al Consiglio Generale, ed essendole stato permesso, il Sig. Jadart ha presentato al Dipartimento a suo nome, ed a quello de' suoi confratelli, i suoi omaggi, ed ha offerto i suoi servizi. Il Sig. Vice-Presidente ha ricevuto coi contrassegni d'un vero piacere i sentimenti testificati dal Sig. Jadart e dai suoi confratelli, e si sono ritirati.

In appresso è stato osservato che diveniva necessario di prendre qualche provvedimento, in riguardo agli scritti, carte, piani ed instrumenti dello scagno del Terriere, ai quali si erano apposti i sigilli ne' giorni scorsi.

Intesi gli avvisi di diversi membri e del Procurator Generale Sindaco,

Il Consiglio Generale ha deliberato che dal Sig. Taddei, uno dei commissari nominati per l'apposizione dei detti sigilli sarà proceduto alle levata e verificazione dei medesimi, e quindi unitamente al Sig. Ciavaldini, commissario a questo effetto nominato, si passerà oltre alla confezione dell'inventario dettagliato degli scritti, piani, istrumenti ed altro appartenente al Terriere, e su dei quali i sigilli sono stati apposti; che saranno assistiti tanto nella prima che nelle successive operazioni dal Sig. Defranceschi figlio, che supplisce in questa parte il Segretario del Dipartimento, atteso il suo impedimento; che i detti commissari potranno chiamare al detto inventario il Sig. D'Aubigny per assistere a detto travaglio, quale Signore D'Aubigny potrà nel tempo stesso essere commesso per depositario di detti scritti, a carico di rendersene garante e risponsevole. Il Consiglio Generale si riserva dopo la detta operazione di prendre in questo oggetto quelle ulteriori determinazioni che le circonstanze esigono.

Il Sig. Vice-Presidente ha rimandata la sessione a domani alle ore nove della mattina.

FELCE, *Vice-Presidente.*
PANATTIERI, *Segretario Generale.*

Mercoledì 13 Ottobre 1790

(*Sessione della mattina*).

L'anno 1790, li 13 del mese d'ottobre, alle ore nove della mattina,

Il Consiglio Generale dell'Amministrazione del Dipartimento di Corsica si è riunito nella sala del Palazzo. È stata fatta lettura d'un processo verbale drizzato dalla municipalità di Sartene li 2 del corrente, stato deposto nello scagno del Sig. Pietri, uno dei membri del Dipartimento, dal quale risulta che i Signori Giambattista, Angelo Francesco, e Simon

Giovanni, tutti Susini del detto luogo, che si erano opposti al registramento ed esecuzione del decreto dell'Assemblea Nazionale portante abolizione della nobiltà, si sono presentati nanti gli uffiziali municipali di quella città, ed hanno colle espressioni le più sincere di ravvedimento desistito dalle proteste fatte, siccome convengono, non per opporsi ai decreti dell'Assemblea, che sono disposti a sostenere col versamento del proprio sangue, ma per un puntiglio preso con qualche membro del corpo municipale.

Dopo di che diversi membri sono stati intesi, e la materia dibattuta nella maniera di modificare il contenuto nella deliberazione presa li due del corrente, udito il Procurator Generale Sindaco,

Il Consiglio Generale ha deliberato che volendo avere, per questa volta, qualche commossione a riguardo del ravvedimento testificato dai Signori Susini di Sartene, e in seguito della loro solenne ritrattazione e desistenza, modificando la deliberazione presa nella sua sessione dei due del corrente, ordina che i detti Signori Giambattista, Angelo Francesco e Simon Giovanni, tutti Susini, alla significazione della presente, dovranno trasportarsi nanti il Direttorio del Distretto di Tallano, ed ivi restare in arresto per lo spazio d'otto giorni, coll'obbligo di presentarsi ogni giorno al Direttorio di quel Distretto per ricevere i suoi ordini; che copia della presente dichiarazione sarà trasmessa al Distretto di Tallano per essere significata.

In seguito il Procurator Generale Sindaco ha detto che il Sig. Lebel, Ricevitore della Dogana di Bastia, risultava debitore di diverse somme, quali credeva di pagare coi nomi di diversi debitori, la di cui nota non avea per anco prodotta, quantunque sollecitato; che il Sig. Lebel non era autorizzato a far credenze, e di somme rilevanti; che egli era risponsevole dei prodotti della Dogana e in questa qualità dovea pagare di proprio, salvo a repetere dai diversi debitori nelle forme solite e accostumate le somme delle quali si diceva essere creditore.

Intesi diversi membri, il Consiglio Generale ha deliberato che il Sig. Lebel dovrà versare fra tre giorni a mani del Sig. Mattei, depositario a quest'effetto deputato, tutte le somme che ritrovansi a sue mani, provenienti dai prodotti della Dogana, compreso quelle che dice aver accredenzate, salvo ad esso a ripeterle dai rispettivi debitori in quelle forme che era accostumato di praticare per l'avanti ; che a quest'effetto copia della presente deliberazione le sarà significata alla diligenza del Procurator Generale.

Il Sig. Vice-Presidente ha terminata la sessione, e l'ha rinviata a domani, alle ore nove della mattina.

FELCE, *Vice-Presidente.*
PANATTIERI, *Segretario Generale.*

Giovedì 14 Ottobre 1790.

(*Sessione della mattina*).

L'anno 1790, ai 14 del mese d'ottobre, alle ore nove della mattina,

Il Consiglio General dell'Amministrazione del Dipartimento di Corsica essendosi riunito nella solita sala del Palazzo, è stata fatta lettura e pubblicazione di diverse proclamazioni del Re su vari decreti dell'Assemblea Nazionale, pervenute con gli ultimi corrieri di Francia, dei quali è stata ordinata la trascrizione sui registri del Dipartimento.

Il Direttore e precettori del Collegio di Bastia sono stati introdotti nella sala, ed hanno rispettosamente presentato il loro omaggio, e offerti i loro servigi al Dipartimento.

Si sono in seguito prese in considerazione varie memorie, suppliche e lettere indirizzate all'Amministrazione del Dipartimento, alle quali essendosi dati i necessari provvedimenti il Sig. Vice-Presidente ha levata la sessione, e l'ha rimessa a domani alle ore nove della mattina.

FELCE, *Vice-Presidente,*
PANATTIERI, *Segretario Generale.*

Venerdì 15 Ottobre 1790

(Sessione della mattina).

L'anno 1790, 15 del mese d'ottobre, alle ore nove della mattina,

Il Consiglio Generale dell'Amministrazione di Corsica si è riunito nella sala del Palazzo. Dopo la pubblicazione e registramento di vari decreti dell'Assemblea Nazionale pervenuti col corriere d'ieri, e dopo la lettura del processo verbale delle precedenti sessioni, uno dei membri ha osservato che fra i decreti dei quali s'era ordinata poco fa la trascrizione su i registri, ve n'era uno dei quattordici settembre prossimo passato, portante che i Consigli dei Dipartimenti non si riuniranno che il tre del mese di novembre prossimo venturo ;

Che ritrovandosi il Consiglio Generale già riunito, e in attività dopo sedici giorni, non poteva separarsi, e ritornare in Bastia ai tre di novembre, senza un pregiudicio considerevole agl'interessi del Dipartimento ; che tutte le circostanze si riuniscono in favore della continuazione del travaglio incominciato ; che l'Assemblea Nazionale, informata di queste potenti ragioni, avrebbe senza dubbio approvata tale determinazione.

Intesi gli avvisi di diversi membri, e il Procurator Generale Sindaco,

Il Consiglio Generale ha unanimamente deliberato, che ritrovandosi egli riunito, ed in attività dopo sedici giorni, che non potendo effettuarsi la separazione e la riunione ai tre di novembre senza un ritardo considerevole agli affari che già si sono incominciati, continuerà le sue operazioni, e a quest'effetto sarà scritta lettera al Sig. Presidente dell'Assemblea Nazionale per istruirlo delle circostanze e delle ragioni che hanno determinato il Consiglio Generale a prendere la presente deliberazione, e chiedere la sua approvazione.

In seguito, uno dei Signori Amministratori ha detto che la mancanza d'un buon regolamento per gli abusi campestri forma il più grande ostacolo all'accrescimento dell'agricoltura cotanto neccessario al bene del Paese; che sarebbe della saggezza del Dipartimento di prendervi con prontezza qualche provvedimento, tale anche essendo il voto esternato da diversi Distretti.

Il Consiglio Generale, inteso il Procurator General Sindaco, ha deliberato che i Signori Mattei, Bonaccorsi, Pompei, Peraldi, Colonna e Pietri saranno incaricati di travagliare a un progetto di regolamento su gli abusi campestri, analogo alla località e usi di Corsica, per essere presentato più prontamente che sarà possibile, affinchè siano su di quello prese quelle determinazioni che saranno al caso più confacenti.

Il Sig. Vice-Presidente ha levata la sessione, e l'ha rinviata a domani alle ore nove della mattina.

FELCE, *Vice-Presidente.*
PANATTIERI, *Segretario-Generale.*

Sabato 16 Ottobre 1790

(*Sessione della mattina*).

L'anno 1790, li 16 del mese di ottobre, alle ore nove della mattina,

Il Consiglio Generale dell'Amministrazione del Dipartimento

di Corsica si è riunito. Dopo la lettura del processo verbale della sessione d'ieri, e di diverse lettere dirette all'Amministrazione, il Consiglio Generale ha preso in considerazione il processo verbale drizzato dagli Amministratori del Distretto d'Ajaccio li otto ottobre corrente e giorni consecutivi contenente l'elezione del Presidente, Segretario, Scrutatori e membri del Direttorio, e le diverse opposizioni, proteste e riclami fatti da una parte di detti amministratori.

Intesi gli avvisi di diversi membri, e il Procurator Generale Sindaco,

Il Consiglio Generale ha unanimamente deliberato che, senza arrestarsi alle opposizioni dei Signori Giambattista Leca, Giambattista Giancarli, Gian Santo Costa, Girolamo Celli, Giacomo Filippo Folacci, Anton Martino Casanova e Giò : Antonio Quilici, le elezioni del Presidente, Segretario, Scrutatori e Amministratori del Direttorio d'Ajaccio, seguite li otto dal corrente, e giorni seguenti, sono valide e regolari; in conseguenza ha dichiarato validamente eletti i Signori Bonaparte, Pozzodiborgo, Pietro Pompeani, Luigi Borgomano, Dottor Aiqui e Santo Tavera per le rispettive cariche di Presidente, Segretario e Amministratori del Direttorio del Distretto d'Ajaccio.

Il Procurator Generale Sindaco ha detto che tutte le Corti Superiori, e tutti gli antichi Tribunali di Francia erano soppressi dai decreti dall'Assemblea Nazionale dei venticinque agosto e due settembre trascorso, che gli uffiziali municipali erano incaricati di rendersi in corpo al Palazzo nel giorno trenta settembre all'ora di mezzo giorno, e farvi chiuder le porte delle sale, cancellerie, archivi ed altri depositi di carte, o minute, relative alle Corti Superiori, le funzioni delle quali devono cessare in detto giorno, e farvi apporre in loro presenza i sigilli dal Segretario Cancelliere; che questo decreto essendo già pervenuto in quest'Isola e trascritto nei registri del Dipartimento, era necessario di farlo eseguire, tanto più che era proprio a far risparmiare delle somme rilevanti al Dipartimento. In conseguenza ha proposto di far scrivere agli uffiziali municipali di questa città, affinchè si trasportino senza dimora ad apporre i sigilli nel Palazzo e Cancelleria del Consiglio Superiore.

La materia dibattuta e posta in deliberazione, il Consiglio Generale ha deliberato che sarà scritta lettera agli uffiziali municipali della città di Bastia, di trasportarsi dimani sul mezzo giorno alla sala del Palazzo, ove tenea le sue udienze il Consiglio Superiore, per, conformemente all'articolo quindici e sedici del decreto dell'Assemblea Nazionale de'venticinque agosto e due settembre, procedere all'apposizione dei sigilli sulle porte della Cancelleria e archivi del Consiglio Superiore, e colà stabilire una guardia nazionale fin a tanto che siano installatti i nuovi giudici.

Uno degli Amministratori ha detto che le finanze della Corsica non le permetteano di sopportare in ciaschedun Distretto la spesa di cinque giudici, e molto meno di pagare a questi gli appuntamenti portati nel decreto dell'Assemblea Nazionale; che in conseguenza proponeva di supplicare l'Assemblea Nazionale, affinchè diminuisse il numero dei giudici, e riducesse i loro appuntamenti. Questa mozione è stata aggiornata a giovedì prossimo.

Un altro membro ha detto che conveniva aderire agl'indirizzi e petizioni formate all'Assemblea Nazionale da diversi Dipartimenti della Francia per fissare un onesto trattamento ai Consiglieri del Dipartimento per il tempo che rimanevano in esercizio. Questa mozione è stata pure aggiornata.

Il Vice-Presidente ha terminata la sessione, e l'ha rimessa a domani alle ore quattro dopo mezzo giorno.

FELCE, *Vice-Presidente.*
PANATTIÉRI, *Segretario Generale.*

Domenica 17 Ottobre 1790

(*Sessione della sera*).

L'anno mille sette cento novanta, li dieci sette del mese d'ottobre alle ore quattro pomeridiane,

Il Consiglio Generale dell'Amministrazione del Dipartimento di Corsica s'è riunito nella sala del Palazzo. Fatta lettura di vari indirizzi e lettere dirette ai Signori Amministratori del Dipartimento, uno dei membri ha detto che il principal dovere delle assemblee amministrative era di vigilare e correggere gli abusi provenienti dall'antico governo nella amministrazione delle finanze; che allora le imposizioni indirette si percepivano dagli impiegati commissionati dal potere esecutivo, e pagati con appuntamenti eccessivi; che una gran parte di quelli impiegati, temendo la loro riforma, ha trascurato questi oggetti di maniera che, al giorno d'oggi, non entra neppure il terzo di quello che le dette imposizioni producevano;

Che dal conto che è stato reso dai diversi custodi delle Dogane apparisce l'inesattezza e la trascuraggine di diversi de'suddetti impiegati;

Che lasciando sussistere le cose in quello stato, ne risulterebbe che l'ammontare delle imposizioni suddette basterebbe a pena per soddisfare agli emolumenti degli impiegati;

Che per cessare questi abusi era necessario che il Consiglio Generale si occupasse principalmente, e fino a tanto che l'Assemblea Nazionale avesse prescritto la forma delle elezioni per detti impieghi, di nominare dei soggetti d'una probità riconosciuta per essere incaricati della percezione delle imposizioni indirette, e fissare il loro trattamento in proporzione del travaglio, che ciascheduno d'essi dovrà fare, e ciò nella maniera la più economica.

La materia posta in deliberazione, inteso il Procurator Generale Sindaco,

Il Consiglio Generale ha unanimamente deliberato che provisoriamente e fino a tanto che sia formato un regolamento generale dall'Assemblea Nazionale, e sotto il buon piacere di essa, siano minorati li appuntamenti degli impiegati delle Dogane del Dipartimento, e il numero degl'impiegati medesimi in quella proporzione che sarà creduta ragionevole, siccome pure che saranno nominati dei nuovi soggetti in quelle dogane ove il caso lo esigerà.

Il Signor Vice-Presidente ha levata la sessione e l'ha tramandata a dimani alle ore nove della mattina.

FELCE, *Vice-Presidente.*
PANATTIERI, *Segretario Generale.*

Lunedì 18 Ottobre 1790

(Sessione della mattina).

L'anno mille sette cento novanta, li dieciotto del mese d'ottobre alle ore nove della mattina,

Il Consiglio Generale dell'Amministrazione del Dipartimento di Corsica essendo riunito nella sala del Palazzo in numero di ventinove, gli altri ritrovandosi assenti e impediti per causa di malattia, è stata fatta lettura del processo verbale delle precedenti sessioni, e di diverse suppliche che aveano per oggetto la domanda di vari impieghi nelle Dogane dell'Isola; dopo di che uno dei Signori Amministratori ha detto che la deliberazione presa nella sessione di ieri, riguardo alle Dogane, si renderebbe inefficace, se non venisse con prestezza realizzata;

Che ciò era tanto più pressante, in quanto che i contrabandi si multiplicano con gran pregiudicio degl'interessi del Dipartimento ;

Che in conseguenza instava a che fosse immediatamente proceduto alla nomina degl'impiegati delle Dogane e alla minorazione dei loro appuntamenti.

Intesi gli avvisi di diversi membri e il Procurator Generale Sindaco, la materia posta in deliberazione,

Il Consiglio Generale ha unanimamente deliberato che conformemente alla sua deliberazione presa nella sessione d'ieri, si sarebbe proceduto alla fissazione del numero e dei trattamenti degli impiegati delle Dogane del Dipartimento, e alla scelta degli impiegati medesimi successivamente. Visto il progetto presentato dal Procurator Generale, l'ha adottato, e ridotto nella maniera e colle condizioni seguenti :

Distretto di Bastia.

Bastia. — Un direttore di Dogana con mille due cento franchi all'anno. — Un controllore, con novecento franchi. — Un estimatore, con ottocento franchi. — Un primo scrivano con settecento franchi. — Un secondo scrivano con seicento franchi. — Un pesatore con trecento franchi. — Un brigadiere con seicento franchi. — Un sotto-brigadiere con quattro cento venti franchi. — Sei guardie con trecento sessanta franchi per ciascheduna.

Rogliano. — Un direttore di Dogana con ottocento franchi all'anno. — Un controllore ed estimatore con settecento cinquanta franchi. — Un visitatore con trecento sessanta franchi. — Un brigadiere con trecento sessanta franchi. — Cinque guardie con trecento franchi per ciascheduna in quei luoghi che si crederà conveniente per il bene del servizio.

Erbalunga. — Un proposto con trecento franchi all'anno.

Canari, Nonza e Ogliastro. — Un proposto con trecento franchi all'anno.

Distretto d'Oletta.

San Fiorenzo. — Un Direttore di Dogana con seicento franchi all'anno. — Un controllore ed estimatore con cinquecento franchi. — Una guardia con trecento franchi.

Distretto dell'Isola Rossa.

Isola Rossa. — Un Direttore di Dogana con mille duecento franchi all'anno. — Un controllore con settecento franchi. — Un estimatore con seicento franchi. — Tre guardie, una delle quali farà la sua dimora all'Algajola, con trecento cinquanta franchi per le due dell'Isola Rossa, e due cento quaranta per quella dell'Algajola.
Calvi. — Un Direttore di Dogana con ottocento franchi all'anno. — Un controllore con seicento franchi. — Due guardie con trecento quaranta franchi all'anno per ciascheduna.

Distretto di Vico.

Piana. — Un proposto con duecento quaranta franchi all'anno.
Cargese. — Un proposto con duecento quaranta franchi all'anno.

Distretto di Tallano.

Bonifacio. — Un Ricevitore con ottocento franchi all'anno. — Un controllore ed estimatore con seicento franchi. — Due guardie a trecento franchi l'anno.

Portovecchio. — Un Ricevitore con seicento franchi all'anno. — Due guardie con duecento quaranta franchi l'una, una delle quali farà residenza nello scalo di Favone.

Propriano. — Un proposto con trecento sessanta franchi all'anno. — Tre guardie a due cento quaranta franchi l'una.

Tizzano. — Un proposto con cento ottanta franchi all'anno. — Due guardie a cento cinquanta franchi l'una.

Distretto d'Ajaccio.

Ajaccio. — Un Direttore con mille duecento franchi all'anno. — Un controllore con settecento franchi. — Un estimatore con seicento franchi. — Un visitatore con cinquecento franchi. — Un scrivano con cinquecento franchi. — Un pesatore con trecento franchi. — Un sotto-brigadiere con trecento sessanta franchi. — Quattro guardie a trecento franchi l'una.

Distretto di Cervione.

Cervione. — Un Direttore con cinquecento franchi all'anno. — Una guardia con duecento quaranta franchi.

Aleria. — Un Direttore o sia proposto con trecento franchi all'anno. — Due guardie con duecento quaranta franchi l'una, da distribuirsi le dette guardie nei luoghi consueti, ove il bisogno lo esigerà.

Distretto d'Ampugnani.

San Pellegrino. — Un proposto con trecento franchi all'anno. — Due guardie con duecento quaranta franchi l'una da distribuirsi come sopra.

Che in oltre i seguenti ricevitori potranno disporre per le spese di scagno delle somme che vanno a dettagliarsi ;

Cioè : quello di Bastia, duecento franchi. — Quello di San Fiorenzo, quaranta franchi. — Quello d'Ogliastro venti franchi. — Quello di Bonifacio, settanta due franchi. — Quello d'Ajaccio, cento franchi. — Quello dell'Isola Rossa, settanta due franchi. — Quello di Cervione, trenta franchi. — Quello di San Pellegrino, trenta franchi. — Quello di Calvi, settanta due franchi ;

Che i Direttori della Dogana e i proposti nei diversi scali saranno tenuti, prima di porsi in esercizio, di dare un'idonea e solvibile sicurtà, cioè, il Direttore di Bastia, di dieci mila franchi ; quello di Rogliano, di sei mila franchi ; Erbalunga, mille franchi ; Canari, Nonza e Ogliastro, mille franchi ; quello di San Fiorenzo, di tremila lire ; quello dell'Isola Rossa, di sei mila lire ; quello di Calvi, di sei mila lire ; quello della Piana, di mille lire ; quello di Cargese, di mille lire ; quello di Bonifacio, di sei mila lire ; quello di Portovecchio, di tre mila lire ; quello di Propriano, di mille lire ; quello di Tizzano, di mille lire ; quello di Ajaccio, di otto mila lire ; quello di Cervione, di tre mila lire ; quello di Aleria, di mille lire ; quello di San Pellegrino, di tre mila lire ;

Che a tutti i detti impiegati saranno deliberate delle commissioni a nome del Consiglio Generale, le quali saranno segnate dal Presidente e Segretario, e alle quali sarà apposto il sigillo del Dipartimento, la formula delle quali commissioni sarà la seguente (1) etc. :

Che con queste commissioni si presenteranno nanti i Direttori dei Distretti ove le Dogane o preposture sono situate, e

---

(1) Viennent ensuite les formules pour les commissions de direttore, controllore, estimatore, scrivano, visitatore, brigadiere, pesatore, guardie. Ces formules occupent plus de 5 pages du registre. Nous avons jugé inutile de les rapporter.

previo il registramento di quelle su i registri dei Distretti, presteranno giuramento di esercitare fedelmente le rispettive cariche state loro conferte ; facendo constare preventivamente dell'atto di sicurtà che sono obbligati di dare i Direttori e proposti, del che sarà dirizzato processo verbale al basso delle commissioni medesime ;

Che in seguito due membri del Direttorio procederanno all'installazione de' nuovi impiegati in presenza delli antichi soggetti, ai quali ingiungeranno di presentare i loro registri del mese in cui seguirà l'installazione per essere dai detti due Amministratori arrestati ;

Che in appresso i detti antichi ricevitori e proposti dovranno nel termine di otto giorni presentarsi coi loro registri nanti l'Amministrazione dei loro rispettivi Distretti per rendere esatto conto della loro gestione da dieci anni a questa parte ; quale operazione fatta, sarà il tutto trasmesso agli Amministratori del Dipartimenio colle osservazioni degli Amministratori del Distretto.

Si è di poi proceduto alla nomina dei soggetti che comporre debbono le diverse Dogane e proposture del Dipartimento, incominciando da quella di Bastia ; su di che il Signor Presidente ha annunciato che alla nomina di questi soggetti ci si sarebbe proceduto per mezzo d'un scrutinio individuale, e alla pluralità relativa dei suffragi. Li scrutatori avendo preso piazza all'intorno dello scagno, l'appello nominale è stato fatto, e tutti i Signori Amministratori presenti hanno ostensibilmente deposto il loro bollettino nel vaso a questo effetto destinato, e fattane la enumerazione, si sono ritrovati uguali al nnmero dei deliberanti. I bollettini essendo stati aperti, ed esaminati dagli scrutatori, hanno questi annunciato che il risultato dei suffragi dava la pluralità di essi in favore dei Signori : Angelo Francesco Bernardini, per la carica di Direttore della Dogana di Bastia ; Claudio Luigi Rousseau, per quella di Controllore ; Santo Giordani, per quella di estimatore ; per l'impiego di primo scrivano, Francesco Andreani ; per quello di secondo scrivano, Giuseppe Saverio Ciavaldini ; per ufficio di pesatore, Arcangelo Izzo ; per brigadiere in primo, Luigi Gagliardi ; per brigadiere in secondo, Antonio Simoni. In conseguenza, il Consiglio Generale ha proclamato i detti Signori Bernardini, Rousseau, Giordani, Andreani, Ciavaldini, Izzo, Gagliardi e Simoni per le rispettive loro cariche, impieghi ed uffizi di Direttore, controllore, estimatore, scrivani in primo ed in secondo ; e per le guardie, tanto per quelle della Dogana di Bastia, che per tutte l'altre Dogane e preposture dell'Isola, sarà loro deliberata una commissione sulla presentazione che ne verrà fatta al Dipartimento dai rispettivi Direttori e preposti, dai quali saranno dipendenti, col carico però a dette guardie di prestare nanti al Direttorio dei Distretti ove saranno situate, il giuramento di esercitare con fedeltà e con esattezza il loro uffizio, e far trascrivere sui registri del Distretto la loro commissione.

Si è collo stesso ordine, e osservando le stesse formalità, proceduto per scrutinii separati alla nomina degl'impiegati delle altre Dogane e preposture del Dipartimento, e gli scrutatori hanno annunciato alla fine di ciascheduno scrutinio, regolato dogana per dogana, e prepostura per prepostura, che per la Dogana di Rogliano, aveano riportato la pluralità de'voti i Signori : Domenico Maria Ferrandini per Direttore ; Giuseppe Maria Lanfranchi controllore ed estimatore ; Stefano Pietri, per visitatore, e Bitterlet per brigadiere ; — per la prepostura di Erbalunga il Sig. Domenico Pietri, e per quella di Canari, Nonza e Ogliastro, il Sig. Giorgio Saliceti ; — per la Dogana di San Fiorenzo, la pluralità si è riunita in favore del Signor Bartolomeo Morati per Direttore, e Giuseppe Arena per controllore ed estimatore ; — per l'Isola Rossa, i Signori Le Goff per ricevitore, Giuseppe Segni per controllore, e Luigi Orticoni per visitatore ed estimatore ; — per la Dogana della città di Calvi, la maggiorità dei suffragi era caduta in favore dei Signori Antonio Panattieri per Direttore, e Domenico Ceccaldi per controllore; — alla Piana il Signor Andrea Alessandri per preposto, ed in Cargese il Signor Stefanopoli per preposto; — per la Dogana di Bonifacio, i Sig. Domenico Cresci, per Direttore, e Francesco Serafini per controllore ed estimatore; — per Portovecchio, il Sig. Quenza, antico direttore; per la prepostura di Propriano, il Sig. Besancour; — per quella di Tizzano, Francesco Maria Brandi; — per la Dogana di Ajaccio, i Signori Domenico Spoturno, ricevitore; Carlo Sapia, controllore; Giuseppe Monero, estimatore; Pietro Barbieri, visitatore; Giovanni Vallerio Forcioli, scrivano; Lazaro Costa, pesatore; Matteo Bonelli, sottobrigadiere; — per Cervione, il Sig. Federico Cotoni, ricevitore; — per la prepostura di Aleria, il Sig. Luigi Cotoni; — per San Pellegrino, il Sig. Carlo Francesco Giafferi, ricevitore.

Il Consiglio Generale ha proclamato i suddetti Signori Ferrandini, Lanfranchi, Pietri, Bitterlet, Pietri Domenico, Saliceti, Morati, Arena, Le Goff, Segni, Orticoni, Panattieri, Ceccaldi, Alessandri, Stefanopoli, Cresci, Serafini, Quenza, Besancour, Brandi, Spoturno, Sapia, Monero, Barbieri, Forcioli, Costa, Bonelli, Cotoni, Luigi e Giafferi per le rispettive cariche, impieghi ed uffizi di sopra enunciati.

Il Sig. Vice-Presidente ha terminata la sessione e l'ha rimandata a domani alle ore nove della mattina.

FELCE, *Vice-Presidente.*
PANATTIERI, *Segretario-Generale.*

Martedì 19 Ottobre 1790

(*Sessione della mattina*).

L'anno 1790, li 19 del mese d'ottobre, alle ore nove della mattina,

Il Consiglio Generale dell'Amministrazione del Dipartimento

di Corsica si è riunito nella sala del Dipartimento. Fatta lettura del processo verbale dell'ultima sessione, uno dei Signori Amministratori ha detto che era di tutta necessità per prevenire ogni sorta d'inconvenienti, di esclarare la deliberazione presa dal Consiglio Generale nella sessione de' 12 del corrente, rapporto ai passaporti per l'imbarco de' militari ed al certificato del quale devono essere provvisti per ottenerli dai Distretti.

La materia discussa, e il Procurator Generale Sindaco inteso,

Il Consiglio Generale del Dipartimento, esclarando la deliberazione presa il giorno 12 del corrente, concernente i certificati e passaporti per imbarco, dichiara che tutti i cittadini esistenti nel Dipartimento, i militari compresi, saranno tenuti di conformarsi alla detta prima deliberazione, e che per conseguenza anche i militari saranno tenuti di munirsi del certificato degli uffiziali municipali della loro guarnigione, e dei passaporti dei rispettivi Distretti, i quali però non potranno essere loro deliberati che dopo un certificato dei rispettivi loro comandanti; che copia della presente deliberazione sarà spedita ai Distretti dell'Isola perchè la trasmettano alle municipalità, e ai diversi scagni di sanità e di marina della loro giurisdizione, acciò si conformino esattamente al contenuto nella medesima.

L'ordine del giorno avendo richiamato la discussione sopra il trattamento dei Consiglieri del Dipartimento, è stata questa unanimamente aggiornata prima dello scioglimento del Consiglio Generale.

Essendo stato proposto un supplemento all'istruzione deliberata nella sessione dei 9 del corrente, il Consiglio, inteso l'avviso di diversi membri, udito il Procurator Generale Sindaco, lo ha arrestato nella maniera seguente per essere incessantemente spedita a tutti i Distretti del Dipartimento.

Supplemento all'istruzione.

Desiderando, Signori, di secondare con tutte le nostre forze le viste benefiche dell'Assemblea Nazionale, e di conformarci alla saggezza delle sue istruzioni, vi spediamo annesso alla presente uno stato, ove sono annunciate alcune questioni essenziali relative alla mendicità.

Il bene dell'umanità e l'interesse dell'ordine pubblico esigono la sua estinzione, ma è necessaria la conoscenza del male al quale si vuole rimediare, ed è essenziale di essere instruiti dei bisogni indispensabili di coloro che la vecchiaja, le infermità, e la debolezza dell'età impediscono di procurarsi col loro travaglio la sussistenza, per non prodigare senza necessità i soccorsi, i quali augmentarebbero con indiscrezione le cariche pubbliche.

Farete dunque, Signori, pervenire in ogni capo luogo dei cantoni del vostro Distretto questi stati ed ordinerete a tutti gli ufficiali municipali e prefetti delle comunità di riunirsi con ogni prontezza nel capo luogo del loro cantone, affine che ivi assemblati indichino la quantità della popolazione, dei fuochi delle loro communità, il numero di quelli che non pagano alcuna tassa, di quelli che pagano la contribuzione di una o due giornate, il numero dei vecchi che non possono più travagliare, e quegli degli infermi, e rispondino alle altre questioni presentate in questi stati, riempiendone il modello, del quale ne farete due copie per conservarsi una nel vostro archivio, l'altra in quello di ciascheduna municipalità.

Dopo che vi saranno trasmessi questi stati, voi vi assicurerete delle informazioni datevi e della verità delle risposte. Il Comitato della mendicità richiama questa vigilanza, perchè l'economia delle finanze, la tranquillità pubblica e la felicità generale dipendono ancora dalla scrupolosa esattezza delle relazioni che ci darete a questo riguardo. Occupatevene immediatamente e specificatene il risultato, se non volete permettere che li poveri mendicanti del vostro Distretto perdano il frutto prezioso dei soccorsi che l'Assemblea Nazionale vuole decretare incessantemente in sollievo delle miserie che l'opprimono.

Il Sig. Vice-Presidente ha terminata la sessione e l'ha rimandata a domani alle ore nove della mattina.

FELCE, *Vice-Presidente.*
PANATTIERI, *Segretario Generale.*

Mercoledì 20 Ottobre 1790

(*Sessione della mattina*).

L'anno 1790, li 20 del mese d'ottobre, alle ore nove della mattina,

Il Consiglio Generale dell'Amministrazione del Dipartimento di Corsica, essendosi riunito nella sala del Dipartimento, è stata fatta lettura di diverse suppliche alle quali è stata data la necessaria spedizione.

In seguito, avendo preso in considerazione la lettera scritta dai Signori Gian Francesco Ceccaldi, Antonio Castelli, e Domenico Alfonsi di Calvi, in data dei diecisette del corrente, relativamente alle ragioni che li avevano indotti ad aderire alla sospensione della partenza dei sessanta soldati Svizzeri richiesti dagli Amministratori del Distretto,

Intesi gli avvisi di diversi membri, udito il Procurator Generale Sindaco,

Il Consiglio Generale ha dichiarato che i Signori Ceccaldi, Castelli e Alfonsi che hanno segnata l'opposizione per la partenza della truppa richiesta dal Distretto dell'Isola Rossa, dovranno presentarsi fra tre giorni nanti gli Amministratori di quel Distretto per render ragione della loro opposizione alla partenza del distaccamento suddetto, e dire che mai non hanno avuto intenzione di sottrarsi alla sommissione dovuta agli ordini di quel corpo.

Uno dei membri ha detto che gli Amministratori del Distretto di Cervione si erano divisi in diverse commissioni ambulatorie, ciò che non riempiva punto gli oggetti principali, su dei quali dovevano occuparsi; che era necessario d'ingiunger loro di prontamente riunirsi nel capo luogo.

Udito il Procurator Generale Sindaco, la materia posta in deliberazione,

Il Consiglio Generale ha deliberato che tutti gli Amministratori del Distretto di Cervione, che si trovano dispersi nei diversi cantoni in commissioni, dovranno immediatamente rendersi in Cervione, ed ivi riuniti fare i travagli prescritti dai decreti dell'Assemblea Nazionale; in conseguenza sarà loro scritta lettera perchè si uniformino al contenuto nella presente deliberazione.

Il Sig. Vice-Presidente ha terminata la sessione e l'ha rinviata alle ore nove della mattina di domani.

FELCE, *Vice-Presidente*.
PANATTIERI, *Segretario Generale*.

Giovedì 21 Ottobre 1790.

(*Sessione della mattina*).

L'anno 1790, li 21 del mese d'ottobre, alle ore nove della mattina,

Il Consiglio Generale dell'Amministrazione del Dipartimento

di Corsica si è riunito nella solita sala, e dopo d'aver intesa la lettura di molte lettere, indirizzi e memorie alle quali si sono fatte diverse provvisioni, il Procurator Generale Sindaco ha detto che era necessario di sollecitare il Sig. Barbaggi per il pronto rendimento di conti dell'amministrazione avuta nel Comitato Superiore.

Intesi gli avvisi di diversi Deputati,

Il Consiglio Generale ha deliberato che sarà scritta nella giornata lettera al Sig. Barbaggi, affinchè fra tre giorni renda un esatto conto delle somme che son pervenute a sue mani nel tempo che è stato Presidente del Comitato Superiore, e a quest'effetto copia della presente deliberazione sarà riunita alla lettera, perchè ci si conformi.

Il Consiglio Generale si è in seguito occupato della lettura di diversi stati e piani relativi alla distribuzione del pagamento della sovvenzione, e su delle riforme economiche che potrebbonsi fare, come pure di diversi conti relativi al rendimento della gestione degli antichi Amministratori, quali sono stati rimessi alle diverse commissioni per occuparsene, e prenderli in considerazione ne' loro travagli.

Il Sig. Vice-Presidente ha terminata la sessione e l'ha rimandata a dimani alle ore nove della mattina.

FELCE, *Vice-Presidente.*
PANATTIERI, *Segretario Generale.*

Venerdì 22 Ottobre 1790

(*Sessione della mattina*).

L'anno 1790, li 22 mese d'ottobre alle ore nove della mattina,

Il Consiglio Generale dell'Amministrazione del Dipartimento

di Corsica si è riunito nella sala Dipartimentale. È stata fatta lettura del processo verbale delle precedenti sessioni, e fra le diverse suppliche indirizzate all'Amministrazione, il Consiglio Generale ha preso in considerazione quelle che riguardano le differenze e gl'inconvenienti arrivati in Bonifacio per le acrimonie che regnano fra diverse famiglie di quella città, quali hanno divisi quegli abitanti in due partiti, ciò che occasiona sovente dei torbidi e l'alterazione di quella tranquillità cotanto necessaria per poter godere dei frutti che la nuova Costituzione ha preparati ai popoli.

Intesi gli avvisi di diversi membri, udito il Procurator Generale Sindaco,

Il Consiglio Generale ha determinato che i Signori Boerio, Quenza e Colonna Leca, commissari a questo effetto nominati, saranno incaricati d'esaminare le rispettive scritture delle parti, e sentire le ragioni da esse medesime personalmente, se lo giudicano a proposito, per prendere quegli schiarimenti e informazioni che stimeranno, per quindi presentare al Consiglio Generale il loro rapporto per esservi definitivamente deliberato in quella maniera che si crederà la più propria e la più giusta.

Il Consiglio Generale si è in seguito occupato della discussione di diverse materie di contabilità, che per la loro intrigatezza non hanno potuto terminarsi, e si sono aggiornate alle sessione susseguenti.

Il Sig. Vice-Presidente ha terminata la sessione, e l'ha rimandata a domani alle ore quattro dopo il mezzo giorno.

FELCE, *Vice-Presidente.*
PANATTIERI, *Segretario Generale.*

Sabato 23 Ottobre 1790

(*Sessione delle sera*).

L'anno 1790, li 23 del mese d'ottobre, alle ore quattro pomeridiane,

Il Consiglio Generale dell'Amministrazione del Dipartimento di Corsica si è riunito nella sala Dipartimentale, e dopo la lettura delle suppliche e lettere indirizzate all'Amministrazione, per cui sono stati determinati e i diversi provvedimenti e le risposte, uno dei Signori Amministratori ha detto che la giustizia era in una assoluta inazione, al che aveva infinitamente contribuito l'assenza degli ufficiali di giustizia dalle rispettive loro giurisdizioni; che era della prudenza del Dipartimento d'occuparsi seriamente su di un oggetto così importante e prendere con prestezza un partito analogo alle attuali circostanze, che in conseguenza votava perchè fosse ordinato agli ufficiali delle giustizie reali di rendersi tra un brieve termine alle rispettive loro giurisdizioni.

Intesi gli avvisi di diversi membri, udito il Procurator Generale Sindaco,

Il Consiglio Generale ha unanimamente deliberato che tutti gli ufficiali delle giustizie reali attualmente in esercizio dovranno fra otto giorni rendersi nelle rispettive loro giurisdizioni, ammeno che non abbino delle ragioni valevoli per essere esentati, quali dovranno essere riconosciute e giudicate tali dal Dipartimento; che in mancanza di ciò fare, oltre la privazione de' loro appuntamenti, saranno risponsevoli di tutti i disordini ed inconvenienti che potranno arrivare alle loro giurisdizioni; che copia della presente deliberazione sarà trasmessa con tutta celerità a tutti i detti ufficiali di giustizia che si trovano fuori delle loro gturisdizioni, egualmente che ai Direttori de'Distretti, affinchè i primi si conformino esattamente al contenuto nella medesima, facendo constare al Dipartimento della loro residenza, e gli ultimi tengano la mano per l'esecuzione.

Uno dei Signori Amministratori ha proposto la lettura d'una memoria di diverse comunità del Distretto di Vico, contenente dei riclami contro la colonia Greca stabilità in Cargese.

Il Consiglio Generale ha aggiornata la discussione di questo affare alla fine delle sue sessioni.

Il Sig. Vice-Presidente ha levata la sessione, e l'ha rimandata a lunedi venticinque del corrente, alle ore nove della mattina.

     FELCE, *Vice-Presidente.*
     PANATTIERI, *Segretario Generale.*

Lunedì 25 Ottobre 1790

(*Sessione della mattina*).

L'anno 1790, li 25 del mese di ottobre, alle ore nove della mattina,

Il Consiglio Generale dell'Amministrazione del Dipartimento di Corsica si è riunito nella solita sala. È stata fatta lettura del processo verbale delle precedenti sessioni. Dopo di che il Procurator Generale Sindaco ha detto che l'Assemblea Nazionale, volendo sollevare la Francia dal peso dell'eccessiva gabella del sale, ha resa questa derrata mercantile colla condizione però di rimpiazzare l'ammontare del prodotto sulla contribuzione territoriale;

Che in Corsica il sale si vendeva a lire sei e soldi cinque il cantaro, e produceva 80,000 lire annue all'antica amministrazione ;

Che l'agricoltura ha bisogno di sollievo in quest'Isola, e d'incoraggimento. I popoli sono generalmente disposti a lasciar sussistere il sale sull'antico piede per non aggravare il coltivatore, ed il proprietario ;

Che la Corsica è d'altronde suscettibile di formare e ristabilire le sue saline ; dalle quali ne ritirerebbe non solo il sale che gli è necessario, ma per farne un oggetto di commercio ;

Che sarebbe frattanto espediente che si supplicasse l'Assemblea Nazionale di voler permettere a questo Dipartimento di lasciar sussistere la vendita del sale per conto pubblico al prezzo medesimo, e di poterlo ritirare dalla Sardegna, finchè non siano costrutte le saline del paese, e che in conseguenza il Sig. Saliceti sia incaricato di rappresentare all'Assemblea Nazionale questo nostro bisogno e di sollecitare un decreto.

Intesi gli avvisi di diversi membri, la materia posta in deliberazione,

Il Consiglio Generale ha unanimamente deliberato che l'Assemblea Nazionale sarà supplicata di far sussistere in Corsica la vendita del sale per conto pubblico, allo stesso prezzo di franchi sei e soldi cinque il cantaro, conforme si vendeva per l'avanti, e di poterlo ritrarre dalla Sardegna fin a tanto che siano costrutte le saline del paese ; che il Sig. Saliceti, deputato all'Assemblea Nazionale, sarà incaricato di rappresentare a quell'Augusto Senato la località e i bisogni della Corsica e di sollecitarne un decreto.

In seguito uno dei membri ha fatto sentire la necessità d'occuparsi dell'articolo delle decime e della sovvenzione. Questa mozione è stata aggiornata, cioè riguardo alle decime, a mercoledì ventisette del corrente, e per la sovvenzione al giorno seguente.

Il Sig. Vice-Presidente ha terminata la sessione, e l'ha rimandata a mercoledì alle ore nove della mattina, le diverse commissioni dovendo nella giornata di domani occuparsi respettivamente di diversi travagli, dei quali sono incombenzati dal Consiglio Generale.

FELCE, *Vice-Presidente*,
PANATTIERI, *Segretario Generale*.

Mercoledì 27 Ottobre 1790
(*Sessione della mattina*).

L'anno 1790, li 27 del mese d'ottobre, alle ore nove di mattina,

Il Consiglio Generale dell'Amministrazione del Dipartimento di Corsica si è riunito nella solita sala. Dopo la lettura di diverse lettere e memorie, indirizzate all'Amministrazione Generale, uno dei Signori Amministratori ha detto che Tallano essendo stato fissato per capoluogo di Distretto, diveniva indispensabile di stabilirvi con prontezza uno scagno di posta; siasi per la spedizione dei decreti dell'Assemblea Nazionale, che per la corrispondenza che deve avere il corpo amministrativo che vi risiede, col Dipartimento e con gli altri Distretti e Comunità della Corsica; che questo stabilimento non avrebbe accresciuto alcuna spesa al Dipartimento, facendovi trasportare quello che esiste in Sartene, ove si potranno in altra maniera far passare le lettere fino a che vi esisterà il Tribunale di giustizia.

La materia dibattuta, udito il Procurator Generale Sindaco,

Il Consiglio Generale ha deliberato che sarà scritta lettera al Direttor Generale delle Poste per invitarlo a far trasportare in Tallano lo scagno delle poste esistente in Sartene, prendendo però delle misure, affinchè le lettere di quella città, fino a che vi esisterà il Tribunale di giudicatura, vi siano portate da un pedone.

Un membro dell'Amministrazione ha osservato che nella sessione de' diecinove del corrente, era stato deliberato che tutti i cittadini, i militari compresi, che devono passare in Terraferma, saranno tenuti di munirsi dei certificati degli uffiziali municipali del luogo ove sono in guarnigione, e dei passaporti dei rispettivi Distretti ;

Che trovandosi una parte delle truppe regolate in guarnigione nei luoghi ove non esiste il capoluogo del Distretto, per riempire tutte queste formalità, dovrebbero far dei viaggi e delle spese, ciò che sconcerterebbe in qualche parte gli ordini del servizio ;

Che il riempimento di queste stesse formalità potrebbe occasionare del pregiudizio considerevole ai mercanti, padroni e marinari, obbligati sovente a partire da un momento all'altro ;

Che in conseguenza votava per una modificazione in favore dei militari, mercanti, padroni e marinari.

La materia discussa, udito il Procurator Generale Sindaco,

Il Consiglio Generale ha unanimamente deliberato che le truppe regolate che si ritrovano in guarnigione nelle piazze distanti dai capiluoghi dei Distretti, non avranno bisogno d'altri certificati per imbarcarsi per Terraferma, che quelli degli ufficiali municipali dei luoghi ove sono in guarnigione, e del comandante del loro corpo ; che i padroni, marinari e mercanti di professione non avranno bisogno che del certificato della municipalità ; che copia della presente deliberazione sarà spedita ai Distretti, affinchè la trasmettano alle rispettive municipalità, scagni di marina e di sanità della loro giurisdizione.

Uno dei Signori Amministratori ha detto che era della prudenza del Consiglio Generale di occuparsi seriamente degli articoli delle decime e altri diritti ecclesiastici, la di cui percezione è rimasta sospesa, e si ricusa di pagare, con grave danno e pregiudizio dei ministri del Santuario ; che l'Assemblea Nazionale coi replicati suoi decreti aveva fatto conoscere chiaramente ai popoli ingannati la sua intenzione a questo riguardo ; che il Dipartimento dovrebbe con una sua proclamazione richiamar loro alla memoria i detti decreti.

Intesi diversi membri, udito il Procurator Generale Sindaco, e la materia posta in deliberazione,

Il Consiglio Generale ha unanimamente deliberato che, conformemente alle disposizioni dei decreti dell'Assemblea Nazionali dei quattordici e venti aprile, ventitre giugno, tredici luglio e quindici agosto prossimi passati, le decime e altri diritti ecclesiastici saranno pagati sull'istesso piede, e nella stessa forma che si pagavano negli anni antecedenti ; che gli affittuari di dette decime saranno tenuti di sodisfare il montante de'loro affitti e autorizzati a costringere i debitori contribuibili; che i Direttori dei Distretti e le municipalità dell'Isola dovranno proteggere questa percezione, e impiegare tutti i mezzi che sono nel loro potere, perchè venga sodisfatta, e dare agli affittuari e altre persone incaricate di detta esazione, in caso di bisogno, la necessaria manforte ; che a questo effetto sarà formata una proclamazione per richiamare alla memoria dei popoli il disposto delle leggi, e per invitarli ed uniformarvisi ed eseguire il contenuto.

Dopo di che è stata regolata la progettata proclamazione nella maniera seguente :

Proclamazione del Consiglio Generale dell'Amministrazione del Dipartimento di Corsica, concernente il pagamento delle decime ed altri diritti ecclesiastici per l'anno intiero mille sette cento novanta.

Il Consiglio Generale del Dipartimento è informato che in varie comunità della Corsica il pagamento delle decime o altri diritti ecclesiastici è stato sospeso o rifiutato per parte dei *contribuibili*. Egli avrebbe attribuito questo rifiuto ad una falsa o prematura interpretazione del decreto dell'Assemblea Nazionale de' 15 agosto e giorni susseguenti, se essa non avesse dichiarato con replicati decreti resi posteriormente, che intendeva che il pagamento d'ogni sorta di decime ecclesiastiche, tanto in natura che in danaro, sarebbe soddisfatto durante il presente anno 1790, come per lo passato, e se non avesse perfino prescritte delle pene severe contro quelli che persistessero a fare questa ricusa.

L'imperiosa necessità di provvedere alla sussistenza dei ministri della religione, il rispetto dovuto anche per questo anno alla percezione di un diritto che assicurava questa sussistenza, la determinazione dell'epoca da cui dovrà principiare il godimento del salario attribuito agli ecclesiastici impiegati al servizio del culto pubblico, fissata al 1º gennajo 1791, sono i motivi che rendono indispensabile anche per l'anno corrente il pagamento delle decime, ed essendo un dovere dei corpi amministrativi specialmente di proteggere ed assicurare questa contribuzione, il Consiglio Generale del Dipartimento ha unanimamente deliberato ed ordinato che, conforme alle disposizioni delle lettere patenti del Re sopra il decreto dell'Assemblea Nazionale dei 14 e 20 aprile all'art. 3; di quelle sopra il decreto de' 23 giugno agli art. I, IV, V e VI; di quelle sopra il decreto dei 13 luglio agli art. I e II, e finalmente di quelle de' 15 agosto, saranno soddisfatte per tutto l'anno corrente 1790 le decime o altri diritti ecclesiastici, sullo stesso piede, e nella medesima forma, siasi in danaro che in natura, che lo sono state negli anni antecedenti; in conseguenza, che gl'appaltatori o affittuari delle decime, tanto in danaro che in natura, dovranno soddisfare il montante de' loro affitti secondo le convenzioni che ponno essere state fatte, e gli usi precedentemente praticati, salvo ad essi a far costringere i debitori contribuibili, conforme è ordinato dalle date lettere patenti.

È ingiunto ai Direttori dei Distretti ed alle municipalità di impiegare tutti i mezzi che sono in loro potere per assicurare questa percezione, e di far prestare in caso di bisogno, tanto agli affittuari che alle persone incaricate di detta percezione, la protezione e manforte necessarie, conforme è prescritto dai suddetti decreti, senza pregiudizio dei processi da istruirsi dai giudici ordinari contro gli autori, fautori e sollecitatori del rifiuto della detta contribuzione, all'effetto di che saranno questi dalle rispettive municipalità denunziati ai tribunali nel più breve termine che sia possibile, sotto pena di risponderne personalmente.

Esorta finalmente tutti i buoni cittadini ad uniformarsi ed ubbidire con sommissione ed esattezza alla legge col pagare anche per quest'anno la contribuzione di cui si tratta, e si lusinga che lo faranno tanto più sollecitamente che non devono ignorare che questo gravame del popolo deve intieramente cessare sul principio dell'anno venturo, siccome è stato decretato dall'augusta Assemblea Nazionale.

E sarà la presente proclamazione stampata, letta, pubblicata ed affissa in tutte le comunità dell'Isola alla diligenza del Procurator Generale Sindaco.

Il Sig. Vice-Presidente ha levata la sessione e l'ha rinviata a domani vent'otto del corrente, alle ore nove della mattina.

FELCE, *Vice-Presidente*.
PANATTIERI, *Segretario Generale*.

Giovedì 28 Ottobre 1790.

(*Sessione della mattina*).

L'anno 1790, li 28 del mese d'ottobre, alle ore nove della mattina,

Il Consiglio Generale dell'Amministrazione del Dipartimento

di Corsica si è riunito nella solita sala, e dopo d'aver fatto lettura del processo verbale delle precedenti sessioni, e provveduto su diverse materie e lettere statele indirizzate, uno dei Signori Amministratori ha osservato che si era fatto la leva, e l'assoldamento di cinquanta uomini per il servizio dei Distretti e Dipartimento; che era convenevole d'ispettare detta truppa per verificarne lo stato e fare quelle osservazioni che sono necessarie, perchè il servizio venga fatto con esattezza.

Il Consiglio Generale, udito il Procurator Generale Sindaco, ha deliberato che i Signori Mattei, Casabianca e Colonna Leca saranno incaricati di fare l'ispezione dei cinquanta uomini che si sono assoldati per il servizio del Dipartimento e del Distretto di Bastia; prendere in detta ispezione le informazioni e schiarimenti, e farne in seguito il loro rapporto al Consiglio Generale.

Una lagnanza presentata da un Caprarese, marinaro impiegato su i battelli di posta, e rinviata dal Tribunale all'Ammiragliato, ha dato luogo a delle osservazioni sulla distribuzione degl'impieghi che si danno sui detti battelli di posta e sui felugoni e guardacoste. Uno dei membri ha detto che questa distribuzione doveva essere fatta sopra le piazze marittime dell'Isola, e proporzionata alla loro marinaria.

Udito il Procurator Generale Sindaco,

Il Consiglio Generale ha incaricato il Sig. Peraldi di presentare un piano per la distribuzione degl'impieghi dei bastimenti di posta e felugoni, per essere arrestato in quella guisa che sarà riputata la più conveniente.

In seguito il Procurator Generale Sindaco ha detto:

« La sovvenzione in natura è stata aggiudicata in quest'ultimo triennio dal 1º aprile 1788 al 1º aprile 1791 per l'annua somma di lire 244,225, 9 soldi e 4 danari.

» Molti aggiudicatari non hanno soldato neppure la prima annata.

» Nella seconda son divenuti affatto ritrosi, di maniera che la cassa degli stati è creditrice di somme rilevanti.

» Il popolo informato di questa cessazione di pagamenti, e temendo con ragione che accumulandosi il debito degl'aggiudicatari, sarebbe divenuto impossibile di ritirare dalle loro mani il prezzo degli affitti, ha giudicato a proposito di rifiutare ai medesimi l'ordinaria contribuzione per l'annata 1790, offerendosi pronto di versare il montante ai mani dei ricevitori, che la nazione avrebbe commessi.

» L'Assemblea Nazionale frattanto ha con diversi decreti ordinato che in questa isola si continui a pagare la sovvenzione in natura per la suddetta annata.

» Questa percezione non potrebbe più effettuarsi in natura, poichè la massima parte dei contribuenti ha già consumata la raccolta delle sue derrate, e perchè a questa epoca sarebbe difficile di conoscere al giusto la qualità e quantità che ciascun individuo ha percepite.

» Costretti da una parte dall'obbligo di far eseguire i decreti dell'Assemblea Nazionale relativi alla suddetta imposizione, e riflettendo dall'altra che il Re esigeva dai Corsi la somma di lire 120.000, sopra la sovvenzione, e che il di più di questa somma che si pagava era concesso agli Stati del paese per esser impiegato in miglioramento della sua agricoltura e della sua industria, e per supplire alle spese per la tenuta delle Assemblee generale e particolari, ed altri carichi nazionali, le quali spese non hanno avuto luogo in detto anno, e negli anni antecedenti, perchè gli elettori delle medesime non sono stati compensati, ed avendo inoltre riguardo alla sterilità delle raccolte, ed alla miseria di un popolo oppresso e desolato dagli eccessivi ed onerosi gravami impostigli sotto l'antica amministrazione, ha proposto, sotto il buon piacere dell'Assemblea Nazionale, che l'Amministrazione del Dipartimento si contenti d'esigere per detta annata la somma di lire 162,822, 19,5 pagabile in danaro in due rate, cioè la prima subito che sarà fatta la ripartizione e formato il ruolo per l'esazione, e la seconda all'epoca che il Direttorio del Dipartimento giudicherà convenevole, avuto riguardo ai tempi, nei quali si potrà fare questa riscossione col minore incomodo dei popoli. »

La materia messa in deliberazione, inteso l'avviso dei diversi membri del Dipartimento,

Il Consiglio Generale aderendo al requisitorio del Procurator Generale Sindaco, ha deliberato di far pagare la somma di lire 162,822, 19,5 sopra la totalità dell'aggiudicazione delle pievi per la sovvenzione in natura del 1790, e che con questa proporzione tutte le comunità pagheranno la quota che sarà fissata nei mandati da spedirsi ai Distretti, e da questi agli ufficiali municipali di ogni rispettiva comunità.

La qual ripartizione è stata fatta colla più esatta giustizia dai Signori Commissari incaricati di questo travaglio.

Ed affinchè si proceda all'esigenza di questo pagamento colla medesima regola ed esattezza, saranno obbligati tanto i contribuenti che gli ufficiali municipali di conformarsi all'istruzione che sarà qui appresso trascritta.

Il Consiglio Generale, conoscendo la disposizione dei popoli a concorrere allo stabilimento dell'ordine, e delle finanze del Dipartimento, è persuaso che si presteranno volontieri a soccorrere la nascente Amministrazione nel bisogno in cui si trova d'avere a ricuperare i suoi fondi arretrati per far faccia ai debiti contratti sotto l'antico governo e per sostenere i pesi annessi al presente. Egli si occupa di riformare gli abusi, di sollevare i popoli per tutti i mezzi che potranno operare il comune vantaggio, ed esorta tutti i buoni cittadini a dar prove del loro patriottismo, mostrandosi solleciti a secondare le viste degli Amministratori, che non hanno altra mira che di promovere la felicità dei popoli del Dipartimento.

Ha inoltre determinato di spedire la presente deliberazione

all'Assemblea Nazionale per ottenere il suo assenso; lusingandosi che essa vorrà discaricare le comunità del terzo della sovvenzione destinato al beneficio del paese, e non impiegato nelle scorse annate, e confidando egualmente che gli augusti rappresentanti della nazione francese, che ci hanno resa la libertà, ed il benefico monarca che non ha cessato finora di prestarsi ai nostri bisogni, avranno anche la generosità di favorire la regenerazione dell'Isola.

Istruzione per gli ufficiali municipali e contribuibili delle comunità del Dipartimento di Corsica, concernente il ripartimento e l'esazione della sovvenzione in danaro provvisoriamente imposta per l'annata dal 1º aprile 1790 al 1º aprile 1791.

Art. I. — Subito che gli ufficiali municipali avranno ricevuto il mandato dal Direttorio del Distretto, portante la quota di sovvenzione a cui sarà stata imposta la comunità per il pagamento dell'annata dal primo aprile 1790 al primo aprile 1791, inviteranno con una proclamazione che faranno affiggere alla porta della Chiesa e pubblicare dall'usciere nella comunità, tutti i contribuibili soggetti al pagamento del ventesimo, tanto delle derrate che hanno percepito dal primo aprile 1790 al primo aprile 1791, che degli erbatici, affitti e bestiami, e di qualunque altra cosa soggetta a detto ventesimo, in seguito del libro dei carichi, clausole e condizioni concernenti la percezione della sovvenzione in natura, dal primo aprile 1790 al primo aprile 1791, a fare la loro dichiarazione nel termine di otto giorni, dopo la pubblicazione della presente nanti lo scagno della municipalità, affinchè questa possa servir di base sicura alla ripartizione da farsi.

II. — Tutte le raccolte ed oggetti che erano sottoposti al ventesimo, secondo il detto quaderno dei carichi e clausole, dovranno esser dichiarati con esattezza per formare la massa delle somme che dovranno concorrere a fornire la quota pagabile per la sovvenzione di detta annata.

III. — Le dichiarazioni saranno fatte con giuramento, e chiunque ricuserà di farle sarà tassato dagli ufficiali municipali e notabili riuniti, senza che abbia più luogo a riclamare contro la tassa che le sarà stata fatta.

IV. — Tutti quelli che avranno fatto delle raccolte sopra i terreni delle comunità, nelle quali non saranno domiciliati, saranno tenuti di fare le loro dichiarazioni giurate alla cancelleria di quelle municipalità nel territorio delle quali i detti terreni si troveranno compresi, e non dichiarando, gli ufficiali municipali delle medesime procederanno a fissar loro la quota di sovvenzione, e oltre di non esser ricevuti nelle rappresentanze che sarebbero nel caso di fare contro la detta tassa, non potranno godere del benefizio della diminuzione del terzo di cui goderanno i contribuibili dichiarati.

V. — Tutti i contribuibili le di cui dichiarazioni saranno riconosciute infedeli, saranno privati del detto benefizio della diminuzione del terzo della loro quota, diminuzione di cui goderanno tutte le comunità del Distretto.

VI. — I beni comunali che avranno prodotto biade, frutti, erbatici, o altre derrate soggette al ventesimo, saranno compresi per la tassa di ripartizione, la quale sarà pagata sui fondi della comunità, se ne sarà stata ad essa pagata l'affitto ; in caso diverso, dovrà esser sopportata da quelle persone che avranno fatto delle raccolte sopra i detti beni comunali.

VII. — Per evitare ogni confusione e rendere più facile la percezione senza pregiudizio dei limiti delle rispettive comunità, i contribuibili per quest'annata pagheranno la loro quota di sovvenzione in danaro in quella comunità in cui l'avranno pagata ultimamente in natura, a mani degli aggiudicatari o proposti.

VIII. — Nel caso che qualche particolare abbia pagato in

natura delle derrate all'aggiudicatario o proposto o ai loro raccoltori per la suddetta annata, sarà in diritto di farsela restituire o esigere l'equivalente al prezzo che le derrate suddette valevano all'epoca che saranno state date, e gli ufficiali municipali costringeranno tali aggiudicatari o proposti alla detta restituzione.

IX. — Gli ufficiali municipali, spirato il termine degli otto giorni prescritti per le dichiarazioni, convocheranno i notabili, ed insieme uniti, si faranno presentare il registro delle dichiarazioni, e dopo di averle esaminate, procederanno alla fissazione della tassa pagabile, avendo in vista che tutti i contribuibili partecipino alla deduzione del terzo della loro quota di sovvenzione, osservando che la detta ripartizione e diminuzione non pregiudichi alla totalità imposta alla loro comunità, e che si troverà espressa sul mandato che le sarà stato trasmesso dal Direttorio del Distretto, la quale non potrà essere diminuita.

X. — Gli ufficiali municipali e notabili potranno farsi assistere da due o più calcolatori della stessa comunità.

XI. — Ultimato ed arrestato questo ruolo, sarà depositato nella segreteria della comunità e a ciascheduno sarà permesso di riconoscere la quota che le sarà stata imposta.

XII. — Questo ruolo che sarà sottoscritto, tanto dagli ufficiali municipali che dai notabili, sarà provvisoriamente messo in riscossione, salvo ai contribuenti che vi saranno descritti, e che non fossero contenti della tassa stata loro imposta, il loro ricorso al Direttorio del Distretto, ed in ultimo luogo a quello del Dipartimento, nanti del quale potranno far valere i loro riclami.

XIII. — I Direttori dei Distretti prima di far diritto sulle riclamazioni dei contribuibili, dovranno consultare gli ufficiali municipali, che avranno fatto la ripartizione.

XIV. — Il primo degli ufficiali municipali sarà incaricato dell'esigenza del ruolo, e questa dovrà farla per la prima metà della quota, alla quale ciaschedun contribuibile sarà stato imposto, aspettando che il Direttorio del Dipartimento fissi l'epoca per l'esazione della seconda metà.

XV. — L'ufficiale municipale incaricato di questa riscossione noterà nel margine in dirittura del nome del contribuibile che pagherà, le partite che avrà ricevute, e delibererà a ciascheduno una rivolta.

XVI. — Quindici giorni dopo che sarà fatta la riscossione presenterà al Direttorio del Distretto il detto ruolo, su di cui saranno notate le partite dei contribuibili, e verserà il montante esatto a mani del tesoriere del Distretto, ritirando quittanza della somma pagata.

XVII. — Sarà accordato a favore degli ufficiali municipali un diritto di colletta del due per cento sopra le somme effettive che avranno versate nella cassa del detto Tesoriere.

XVIII. — Del ruolo che sarà formato nelle comunità ne sarà fatto due copie, una delle quali sarà spedita al Direttorio del Dipartimento, e la seconda a quello del Distretto per avervi ricorso in caso di bisogno.

La presente deliberazione ed istruzione sarà stampata, letta e pubblicata in tutti i Distretti e comunità del Dipartimento per esservi eseguita secondo la sua forma e tenore.

È ingiunto ai Procuratori Sindaci di ogni Distretto di tenervi la mano per la sua piena esecuzione.

Il Sig. Vice-Presidente ha terminata la sessione e l'ha rimandata a domani alle ore nove della mattina.

FELCE, *Vice-Presidente.*
PANATTIERI, *Segretario Generale.*

Venerdì 29 Ottobre 1790

(*Sessione della mattina*).

L'anno 1790, li 29 del mese d'ottobre, alle ore nove della mattina,

Il Consiglio Generale dell'Amministrazione di Corsica si è riunito nella sala Dipartimentale. Uno dei membri del comitato delle ricerche ha fatto un rapporto su quanto è arrivato in Bonifacio per l'elezione di un nuovo prefetto, attesa la dimissione che aveva data il Sig. Materana, impiegato della marina.

Il Consiglio Generale del Dipartimento, informato dalla lettera scrittagli li 22 ottobre dai tre ufficiali municipali di Bonifacio, dalla deliberazione e protesta presentata al corpo municipale di detta città li 25 di detto mese da una gran parte di cittadini, dalla deposizione dell'usciere dei 23, dal processo verbale dell'Assemblea straordinaria seguita nella medesima città li 24 del suddetto mese, e da lettera scritta dal Presidente dell'Assemblea straordinaria li 25 pure d'ottobre che si sia proceduto alla nomina di un prefetto, attesa la dimissione del Sig. Materana;

Considerando che l'Assemblea dei cittadini attivi non è stata convocata dal corpo municipale, nè coll'intimazione d'otto giorni anticipati, conforme prescrive l'articolo ottavo del decreto costituzionale per l'organizzazione delle municipalità;

Che gli Amministratori del Distretto di Tallano, affine di prevenire gli inconvenienti che potevano risultare, attesa la disunione che regna fra gl'individui di quella città, e fra i medesimi municipali, avessero ordinato di sospendere detta elezione fino a nuovo ordine;

Che non ostante la comunicazione della lettera degli Amministratori fatta nell'Assemblea straordinaria dai Signori Malerba, Castelli e Monaco, ufficiali municipali, e la loro protesta di sospendere ogni operazione, si sia proceduto alla nomina del prefetto, la quale è caduta nel Sig. Ottaviano Aldovrandi;

Che finalmente il numero degli elettori eccitati a tener questa assemblea non ascende neppure al terzo dei cittadini attivi di quella città; che ha dimenticato tutte le regole di subordinazione che deve alla legge costituzionale ed agli Ammistratori del Distretto;

Ha dichiarato, e dichiara nulla ed incostituzionale il processo verbale dell'Assemblea straordinaria tenuta a Bonifacio li 24 ottobre; in conseguenza s'inibisce ad Ottaviano Aldovrandi di prendere il titolo di prefetto della città di Bonifacio, o di farne le funzioni, sotto le più gravi pene;

Delibera che per sedare gl'insorti rumori e per ristabilire l'ordine pubblico, sarà spedita una commissione in quella città, composta de' Signori Mario Peraldi, Giambattista Leoni e Giambattista Quenza, membri dell'Amministrazione del Dipartimento e del comitato delle ricerche, i quali sono autorizzati a chieder manforte al Sig. Cesari, comandante generale in secondo delle guardie nazionali, ed a tutti gli altri comandanti delle truppe civiche e regolari, per farsi assistere in questa loro operazione, e che frattanto si faranno scortare dalle guardie nazionali e da una compagnia svizzera, che prenderanno in Corte, per la quale sarà fatta domanda al Sig. Barrin;

Incarica i detti commissari d'impiegare tutti i mezzi di dolcezza per ricondurre il popolo nell'ordine prescritto dalle leggi, e di prendere tutte le informazioni per rinvenire quali siano stati i capi che l'hanno indotto a non eseguire la legge e gli ordini del Distretto, e nel caso che sia necessario per la pubblica tranquillità d'assicurarsi delle persone dei capi sediziosi, li autorizza a farli carcerare, e condurre ben cauti nelle prigioni di questa città;

Approva la condotta de' Signori Malerba, Castelli e Monaco ufficiali municipali, i quali, piuttosto che trasgredire agli ordini del corpo amministrativo, dopo d'averne data cognizione agli assemblati, ed aver loro fatto sentire l'irregolarità della loro condotta, si sono ritirati dall'assemblea;

Ordina che sia rimessa una somma di seicento franchi ai commissari per fornire alle spese, delle quali daranno conto al Direttorio del Dipartimento; dichiarando che le spese della presente commissione saranno a carica dei rei, e che dovranno sodisfarle sul mandato del Direttorio, subito che, dopo il rapporto della commissione, saranno riconosciuti e condannati;

Determina finalmente che il corpo municipale di Bonifacio debba convocare, sotto l'ispezione dei detti commissari, una nuova assemblea, in cui sarà scelto un nuovo prefetto, e sarà cambiata la metà degli ufficiali municipali, conforme all'art. 45 del decreto concernente l'organizzazione delle municipalità.

Uno dei Signori Amministratori ha detto che un espresso arrivato da Ajaccio annunziava la morte del Sig. Monero, che il Consiglio Generale aveva nei giorni addietro nominato per estimatore della Dogana di questa città; che il di lui figlio avea tutte le cognizioni necessarie per riempire quest'impiego, e in questa qualità l'ha presentato per rimpiazzare il padre.

Il Consiglio Generale ha nominato nelle forme accostumate il Sig. Monero figlio per estimatore della Dogana d'Ajaccio, al quale sarà spedita la sua commissione, col carico d'uniformarsi esattamente al regolamento del Consiglio Generale, spedito in tutti i Distretti del Dipartimento.

Il Sig. Vice-Presidente ha terminata la sessione e l'ha rinviata a domani alle ore nove della mattina.

FELCE, *Vice-Presidente.*
PANATTIERI, *Segretario Generale.*

Sabato 30 Ottobre 1790

(*Sessione della mattina*).

L'anno 1790, li 30 del mese d'ottobre, alle ore nove della mattina,

Il Consiglio Generale dell'Amministrazione del Dipartimento di Corsica essendosi riunito nella sala dipartimentale, è stata fatta lettura del processo verbale delle sessioni precedenti, come pure si sono prese in considerazione diverse memorie indirizzate all'Amministrazione ; alle quali si è provvisto, egualmente che sulle diverse lettere pervenute col corriere precedente dai diversi Distretti e municipalità del Dipartimento.

Dopo di che uno de'Signori Amministratori ha fatto lettura d'un progetto di proclamazione concernente il servizio delle guardie nazionali, quale, dopo d'essere stata discussa e modificata, udito il Procurator Generale Sindaco, è stata unanimemente deliberata nella maniera seguente :

Proclamazione del Consiglio Generale del Dipartimento di Corsica concernente il servizio delle Guardie Nazionali, del 30 ottobre 1790.

Il Consiglio Generale del Dipartimento, volendo prevenire tutte le difficoltà che possono insorgere tra i corpi municipali e le guardie nazionali per ragione di servizio, fin tanto che l'Assemblea Nazionale ne abbia decretato l'organizzazione, difficoltà che potrebbero alterare l'armonia e l'ordine dei decreti già emanati, saranno osservate le seguenti disposizioni :

Art. 1. — Le guardie nazionali potranno montar la guardia volontariamente in quel numero, e nei posti che saranno fissati di concerto fra il corpo municipale ed il loro comandante,

Art. 2. — Alcuno dei cittadini non sarà forzato o costretto nè personalmente, nè in alcun'altra maniera a montar la guardia, se gli uffiziali municipali e i corpi amministrativi non giudicheranno che ve ne sia bisogno, nel qual caso ogn'uno sarà tenuto di montar la guardia al suo giro.

Art. 3. — Le compagnie delle guardie nazionali di tutte le comunità di Corsica resteranno sul piede medesimo in cui sono state formate, egualmente che gli stati maggiori, finchè l'Assemblea Nazionale non ne abbia decretato l'organizzazione e prescritto il servizio.

Art. 4. — I cittadini maggiori d'anni diciotto si dovranno conformare al decreto concernente l'iscrizione civica, se vogliono godere dei diritti di cittadino attivo.

Art. 5. — I cittadini e guardie nazionali continueranno ad avere ogni riguardo per le truppe regolate, ed in caso che qualche particolare andasse ad insultarle, presteranno la loro assistenza per farlo arrestare, affinchè sia punito severamente.

Art. 6. — Il Consiglio Generale esorta le municipalità a provvedere per mezzo di proclamazioni di polizia a che:

1º Dopo suonata la ritirata dei cittadini, alcuno non possa passeggiare senza lume a fuoco, e le sentinelle sono autorizzate ad impedirgli il passaggio, e le pattuglie ad arrestarlo e condurlo nei corpi di guardia;

2º A che niuno possa portar armi da fuoco in chiesa, udienza, assemblea e luoghi pubblici;

3º A che nelle città e capiluoghi specialmente non sia lecito di sparare di notte tempo colpi di fucile o di pistole sotto pena di tre giorni di prigionia, autorizzando a quest'effetto le guardie nazionali e le truppe regolate ad arrestare immediatamente chiunque sarà sorpreso come contravventore a queste disposizioni, con obbligo di farne il rapporto nel giorno seguente agli ufficiali municipali;

4º Finalmente che nel caso di risse di giorno o di notte, le guardie nazionali e le truppe regolate debbano accorrere per impedirle, ed arrestare gli autori, senza che alcuno si possa opporre, nè usar forza contro le medesime, sotto pena di punizione rigorosa, incaricando le dette guardie nazionali e le truppe regolate di farne il rapporto ai Signori uffiziali municipali.

E sarà la presente proclamazione, alla diligenza del Procurator Generale Sindaco, letta e pubblicata in tutte le comunità del Dipartimento, e stampata tanto in italiano che in francese per esser eseguita secondo la sua forma e tenore. Gli Amministratori de'Distretti, delle municipalità e i comandanti delle guardie nazionali terranno la mano alla sua esecuzione, ciascuno in ciò che lo concerne.

Il Sig. Vice-Presidente ha terminata la sessione e l'ha rinviata a domani alle quattr'ore dopo mezzo giorno.

FELCE, *Vice-Presidente.*
PANATTIERI, *Segretario Generale.*

Domenica 31 Ottobre 1790

(Sessione delle sera).

L'anno 1790, li 31 mese d'ottobre, alle ore quattro pomeridiane,

Il Consiglio Generale dell'Amministrazione del Dipartimento di Corsica si è riunito nella solita sala. La contabilità de tesoriere generale ha occupato l'intiera sessione colle diverse osservazioni e rilievi fatti dai Signori Amministratori.

E il Sig. Vice-Presidente, levando la sessione, ha tramandata la continuazione a domani alle ore quattro dopo mezzo giorno.

FELCE, *Vice-Presidente.*
PANATTIERI, *Segretario Generale.*

Lunedì 1° Novembre 1790

(*Sessione della sera*).

L'anno 1790, il 1° del mese di novembre, alle ore quattro pomeridiane,

Il Consiglio Generale dell'Amministrazione del Dipartimento di Corsica si è riunito nella solita sala dipartimentale. È stata fatta lettura del processo verbale delle sessioni precedenti, come pure si sono lette le diverse lettere e indirizzi spediti dalle diverse parti dell'Isola all'Amministrazione di Dipartimento.

Si è in seguito ripreso l'ordine del giorno sulla contabilità, che per la sua intrigatezza, dopo d'aver occupata l'Assemblea in dibattimenti ed in rilievi, è stata aggiornata a domani alle ore quattro pomeridiane.

FELCE, *Vice-Presidente*.
PANATTIERI, *Segretario Generale*.

Martedì 2 Novembre 1790

(*Sessione della sera*).

L'anno 1790, li 2 del mese di novembre, alle ore quattro pomeridiane,

Il Consiglio Generale dell'Amministrazione del Dipartimento di Corsica essendosi riunito nella solita sala, è stata fatta lettura del processo verbale delle precedenti sessioni, e si sono dati i necessari provvedimenti alle diverse suppliche e memorie indirizzate all'Amministrazione. Dopo di che la commissione incaricata per l'esame delle controversie insorte in Bonifacio, nel tempo del Comitato Superiore, ha fatto il suo rapporto, sul quale è stata presa la seguente deliberazione.

Il Consiglio Generale del Dipartimento di Corsica deliberando sulle memorie presentate da diversi particolari di Bonifacio, dalle quali risulta essersi tenute in quella città diverse radunanze popolari, e due specialmente nei giorni diecisette e ventidue del mese d'agosto ultimo passato, e dalle deliberazioni prese da una parte degli abitanti di quella città nei detti giorni 17 e 22 agosto, apparisce che sono stati destituiti dalle cariche di uffiziali municipali il fu Sig. Antonio Brandi, e Sig. avvocato Anton Maria Suzzarelli, e da quelle di notabili i Signori avvocato Brandi e Domenico Cresci; che quelle destituzioni hanno dato luogo a gravi disordini e tumulti fomentati da un partito mal affetto alle famiglie Brandi, Cresci e Suzzarelli, alla testa del qual partito erano i Signori vicario Trani, Ottaviano Aldrovandi, Don Portafax, cancelliere del tribunale della giustizia, e Luccioni, procurator della comunità di quella città; che la destituzione dalle dette cariche fu tumultuariamente deliberata ed eseguita senza causa legittima, senza precedente accusa, o senza leggittimo giudizio per tale pronunziato da giudice competente; apparisce che è stato ordinato ed eseguito lo sloggiamento d'una lapide sepolcrale appartenente alla famiglia Brandi esistente nella chiesa di San Domenico della città suddetta, ciò che è contrario ai decreti dell'Assemblea Nazionale; apparisce parimente che i detti Signori Brandi, Suzzarelli e Cresci sono stati costretti d'abbandonare il loro domicilio, ciò che ha probabilmente affrettata la morte di detto Sig. Antonio Brandi, e che i detti abitanti che assisterono alle dette deliberazioni, non contenti di pronunziare la suddetta destituzione temporariamente, l'hanno estesa fino a perpetuità, ciò che è attentatorio al potere amministrativo e giudiciario, contrario ai decreti della costituzione dell'Impero, e ingiurioso alle persone pretese destituite ; che le dissensioni delle quali parlasi hanno dato luogo a moltiplicare vie di fatto, che hanno costretto il Comitato Superiore, allora esistente, di spedire in Bonifacio il Sig. Varese, uno de' suoi membri per reprimerle, e per istruire, e questo commissario è stato testimonio di una parte dei disordini eccitati da persone tumultuose e nemiche del riposo pubblico ; conoscendo che è necessario di far ristabilire l'ordine e la pace in quella città ; viste le dette memorie e i processi verbali fatti in Bonifacio li diecisette e ventidue agosto ; vista la relazione del Sig. Varese, dei 6 settembre ; udito il Procurator Generale Sindaco ; tutto considerato :

Ha dichiarato e dichiara nulla ed abusiva la detta destituzione ; ordina in conseguenza che i detti Signori avvocato Brandi, avvocato Suzzarelli e Domenico Cresci saranno ristabiliti nelle loro rispettive cariche ;

Ingiunge agli abitanti di Bonifacio di rispettarli nell'esercizio delle medesime, sotto le pene che di ragione, salvo al Procurator della comunità di denunciarli, se ne sarà fondato, nanti chi di diritto ;

Permette alla famiglia Brandi di ristabilire nel suo luogo la lapide sepolcrale di cui si tratta ;

Ordina che i detti Signori vicario Trani, don Portafax e Luccioni saranno tenuti di presentarsi fra un mese nanti il Direttorio di Dipartimento per sentirne gli ordini ;

Determina che della presente deliberazione ne sarà fatta pubblicazione nei luoghi soliti a Bonifacio e ove apparterrà ; che sia trascritto nei registri di quella comunità ; ingiunto al Procuratore della medesima di certificarne fra un mese il Procurator Generale Sindaco del Dipartimento ;

Permette ai detti Signori Brandi, Suzzarelli e Cresci di provvedersi nanti e contro chi di diritto per loro danni, spese ed interessi, e permette loro di far stampare la presente deliberazione in numero di dugento esemplari solamente, a spese di chi apparterrà, e frattanto ordina che il Sig. Aldrovandi guardi prigione fino a nuov'ordine.

Il Sig. Vice-Presidente ha levata la sessione, e l'ha rimandata a domani alle ore nove della mattina.

Felce, *Vice-Presidente.*
Panattieri, *Segretario-Generale.*

Mercoledì 3 Novembre 1790

(Sessione della mattina).

L'anno 1790, li 3 del mese di novembre, alle ore nove della mattina,

Il Consiglio Generale dell'Amministrazione del Dipartimento essendosi riunito nella solita sala, dopo la spedizione data alle diverse lettere e memorie presentate al Dipartimento,

Il comitato incaricato per la verificazione delle elezioni municipali, ha fatto il suo rapporto, su del quale, dopo d'aver intesi gli avvisi di diversi membri, udito il Procurator Generale Sindaco, la materia posta in deliberazione, ha unanimemente deliberato la seguente proclamazione:

Proclamazione del Consiglio Generale
del Dipartimento di Corsica

« Il Consiglio Generale del Dipartimento riunito, inteso il rapporto del Comitato eletto per la verificazione e riconoscenza delle municipalità, da cui appare che i differenti uffiziali municipali del Dipartimento pongono il più lungo ritardo a far pervenire agli Amministratori dei Distretti i processi verbali ed altri scritti necessari a constatare la legalità della loro elezione, quantunque ne siano stati prevenuti sino dal principio dello scaduto mese, di modo che riesce impossibile di farne la riconoscenza prima dello scioglimento già prossimo del Consiglio; essendo informato che in diverse comunità del Dipartimento sono state elette due municipalità opposte, le quali, come l'effetto del partito della divisione, ben lungi di avere il carattere della confidenza de'cittadini, devono riguardarsi come illegittime ed incostituzionali; riflettendo che è imminente l'epoca della convocazione delle assemblee per rimpiazzare, conforme ai decreti, in ogni comunità, la metà degli uffiziali municipali che dovranno uscire di carica; ed infine considerando quanto sia necessario pel ristabilmento della pubblica tranquillità di dissipare colla maggiore prontezza lo spirito di disunione insorto da simili opposte elezioni; udito il Procurator Generale Sindaco, ha deliberato che in tutte le comunità, nelle quali saranno state tenute due assemblee, ed eletti due diversi corpi municipali, sarà dagli antichi uffiziali municipali convocata un'assemblea la prima domenica dopo Santo Martino, ed in caso che ritardi a pervenire la presente deliberazione, sarà convocata per la domenica successiva, in cui si procederà all'elezione delle intiere rispettive municipalità, conforme ai decreti dell'Assemblea Nazionale, relativi alla costituzione delle medesime. Sarà inviata immediatamente copia dei processi verbali di elezione tanto al Direttorio del Dipartimento, che a quello dei rispettivi Distretti;

Incarica i Direttori dei rispettivi Distretti di tener la mano all'esecuzione della presente deliberazione, e di far regnare il buon ordine nelle assemblee che devono tenere.

Il Sig. Vice-Presidente ha levata la sessione, e l'ha rimandata a domani alle ore nove della mattina.

FELCE, *Vice-Presidente.*
PANATTIERI, *Segretario Generale.*

Giovedì 4 Novembre 1790.

(*Sessione della mattina*).

L'anno 1790, li 4 del mese di novembre, alle ore nove della mattina,

Il Consiglio Generale dell'Amministrazione del Dipartimento di Corsica si è riunito nella solita sala dipartimentale. Dopo la lettura del processo verbale delle sessioni precedenti, uno dei membri ha detto che la moltiplicità degli affari, de'quali il Dipartimento si trova caricato, richiedeva la nomina di quattro aggiunti agli otto Direttori già nominati, per potere con maggior celerità spedirli; che il Consiglio trovandosi riunito, pare che questo dovesse fare la detta elezione, e in conseguenza votava che si procedesse alla loro nomina prima del suo scioglimento.

Intesi gli avvisi di diversi membri, la materia discussa, udito il Procurator Generale Sindaco,

Il Consiglio Generale ha deliberato che rimanda al Direttorio del Dipartimento la nomina di questi aggiunti, nel caso che la creda necessaria, e ciò conforme ai decreti dell'Assemblea Nazionale.

Un altro membro ha fatta la proposizione di stabilire un Lazaretto nel golfo di Ajaccio. Il Consiglio Generale prendendo in considerazione la detta proposizione di stabilire un Lazaretto, o sia ospizio precario nel golfo di Ajaccio; persuaso dell'utilità di questo nuovo stabilimento per ampliare il commercio; convinto dal principio che una saggia e paterna amministrazione deve procurare ai commercianti e navigatori la facilità di tutti i mezzi economici necessari alla riuscita della loro speculazione; considerato che la costruzione di questo Lazaretto presenta ai navigatori un'approssimazione maggiore ed il ritorno a quello stesso centro che dovea essere il deposito dell'arrivo delle loro mercanzie; che risparmia a quelli un altro più lungo viaggio per portarsi altrove e fare la quarantena, che impedisce la consumazione di una parte dei frutti della loro navigazione nel paese straniero; che dall'altra parte provvede alla sanità pubblica allontanando colle precauzioni solite e prescritte le funeste conseguenze de'mali contagiosi; riflettendo all'impossibilità di poter obbligare le gondole pescatrici del corallo provenienti dall'Africa di portarsi a far quarantena nei Lazaretti di Provenza, ed al danno che risulterebbe al Dipartimento, se dovessero costringersi a trasportarsi nei Lazaretti d'Italia, poichè vi consumerebbero quasi tutto il beneficio della loro pesca; udito il Procurator Generale Sindaco, ha deliberato che sarà costruito, sotto il buon piacere dell'Assemblea Nazionale, questo Lazaretto, o sia ospizio precario nel golfo d'Ajaccio, nel luogo che sarà giudicato più proprio dai Sindaci della marina e deputati della sanità e della municipalità; incarica il Sig. Saliceti, deputato, di supplicarla d'autorizzare questo nuovo stabilimento; determina che il Direttorio del Distretto d'Ajaccio procederà, inteso l'avviso dei detti Sindaci, deputati ed ufficiali municipali, alla fissazione del luogo ed alla verificazione del piano estimativo che sarà fatto da un architetto, che potrà scegliere, e che invigilerà a ciò che siano evitate le spese superflue, o che il piano si riduca ad una ragionevole economia, che del tutto ne farà processo verbale, quale indirizzerà colle sue osservazioni al Direttorio di questo Dipartimento.

Il Sig. Vice-Presidente ha levato la sessione e l'ha rimandata alle quattro di questa sera.

FELCE, *Vice-Presidente*.
PANATTIERI, *Segretario Generale*.

Detto giorno 4 Novembre 1790

(*Sessione della sera*).

L'anno 1790, li 4 del mese di novembre, alle ore quattro pomeridiane,

Il Consiglio Generale dell'Amministrazione del Dipartimento di Corsica, essendosi riunito nella solita sala, è stata fatta lettura di diverse memorie e lettere indirizzate al Dipartimento ; dopo di che il Procurator Generale Sindaco ha detto che il Sig. Le Goff e Orticoni figlio, ch'erano stati nominati, il primo per ricevitore, l'ultimo per estimatore della Dogana dell'Isola Rossa, avevano dimandato la loro dimissione per mezzo di una loro lettera ; ha soggiunto che, sulle informazioni avute posteriormente alla nomina degl'impiegati a detta Dogana, v'era di che fare una migliore ripartizione degli appuntamenti, e in conseguenza stabilire per la più pronta spedizione degli affari un preposto all'Algajola, al luogo d'una guardia.

Su di che intesi gli avvisi di diversi membri, la materia posta in deliberazione,

Il Consiglio Generale ha deliberato di stabilire un preposto all'Algajola e di procedere alla nomina tanto delle due piazze vacanti di ricevitore e di estimatore della Dogana dell'Isola Rossa, che del preposto dell'Algajola, ripartendone gli appuntamenti nella maniera seguente, cioè mille franchi al Ricevitore, ottocento al Controllore e trecento al preposto, sopprimendo la guardia che vi si era stabilita ; gli appuntamenti dell'estimatore restando sul piede che sono stati fissati nel regolamento generale delle Dogane già indirizzato al Distretto.

In seguito essendosi proceduto alla nomina del Ricevitore, estimatore e preposto per scrutini separati e nelle forme solite e accostumate, i Signori scrutatori hanno annunziato che il Sig. Anton Leonardo Monti avea riportata la maggiorità de' voti per l'impiego di ricevitore, e per quello di stimatore, la pluralità de' suffragi s'era riunita in favore del Sig. Francesco Orticoni, siccome pure per la prepostura dell'Algajola il Sig. Angelo Francesco Padrone avea riunita la pluralità de' suffragi. In conseguenza il Consiglio Generale li ha proclamati per detti rispettivi impieghi, ed ha ordinato la spedizione delle loro commissioni; ordina che la presente deliberazione sarà inviata al Direttorio del Distretto dell'Isola Rossa, per tener luogo di aggiunzione al regolamento delle Dogane.

È stato richiamato l'ordine del giorno per un indirizzo da spedirsi all'Assemblea Nazionale per la fissazione di un onesto trattamento agli Amministratori del Dipartimento, per il tempo che rimangono riuniti ed in esercizio.

La materia discussa, udito il Procurator Generale Sindaco,

Il Consiglio Generale, considerando che la dimora degli Amministratori nel capoluogo del Dipartimento, allorchè sono riuniti in Consiglio, li obbliga a dei lunghi e penosi viaggi, e ad una dimora molto dispendiosa, e per la perdita negativa, che risulta dalla loro assenza, lasciando in abbandono il loro stato, i loro affari e gl'interessi particolari delle loro famiglie, e per la positiva, che è la spesa necessitata dalla residenza in una città affatto nuova per loro, ove i viveri e le pigioni sono care, e ove bisogna tenere un certo stato decoroso e decente, ha deliberato che aderisce alle diverse petizioni e dimande fatte su questo stesso proposito da vari dipartimenti della monarchia all'Assemblea Nazionale, e a quelli riunendosi, supplica l'augusto Senato a prendere in considerazione questa dimanda, e in conseguenza degnarsi di fissare agli Amministratori del Dipartimento, nel tempo che sono obbligati a riunirsi, e che rimangono in esercizio, un onesto trattamento,

Il Sig. Vice-Presidente ha terminata la sessione, e l'ha rimandata a dimani alle ore nove della mattina.

FELCE, *Vice-Presidente.*
PANATTIERI, *Segretario Generale.*

Venerdì 5 Novembre 1790

(*Sessione della mattina*).

L'anno 1790, li 5 del mese di novembre, alle ore nove delle mattina,

Il Consiglio Generale dell'Amministrazione del Dipartimento di Corsica si è riunito nella solita sala. Uno dei Signori Amministratori ha detto che uno dei principali mezzi di vivificare la Corsica è quello d'introdurre qualche nuovo ramo di commercio al favore dell'abolizione dei privilegi esclusivi, e della libertà del medesimo decretate dall'Assemblea Nazionale. La passata despotica amministrazione lo ha più contrariato che favorito per proteggere gl'interessi di una compagnia che colla sua forza ha tirannizzata la Provenza e la Corsica;

Che la nostra prossimità coll'Africa ci dà campo a stabilire con quelle potenze un commercio attivo e passivo, e sopra tutto a profittare dalla pesca del corallo, merce richissima, il di cui prodotto può calcolarsi a cinquecento mila franchi circa all'anno;

Che uno degli oggetti essenziali perchè la nostra marina possa intraprendere questa pesca è quello di provvedere alla sicurezza de' marinari;

Che sarà lusinghevole per quelle Reggenze d'essere considerate come le altre potenze d'Europa, e può attendersi una perfetta armonia fra i loro pescatori e i negozianti del nostro

Dipartimento, purchè non sia impedito ai loro corsari d'inseguire nei nostri mari i Napoletani, Genovesi e Toscani, salve sempre le leggi stabilite a questo riguardo;

Che fa d'uopo supplicare l'Assemblea Nazionale ed il potere esecutivo d'accordare le lettere commendatizie pei nostri Consoli, affinchè possano stabilire colle Reggenze d'Algeri, Tunisi e Costantina la libertà di questa pesca, ed impetrare la protezione e sicurezza in favore dei nostri pescatori;

Uditi gli avvisi di diversi membri e il Procurator Generale Sindaco,

Il Consiglio Generale ha deliberato che l'Assemblea Nazionale sarà supplicata dal Direttorio del Dipartimento di richiedere dalle Reggenze d'Algeri, Tunisi e Costantina, la sicurezza e protezione dei nostri armatori per poter liberamente attendere alla pesca dei coralli in quelle spiaggie, con quelle condizioni, patti e modificazioni che saranno credute necessarie.

È stato in seguito annunziato che una deputazione del corpo municipale della città di Bastia chiedeva d'essere ammessa; ed essendogli stato permesso, si sono presentati i Signori Casella e Oletta, uffiziali municipali, e uno di essi ha detto che il giorno cinque novembre dovea essere memorabile per gli abitanti di questa città, per quanto vi si era operato l'anno trascorso, in cui i cittadini di Bastia opposero alla resistenza del despotismo la fermezza ed il coraggio, esponendo a fronte del popolo le loro vite, per cui fu dato fra noi il primo slancio alla felice rivoluzione; che perciò il corpo municipale, coerentemente al voto manifestato dalla maggior parte del popolo, avea deliberato di solennizzare questo giorno e di assistere ad una messa solenne, che sarebbe cantata nella chiesa parrocchiale di San Giovanni, ove appunto ebbero luogo in egual giorno i principali fatti accaduti; che supplicava il Dipartimento di assistere in corpo a questa funzione. La Deputazione essendosi ritirata, il Consiglio Generale ha unanimemente deliberato di assistere in corpo alla funzione patriottica proposta dalla municipalità di Bastia, all'effetto di che il Procurator Generale Sindaco sarebbe incaricato di prendere le misure più convenevoli, tanto per la fissazione dell'ora, che per assistere con dignità a questa sacra cerimonia.

Poco dopo essendo stato annunziato che tutto era preparato, e che non si aspettava che l'arrivo del Dipartimento per cominciare la messa solenne, tutti i membri del Consiglio si sono posti in marcia, preceduti dal distaccamento della Guardia Nazionale di servizio attuale presso il Dipartimento. Gli amministratori del Distretto e la municipalità si sono posti al nostro seguito, ed arrivati alla chiesa di San Giovanni, il Consiglio Generale, il Distretto e la municipalità hanno preso i posti stati loro preparati secondo il rango fissato dalla legge.

Il Preposto di San Giovanni ha cantata la messa solenne; questa terminata, ha intonato il *Te Deum*, e proferite le orazioni di rendimento di grazie all'Ente Supremo, e ha dato la benedizione col Santissimo Sacramento.

Finita la funzione, il Consiglio Generale, il Distretto, la Municipalità e la Guardia Nazionale seguitando l'istesso ordine di marcia, sono ritornati nel Palazzo di residenza del Dipartimento, e introdotti tutti nella sala, quattro membri del Dipartimento, unitamente al Segretario Generale, che erano stati incaricati di trasportare nella sala del Dipartimento la bandiera stata regalata dalla municipalità di Parigi al Dipartimento di Corsica per pegno della federazione generale dei Francesi seguita li quattordici luglio prossimo passato, e che, dopo il ritorno dell'Assemblea Elettorale tenuta in Orezza, era rimasta depositata nella casa comune di questa città, avendola presentata al Signor Presidente del Dipartimento, fu questa ricevuta colla dimostrazione dell'allegrezza e della gioia la più sincera, ed è stata piazzata nel mezzo della sala.

Il Procurator Generale Sindaco ha fatto un discorso relativo a questo interessante pegno della comune libertà, ha proposto ai quattro corpi riuniti di rinnovare il giuramento di fedeltà alla nazione, alla legge ed al Re, e dopo che questo giuramento è stato ripetuto da ogni membro col maggior entusiasmo,

Il Sig. Vice-Presidente ha annunziato che la sessione era levata, e dopo d'aver dimostrato al Distretto, alla municipalità ed alla Guardia Nazionale, la sodisfazione del Consiglio Generale, questi tre corpi si sono ritirati, e la sessione è stata rinviata a domani alle ore nove della mattina.

FELCE, *Vice-Presidente*,
PANATTIERI, *Segretario Generale*.

Sabato 6 Novembre 1790

(*Sessione della mattina*).

L'anno 1790, li 6 del mese di novembre, alle ore nove della mattina,

Il Consiglio Generale dell'Amministrazione del Dipartimento essendosi riunito nella solita sala, uno dei Signori Amministratori ha detto che le funzioni di Procurator Generale Sindaco riempite dal Sig. Arena, per l'assenza del Sig. Saliceti, siccome l'obbligavano a un travaglio forte e penoso, così era ragionevole che ne fosse indennizzato. Intesi gli avvisi di diversi membri, e la materia posta in deliberazione,

Il Consiglio Generale d'Amministratione, prese in considerazione le straordinarie e penose fatiche alle quali la sostituzione provvisionale delle funzioni di Procurator Generale, e lo stabilimento del nuovo ordine sottopongono il Sig. Arena, uno dei membri di questo Direttorio,

Ha deliberato e delibera che i suoi appuntamenti di mille

seicento franchi annui, saranno aumentati a ragione di mille e quattrocento franchi l'anno per il tempo soltanto in cui continuerà l'esercizio di dette funzioni.

Avuto inoltre riguardo allo zelo con cui il Sig. Saliceti, deputato all'Assemblea Nazionale, ed eletto Procurator Generale Sindaco di questo Dipartimento, ha difeso gl'interessi della patria, e all'impedimento in cui per la presenza all'Assemblea Nazionale ritrovavasi di assistere alle sessioni del Direttorio,

Ha dichiarato e dichiara che le ritenzioni ordinate sui trattamenti di Procurator Generale Sindaco dai decreti dell'Assemblea Nazionale, dei 31 agosto, 1º e 2 settembre 1790, non sono secondo il loro spirito applicabili all'assenza involontaria del Sig. Saliceti, a cui il Direttorio è incaricato di far pagare l'annuo intiero appuntamento di franchi tre mila, finchè la sua assenza sarà dovuta alla causa pubblica.

Un altro membro ha detto:

« S'approssima il giorno dei 30 novembre: questo giorno in cui la Corsica fu determinata per sempre alla libertà ed alla felicità, sarà, non v'ha dubbio, sempre impresso nel cuore di tutti i buoni Corsi. I padri lo noteranno ai figliuoli, e così di generazione in generazione se ne tramanderà la memoria alla più remota posterità. Ma non sia mai che un giorno il più fausto che da quest'isola si ha veduto finora, non sia mai che abbia a celebrarsi solamente nel segreto dei nostri cuori, e nei privati trattenimenti delle famiglie. Gli si deve anche d'anno in anno un anniversario pubblico e solenne; così ne dimostreremo in maniera convenevole la nostra riconoscenza agli augusti rappresentanti della Francia, ai quali lo dobbiamo; così daremo al mondo un'incontrastabile prova dell'amore predominante dei Corsi per la libertà; così questi sentimenti patriottici diverranno in essi più che mai vivi, generosi e robusti, e i più tardi nipoti ameranno non meno di noi l'indipendenza e la libertà ; non meno di noi odieranno il despotismo e la schiavitù.

» I rappresentanti della Corsica nell'Assemblea Elettorale avvertirono bene a tutto questo, e perciò avendo uno di essi, il Sig. Pietri di Fozzano, fatta nella sessione dei 23 settembre la mozione di solennizzare il giorno 30 novembre, come quello in cui eramo stati reintegrati nei nostri diritti e dichiarati parte integrante della monarchia francese, la adottarono subito unanimemente, e incaricarono i membri del Dipartimento a far parte della loro deliberazione a tutte le comunità dell'Isola.

» I nostri compatriotti hanno dunque riconosciuto che il 30 novembre doveva essere giorno di festa, e di gran festa per essi, e per mezzo dei loro rappresentanti che interpretarono così bene in questo i loro sentimenti, se ne hanno fatta una legge, alla cui osservanza hanno incaricato noi di richiamarli. Onorati di così degna e nobile commissione, non tardiamo un momento ad eseguirla. Il tempo si approssima, il primo anniversario di quel felice giorno è vicino ; avvertiamone i popoli, e il 30 novembre sia celebrato colla maggior pompa, ma più di sentimenti patriottici, che di esterni apparati. Si facciano in quel giorno con entusiasmo de' frequenti evviva alla libertà ed alla Costituzione, coll'assistenza degli Amministratori dei Distretti, delle municipalità e delle guardie nazionali ; si cantino solennemente nelle parocchie una messa, ed un *Te Deum*, in ringraziamento all'Onnipotente, la cui mano destra ha operato un cambiamento così felice per noi nelle cose umane. Vi siano dei discorsi patriottici ; si faccia rinnovare ai popoli il sacro giuramento di fedeltà alla nazione, alla legge ed al Re. Passi quel sacro giorno in questi ed altri esercizi che le municipalità troveranno a proposito ; ma lungi dalle opere meccaniche, e i Corsi si riuniscano tutti allora per sempre in un solo partito, nel partito d'amare la libertà e la felicità della loro patria, e quindi della Francia intera, che loro è divenuta tale, avendoli rigenerati allo stato di suoi figliuoli. »

Su di che, udito il Procurator Generale Sindaco, la materia posta in deliberazione,

Il Consiglio Generale ha unanimemente deliberato che la deliberazione dell'Assemblea Elettorale di Orezza nella sessione dei 23 settembre prossimo passato, sarà eseguita secondo la sua forma e tenore, e in conseguenza, che il giorno 30 novembre sia solennizzato in tutte le comunità dell'Isola, e che perciò in detto giorno s'astenga il popolo dalle opere meccaniche, si cantino solennemente nelle parocchie una messa e un *Te Deum*, assistendovi gli amministratori dei Distretti, le municipalità e le guardie nazionali; si faccia rinnovare ai popoli il giuramento di fedeltà, e si diano tutti i contrasegni di soddisfazione e di gioia. È stato pure deliberato che la presente proclamazione sarà stampata e rinviata a tutti i Distretti e municipalità del Dipartimento, per essere letta e pubblicata; ingiungendo ai Direttori dei Distretti, e agli uffiziali municipali di tenervi la mano per l'esecuzione.

È stata in seguito fatta lettura d'una lettera sottoscritta dal Sig. Ferrandi, Presidente del Distretto di Cervione, del 5 corrente, che serve di risposta alla supplica presentata all'Amministrazione del Dipartimento dai Sig. Pietro Paolo Cotoni, Paolo Felice Cotoni, Pietro Domenico Felce, Filippo Maria Nicolini e Paolo Felice Giudicelli, uffiziali municipali della comunità di S. Andrea, cantone di Campoloro, di cui era stata dal Dipartimento ordinata la comunicazione all'Amministrazione del Distretto.

Il Consiglio Generale del Dipartimento, udita la detta lettera, vista la supplica, letto egualmente l'ordine e l'istruzione data dagli Amministratori del Distretto di Cervione al comandante del distaccamento, segnata Ferrandi, presidente, del 28 ottobre, udito il Procurator Generale Sindaco, la materia messa in deliberazione, ha disapprovato in questa istruzione la condotta degli Amministratori del Distretto, ed ha ordinato che la presente deliberazione sarà inviata, alla diligenza del

Procurator Generale Sindaco, alla segreteria del Distretto per essere registrata; ingiunto al segretario del Distretto di certificare l'Amministrazione del Dipartimento fra otto giorni.

Il Sig. Vice-Presidente ha levata la sessione e l'ha rimandata a lunedì otto del corrente, alle ore nove della mattina.

Felce, Vice-Presidente.
Panattieri, <i>Segretario Generale.</i></div>

Lunedì 8 Novembre 1790
(Sessione della mattina).

L'anno 1790, li 8 del mese di novembre, alle ore nove della mattina,

Il Consiglio Generale dell'Amministrazione del Dipartimento di Corsica, si è riunito nella solita sala del palazzo, e dopo fatta lettura del processo verbale delle precedenti sessioni, e data sbrigazione a diverse memorie presentate all'Amministrazione, uno dei membri ha detto che era di tutta necessità di occuparsi del travaglio degli scagni del controllo del Dipartimento, e questi provvedere di soggetti capaci e di probità. Su di che intesi gli avvisi di diversi membri, udito il Procurator Generale Sindaco, e la materia posta in deliberazione,

Il Consiglio Generale ha unanimemente deliberato che si sarebbe proceduto alla nomina provvisoria dei diversi controllori degli atti, i quali saranno nel tempo stesso incaricati della vendita della carta bollata, e alla fissazione della loro retribuzione, e ciò fin a tanto che l'Assemblea Nazionale abbia prescritto la forma e regolata la sussistenza, che ai nuovi provvisti sarà deliberata la seguente commissione:

Amministrazione Generale del Dipartimento di Corsica.

« Il Consiglio Generale dell'Amministrazione del Dipartimento avendo conosciuto essere necessario di provvedere allo scagno del controllo di......... nel Distretto di............. d'un controllore degli atti, ricevitore dei diritti del detto controllo ed insinuazione, e nello stesso tempo di distribuire della carta bollata, attese le favorevoli attestazioni avute dell'integrità e capacità del Signor............... per mezzo della presente, noi lo abbiamo commesso e commettiamo provvisoriamente, fintanto che non venga dall'Assemblea Nazionale prescritto il metodo dell'elezione per detta carica, alla piazza di controllore, acciò in questa qualità possa liberamente controllare atti e significazioni, ricevere i diritti fissati per detto controllo e insinuazione, e fare la distribuzione e vendita della carta bollata, siccome pure controllare non solo ogni e qualunque atto che sarà stato rogato da pubblico notaro, ma ancora tutti gli atti privati che gli saranno presentati, tanto per essere inscritti sul registro del controllo, che in quello dell'insinuazione, uniformandosi alle disposizioni prescritte dall'editto concernenti il controllo, vendere e distribuire la qualità e specie della carta bollata che gli sarà consegnata dallo scagno generale del deposito generale, e riceverne il prezzo stabilito, ingiungendogli per conseguenza di tenere i registri necessari tanto per il controllo ed insinuazione che per la vendita della carta bollata, e coll'obbligo, alla fine d'ogni mese, di render conto del prodotto dei diritti del controllo degli atti e significazioni, e di quelli per l'insinuazione, e per la vendita della carta bollata, e regolando a tal effetto due stati, uno dei quali dovrà essere spedito alla segreteria del Direttorio del Distretto, e l'altro rimesso a quella del Dipartimento, di versare a mani del tesoriere o ricevitore del Distretto il montante totale dei detti prodotti, acccordandole a tal effetto una retribuzione del............. per cento sopra la somma totale delle produzioni del controllo e.......... pure per cento, su quella della carta bollata, quale retribuzione gli terrà luogo di assegnamento e provvisione annuale, senza che possa pretendere niente di più di quello, che le viene fissato ; della quale retribuzione però potrà godere subito che sarà posto in esercizio delle sue funzioni, e dopo che avrà prestato a mani degli Amministratori del Distretto di............, il giuramento di bene e fedelmente esercitare la carica, che gli viene confidata, e di far trascrivere la presente sui registri del detto Distretto.

» Deliberata, appostovi il sigillo ordinario del Dipartimento dal Palazzo.

» Bastia li................. 179.... »

Che appena provvisti di questa commissione si presenteranno nanti i Direttori, ove i loro scagni sono situati, ed ivi presteranno il giuramento di bene e fedelmente esercitare le funzioni che gli sono affidate, e faranno trascrivere sui registri del Distretto la loro commissione del che sarà drizzato processo verbale, copia del quale sarà iscritta al basso delle commissioni medesime ;

Che uno de' Direttori del Distretto procederà in seguito all'istallazione de' nuovi impiegati alla presenza degli antichi, ai quali verrà ingiunto di rimetter loro tutti i registri, carte, ed ogni altro relativo ai detti scagni, di che sarà fatto inventario, siccome pure saranno nel rinnovamento arrestati i registri correnti, e fatta fare ai nuovi la consegna del danaro che potesse essere alle loro mani, proveniente tanto dal controllo che dalla vendita della carta bollata ;

Che queste operazioni fatte, i Direttori dei Distretti avranno cura di farne del tutto pervenire il processo verbale al segretario del Dipartimento ;

Successivamente è stato presentato il progetto della retribuzione da darsi ai nuovi impiegati tanto sul prodotto del controllo, che sulla vendita della carta bollata, ed è stato arrestato nella maniera seguente :

Cioè : *Bastia* un 25 per % sui prodotti del controllo, e pure 25 per % su quelli della carta bollata. — *Rogliano* 20 per % sul controllo, e 25 sulla carta bollata. — *San Fiorenzo* 25 per % sul controllo. e 25 sulla carta bollata. — *Nonza* 50 per % sul controllo, e 50 sulla carta bollata. — *Porta d'Ampugnani,* 20 per % sul controllo, e 50 sulla carta bollata. — *Cervione,* 25 per % sul controllo, e 25 sulla carta bollata. — *Pero,* 50 per % sul controllo, e 50 sulla carta bollata. — *Ventiseri,* 50 per % sul controllo, e 50 sulla carta bollata. — *Bonifacio,* 25 per % sul controllo, e 25 sulla carta bollata. — *Isola Rossa,* 25 per % sul controllo, e 25 sulla carta bollata. — *Calvi,* 30 per % sul controllo, e 30 sulla carta bollata. — *Corte,* 30 per % sul controllo, e 40 sulla carta bollata. — *Moltifao di Caccia,* 50 per % sul controllo, e 50 sulla carta bollata. — *Ghisoni,* 50 per % sul controllo, e 50 sulla carta bollata. — *Ajaccio,* 25 per % sul controllo, e 25 sulla carta bollata. — *Santa Maria d'Ornano,* 40 per % sul controllo, e 40 sulla carta bollata. — *Guitera,* 40 per % sul controllo, e 40 sulla carta bollata. — *Vico,* 50 per % sul controllo, e 50 sulla carta bollata. — *Guagno,* 75 per % sul controllo, e 75 sulla carta bollata. — *Sartene,* 25 per % sul controllo, e 25 sulla carta bollata. — *Tallano,* 25 per % sul controllo, e 25 sulla carta bollata.

Si è di poi proceduto alla nomina dei nuovi controllori per mezzo di uno scrutinio individuale, ed alla pluralità relativa de'suffragi; gli scrutatori avendo preso piazza, l'appello nominale è stato fatto, e tutti i Signori Amministratori presenti hanno deposto ad ogni scrutinio il loro biglietto nel vaso destinato, e dopo aver fatto l'enumerazione, lo spoglio e l'apertura, i Signori Scrutatori hanno annunciato che nel primo il Sig. Paolo Francesco Franceschi avea riunita la pluralità de' suffragi per lo scagno del controllo di Bastia ; nel secondo il Sig. abate Giuseppe Maria Terami l'avea ottenuta per quello di Rogliano ; nel terzo il Sig. Giuseppe Arena per quello di San Fiorenzo ; nel quarto il Sig. Filippo Antonio Antonetti per quello di Nonza ; nel quinto il Sig. Antonio Sebastiani per quello della Porta d'Ampugnani ; nel sesto il Sig. Ignazio Felce per quello di Cervione ; nel settimo il Sig. Bonaventura Petronelli per quello di Pero ; nell'ottavo il Sig. Angelo Felce Tiberi per quello di Ventiseri ; nel nono il Sig. Antonio Maria Suzzarelli per quello di Bonifacio ; nel decimo il Sig. Bruno Odiardi per quello dell'Isola Rossa ; nell'undecimo il Sig. Giuseppe Massoni per quello di Calvi ; nel duodecimo il Sig. Luigi Mancini per quello di Corte ; nel decimoterzo il Sig. Orso Giovanni Morazzani per quello di Moltifao di Caccia ; nel decimo quarto il Sig. Vincenzo Macchielli per quello di Ghisoni ; nel decimo quinto il Sig. Francesco Casamarte per quello d'Ajaccio ; nel decimo sesto il Sig. Antonio Ornano, per quello di Santa Maria d'Ornano ; nel decimo settimo il Sig. Pietro Maria Lanfranchi, per quello di Guitera ; nel decimo ottavo, il Sig. Domenico Moltedo, per quello di Vico ; nel decimo nono il Sig. Anton Francesco Pinelli, per quello di Guagno ; nel ventesimo il Sig. Giovanni Agostino Pietri, per quello di Sartene ; nel ventesimo primo il Sig. Giacomo Pietro Giacomoni, per quello di Tallano ;

I quali sono stati proclamati dal Consiglio Generale per esercitare i detti impieghi.

Il Sig. Vice-Presidente ha levata la sessione, e l'ha rimandata a domani alle ore nove della mattina.

FELCE, *Vice-Presidente.*
PANATTIERI, *Segretario Generale.*

Martedì 9 Novembre 1790

(*Sessione della mattina*).

L'anno 1790, li 9 del mese di novembre, alle ore nove della mattina,

La Commissione incaricata di verificare le ordinanze ne ha presentato una di tre mila franchi, accordata dagli antichi suddelegati dell'Intendenza al Sig. Lambruschini, che ha fatta l'anticipazione di detta somma ai deputati della Guardia Nazionale, che si son resi a Parigi per assistere alla federazione, e ciò in virtù di una deliberazione presa dalla municipalità di Bastia li 30 giugno prossimo passato. Diversi membri avendo fatto delle osservazioni su detta ordinanza e sulla deliberazione che l'ha proceduta, la materia dibattuta, udito il Procurator Generale Sindaco,

Il Consiglio Generale ha deliberato che l'articolo secondo della proclamazione del Re, de' dieci giugno prossimo passato, sarà eseguito secondo la sua forma e tenore; in conseguenza che la spesa fissata dagli ufficiali municipali di Bastia in favore dei deputati che hanno assistito alla federazione in Parigi, sarà sopportata dal solo Distretto di Bastia.

È stata fatta in seguito lettura d'una supplica de'Signori Giambattista Galeazzini, Giambattista Luigi, Giuseppe Maria Santelli e Luigi Rousseau, ufficiali della Guardia Nazionale, i quali per essersi portati alla federazione di Lione, e da colà passati ad assistere a quella seguita in Parigi li 14 luglio, chiedono un'indennizzazione di mille cinquanta franchi per ciascheduno.

Su di che la materia discussa, e udito il Procurator Generale Sindaco,

Il Consiglio Generale ha deliberato che sarà accordata ai Signori Galeazzini, Luigi, Santelli e Rousseau un'ordinanza di franchi mille cinquanta per ciascheduno, pagabile fra un anno, sulla cassa del Dipartimento, e ciò per indennizzazione del loro viaggio da Corsica a Lione, e da Lione a Parigi per assistere alle dette federazioni.

Il Sig. Vice-Presidente ha terminato la sessione e l'ha rimandata alle ore nove della mattina.

FELCE, *Vice-Presidente.*
PANATTIERI, *Segretario Generale.*

Mercoledì 10 Novembre 1790

(*Sessione della mattina*).

L'anno 1790, li 10 del mese di novembre, alle ore nove della mattina,

Il Consiglio Generale dell'Amministrazione del Dipartimento di Corsica, si è riunito nella solita sala. È stata fatta lettura del processo verbale della precedente sessione, siccome pure sono state lette diverse memorie e lettere indirizzate all'Amministrazione. È stato annunziato il Sig. Rossi, comandante in secondo delle truppe di linea di questo Dipartimento, il quale essendo stato introdotto nella sala, ha offerto i suoi servizi ed ha appalesato nella maniera la più rispettosa i suoi sentimenti patriottici. Il Sig. Vice-Presidente ha risposto nei seguenti termini:

« Il Consiglio Generale riceve, Signore, con molto gradimento e sodisfazione il complimento e l'ossequio che voi venite di farle. Esso prova gran piacere che il Re e la Nazione abbiano riconosciuto il vostro merito, ed abbia confidato ad un buon Corso, ad un vero Corso il comando generale, delle sue truppe di linea in questo nostro Dipartimento, e spera indubitabilmente che vorrete bene, Signore, impiegare le medesime a sostenere la Costituzione e i diritti del Consiglio, e procurare come vero figlio della patria, il bene della medesima, per la quale ci è ben noto il vostro zelo, e il vostro costante attaccamento. »

La Commissione incaricata per verificare i conti e altri scritti dell'Antica Intendenza ha fatto un rapporto sopra i fanciulli esposti e un altro sulla contabilità del Tesoriere della cassa civile, i quali sono stati aggiornati per arrestarli, prima dello scioglimento del Consiglio.

Il Sig. Vice-Presidente ha levata la sessione, e l'ha rimessa a domani alle ore nove della mattina.

FELCE, *Vice-Presidente.*
PANATTIERI, *Segretario-Generale.*

Giovedì 11 Novembre 1790.

(*Sessione della mattina*).

L'anno 1790, gli 11 del mese di novembre, alle ore nove della mattina,

Il Consiglio Generale dell'Amministrazione del Dipartimento si è riunito nella solita sala. Dopo aver fatto lettura e data spedizione a diverse memorie, è stato annunziato dagli applausi popolari, e dal sono della campana l'arrivo del Signore Generale De Paoli, Presidente di questo General Consiglio, che dopo l'assemblea d'Orezza s'era trattenuto in Rostino per ristabilire la sua salute ; al quale annunzio il Sig. Vice-Presidente ha nominato otto membri per andare al suo incontro. Comparso in questa sala, è stato ricevuto dagli evviva di tutti gli assemblati, e dopo che lo stesso, Signor Presidente ha preso seggio, il Procurator Generale Sindaco lo ha istruito degli oggetti di cui si era principalmente occupato il Consiglio Generale dell'Amministrazione nelle sessioni fin qui tenute, con un esatto epilogo di tutte le deliberazioni prese dal medesimo.

In seguito uno dei membri ha fatto la mozione di far levare tutte le armi ed iscrizioni marmoree esistenti in questa sala del pubblico Palazzo, per togliersi dagli occhi questi adulatori monumenti degli antichi nostri nemici. Qual mozione è stata aggiornata a domani.

Il Sig. Presidente ha dimostrata al consiglio la sua sensibilità; e l'approvazione che egli dava a tutte le deliberazioni da esso prese.

Indi si è levata la sessione, rimessa a domani alle ore nove della mattina.

FELCE, *Vice-Presidente*.
PANATTIERI, *Segretario Generale*.

Venerdì 12 Novembre 1790

(*Sessione della mattina*).

L'anno 1790, li 12 del mese di novembre, alle ore nove della mattina,

Il Consiglio Generale dell'Amministrazione del Dipartimento di Corsica si è riunito nella solita sala, e dopo la lettura del processo verbale della sessione di ieri, e di diverse memorie alle quali si è dato l'esito necessario, il Procurator Generale Sindaco ha richiesto di avere in comunicazione tutte le ordinanze spedite dall'antica intendenza, prima che le sia apposto il visa della commissione a questo effetto nominata. Il Consiglio Generale ha deliberato che prima che la commissione nominata apponga il visa alle ordinanze accordate dall'antica Intendenza, saranno queste preventivamente comunicate al Procurator Generale Sindaco per dare il suo avviso.

La mozione aggiornata sulle differenze insorte fra diverse comunità e pievi del Distretto di Vico e la Colonia greca di Cargese, essendo stata ripresa, intesi gli avvisi di diversi membri, udito il Procurator Generale Sindaco, e la materia posta in deliberazione,

Il Consiglio Generale d'Amministrazione, viste le memorie presentate dagli uffiziali municipali della comunità di Cargese, la lettera scritta dagli Amministratori del Distretto di Vico, le memorie presentate da diverse comunità di detto Distretto, inteso il rapporto dei Commissari inviati dal Consiglio Superiore per sedare l'insurrezione elevatasi fra i detti popoli di Vico e la comunità di Cargese, circa il travaglio di un territorio fra loro in contestazione, e vista la deliberazione provvisionale del detto Comitato Superiore,

Considerando che le dette contestazioni minacciano di causare qualche grave e funesto disordine in detto Distretto, e che è urgente di arrecarvi qualche provvisione, finchè siano decise nanti i Tribunali competenti, e nelle forme dovute, ha deliberato che le parti interessate produrranno i loro rispettivi titoli e diritti nanti il Direttorio del Dipartimento nel termine di tre mesi, oggi incominciando, e frattanto per provvisione, e senza tirare a conseguenza, salvi ed intatti i rispettivi diritti delle parti; delibera che la determinazione provvisionale del detto Comitato Superiore sarà eseguita secondo la sua forma e tenore per quest'annata solamente.

Uno dei Signori Amministratori ha fatto un progetto sopra l'intrattenimento delle strade comunali di Distretto e di Dipartimento; la materia discussa,

Il Consiglio Generale dell'Amministrazione conoscendo la

necessità di provvedere alla degradazione, in cui si trovano tutte le strade dell'Isola, e considerando quanto è essenziale di facilitare la comunicazione fra le differenti comunità e capiluoghi, udito il Procurator Generale Sindaco, ha provvisoriamente deliberato che le strade di ciascuna comunità saranno prontamente riparate dagli abitanti indistintamente delle medesime nei luoghi e limiti nei quali sono state riparate negli ultimi tempi; che le strade per l'avanti chiamate provinciali, ora di Distretto, saranno pure riparate dagli abitanti indistintamente delle comunità dei rispettivi Distretti, ciascuna per quella porzione, che trovasi compresa nei limiti del loro territorio;

Che la strada per l'avanti detta reale, ora del Dipartimento, e quella che conduce da San Fiorenzo a Bastia, saranno pure riattate pei risarcimenti urgenti a spese del Dipartimento, che il Direttorio potrà ordinare. Lo stesso Direttorio del Dipartimento prenderà le misure e darà gli ordini necessari per l'esecuzione della presente deliberazione.

L'ordine del giorno per la demolizione delle lapidi marmoree essendo stato richiamato, uno dei Signori Amministratori ha detto:

« Signori, da che siete comparsi in questa sala il vostro cuore è stato irritato dalla vista degli odiosi monumenti che l'ingombrano. Testimoni della tirannia de' nostri nemici, lo sono egualmente della nostra schiavitù. Se la nostra passione per la libertà fosse meno ardente, o meno viva la nostra avversione per il despotismo, questi monumenti simbolici potrebbero lasciarsi per servirci di stimolo; ma ormai che la sola legge è il nostro sovrano, ormai che accolti nel seno del più vasto e più felice Impero dell'Europa, siamo assicurati degli effetti nocivi di qualunque impulso straniero, dovremo noi permettere che continuino a turbare la nostra gioia colla memoria delle passate oppressioni? No; voi tutti, Signori, vi siete certamente proposti di allontanarvene la rimembranza col farli demolire, ed ora vi veggo disposti a farne la deliberazione. Ma la libertà, quell'idolo, senza di cui non sappiano esistere, quai monumenti degni di sè potrà essa far succedere ai marmi eretti dall'orgoglio aristocratico e dall'adulazione servile ? Essa non si diletta di vane distinzioni e di iscrizioni enfatiche ; la sua base è l'eguaglianza, ed il suo fine è la conservazione intatta dei diritti dell'uomo. La dichiarazione di questi imprescrittibili diritti, o Signori, è appunto il monumento che vi propongo di far erigere nella nostra sala. Esponevano in tal guisa i Romani agli occhi del popolo le leggi ancor barbare delle dodici tavole ; ignoti a se medesimi, dovettero per averle, ricorrere ad una nazione meno inculta ; ma i nostri augusti rappresentanti hanno saputo riconoscere questi preziosi diritti nella stessa natura dell'uomo. Sì, o Signori, si rendano questi eterni sui marmi, come sono indistruttibili nella nostra essenza. Sempre presenti alla nostra memoria, la loro vista ci ricordi l'invariabilità dei nostri obblighi verso i cittadini, e fidi consiglieri presiedano a tutte le nostre determinazioni.

» La nostra associazione al generoso popolo che ci ha adottati, deve esservi egualmente presente, e la gratitudine che sentiamo per il memorabile decreto del 30 novembre deve essere manifestata con un monumento incorruttibile come i nostri sentimenti, per un tale insigne benefizio. »

Il Consiglio Generale dell'Amministrazione, considerando che in un popolo libero devesi, per quanto è possibile, cancellare fin la memoria delle distinzioni, che l'universale entusiasmo per la libertà non ha bisogno d'essere provocato dalle lugubri imagini dell'antica oppressione, che il punto il più interessante è d'inspirare in tutti cuori e trasmettere alla posterità per mezzo di oggetti sensibili la cognizione dei diritti, e delle obbligazioni dei cittadini, e finalmente che è insopportabile alle anime Corse la rimembranza de'nomi de'suoi tiranni, udito il Procurator Generale Sindaco, ha deliberato che tanto le armi che le iscrizioni lapidarie dei governatori genovesi in Corsica, attualmente esistenti nella sala del Consiglio, saranno demolite, e in luogo di esse saranno erette due lapidi contenenti, una la dichiarazione dei diritti dell'uomo e l'altra il decreto dell'Assemblea Nazionale dei 30 novembre 1789, con cui la Corsica è dichiarata parte integrante dell'Impero francese.

La commissione incaricata per la verificazione de'conti dell'Intendenza ha fatto un rapporto sulle pepiniere, quale è stato aggiornato.

Il Sig. Vice-Presidente ha terminata la sessione, e l'ha rimandata a domani alle ore nove della mattina.

Felce, Vice-Presidente.
Panattieri, <i>Segretario Generale</i>.</div>

Sabato 13 Novembre 1790

(Sessione della mattina).

L'anno 1790, li 13 del mese di novembre, alle ore nove della mattina,

Il Consiglio Generale dell'Amministrazione del Dipartimento di Corsica, essendosi riunito nella solita sala, e fatta lettura di diverse memorie particolari state rinviate al Direttorio del Dipartimento per provvedervi, siccome pure sui diversi piani generali stati proposti, è stata presa, udito il Procurator Generale Sindaco, la seguente deliberazione :

Il Consiglio Generale d'Amministrazione, trovandosi vicino all'epoca del suo scioglimento, e considerando che nel breve spazio di sei settimane, non è stato possibile terminare il piano de'travagli generali, nè arrestare i conti dell'antica Amministrazione ; che un tale ritardo non è provvenuto da altro se non perchè il Direttorio non ha potuto essere formato che al momento stesso della riunione del Consiglio, e per conseguenza si è trovato nell'impossibilità di preparare i travagli su cui dovranno versare le deliberazioni del Consiglio ; che si rende indispensabile fra alcuni mesi una nuova riunione del Consiglio per poter arrestare i detti conti, e rendere altre deliberazioni generali relative all'amministrazione del Dipartimento, intanto che il Direttorio possa occuparsi a farne la necessaria preparazione, ha deliberato che sarà supplicata l'Assemblea Nazionale ed il Re, di permettere che, al momento che il Direttorio avrà preparato i detti travagli, il Consiglio possa riunirsi, affine di esaminare ed arrestare i conti dell'antica Amministrazione, e prendere altre deliberazioni generali e necessarie per il bene del Dipartimento, e frattanto provvisionalmente, e fino alla medesima riunione, autorizza il Direttorio a verificare detti conti, ritirare tutti gli scritti dell'antica Amministrazione, dare tutti gli ordini e provvisioni necessarie per gli affari correnti del Dipartimento, e preparare i piani e travagli necessari per presentare il tutto al Consiglio alla detta prossima riunione.

Uno dei Signori Amministratori ha detto che per richiamare alla memoria dei posteri l'epoca avventurata in cui, infrante le catene dell'antica schiavitù e tirannia, la Corsica era divenuta libera, dovrebbe essere ingiunto tanto al Segretario Generale del Dipartimento che agli altri segretari dei Distretti, notari, cancellieri, e altre persone pubbliche, d'inserire negli atti che riceveranno, ed in quelli di cui faranno copia, immediatamente dopo la data ordinaria, quella dell'anno della ricuperata libertà.

Il Consiglio Generale del Dipartimento di Corsica, considerando quanto è importante per i popoli di rammentarli sovente l'idea preziosa della libertà, che hanno riacquistata, e di scancellare dalla loro memoria la schiavitù in cui sono stati avvolti per un si gran numero d'anni, udito il Procurator Generale Sindaco, ha deliberato che nell'avvenire tanto il Segretario Generale del Dipartimento che i Segretari dei Distretti, e tutti i notari, cancellieri e altri uffiziali pubblici saranno tenuti d'inserire in tutti i loro atti e spedizioni, l'anno della libertà dopo la data ordinaria dell'anno, giorno e mese corrente, a cominciare dai quattordici luglio mille settecento ottanta nove; in conseguenza ordina che la presente deliberazione sarà stampata, pubblicata ed affissa ne'luoghi soliti, e spedita a tutti i capi amministrativi, municipalità e tribunali, affinchè vi si conformino.

Ingiunge al Procurator Generale Sindaco, ai Procuratori Sindaci dei Distretti, ai Procuratori delle comunità di tenerci la mano, ed anche di dinunziare tanto al Direttorio generale che ai Tribunali dei Distretti quelli che rifiuteranno di conformarvisi.

Il Procurator Generale Sindaco ha osservato che era conveniente di fornire il corpo di guardia alla marina occupato dalle truppe civiche volontarie di questa città, la legna e il lume, ciò che formava un oggetto di piccolissima conseguenza. Uditi diversi membri,

Il Consiglio Generale ha deliberato che sia accordata per due mesi solamente, a contare da oggi, cento libbre di legna da fuoco e una mezza libbra d'olio per giorno, per l'uso del corpo di guardia della marina occupato dalla guardia nazionale volontaria di questa città.

Il Sig. Vice-Presidente ha annunziato che conformemente alla deliberazione presa dal Consiglio Generale, diverrebbe necessario d'occuparsi della nomina di due supplementari dei Signori Gentili e Pozzodiborgo, ed avendo consultato l'Assemblea sulla maniera di procedere a questa nomina, il Consiglio Generale ha deliberato che si ci sarebbe proceduto per scrutini individuali, e separati, e alla pluralità assoluta de'suffragi. Dopo di che gli scrutatori hanno preso seggio all'intorno dello scagno, e previo il giuramento consueto prestato da tutti i

Signori Amministratori, ciascheduno dei membri presenti, in numero di ventisette, ha deposto ostensibilmente nel vaso il suo biglietto, il numero de'quali biglietti essendosi ritrovato eguale a quello de'deliberanti, e fattane l'apertura e lo spoglio, gli scrutatori hanno annunziato che il Sig. Raffaello Casabianca aveva riportato la pluralità assoluta de'suffragi, mediante venti voti, che si erano manifestati in suo favore; in conseguenza il Sig. Presidente l'ha proclamato per supplementario durante l'assenza del Signor Gentili.

Si è in seguito proceduto alla nomina dell'altro, e riempite le stesse formalità usate nel precedente scrutinio, i Signori Scrutatori hanno annunziato che il Sig. Vincentello Colonna ha ottenuta la pluralità assoluta dei suffragi, giacchè avea riuniti diecinove voti favorevoli; in conseguenza il Sig. Vice-Presidente lo ha proclamato per l'altro supplementario sino al ritorno del Sig. Pozzodiborgo.

I quali Signori Casabianca e Colonna, dopo aver accettato il detto impiego coi sentimenti di riconoscenza, hanno prestato in presenza dell'Assemblea il solito giuramento.

Il Consiglio Generale d'Amministrazione, considerando i vantaggi effettivi prodotti fin qui dalle operazioni del Comitato delle ricerche col ristabilimento della pubblica tranquillità, conoscendo che è di tutto interesse che questo continui anche per alcuni mesi con la sua vigilanza e colla sua attività a prevenire gli sforzi de'nemici della Costituzione che non cessano di spargere lo spirito di sedizione e di suscitar torbidi nel Dipartimento, e riflettendo che molti dei membri del detto comitato, obbligati di restituirsi alle loro case, non possono continuare a stare riuniti in questa città per non caricare il Dipartimento d'ulteriore spesa, udito il Procurator Generale Sindaco, ha provvisoriamente deliberato che il Comitato delle ricerche sino a che il bisogno l'esigerà, continuerà a vegliare ed a prendere le precauzioni necessarie per il mantenimento della pubblica sicurezza, ed a tale effetto ha nominato i

SSri Raffaello Casabianca, Gio : Battista Taddei, e Vincentello Colonna, autorizzando gli altri membri del Comitato che ha esercitato fin quì, a riunirsi con loro nelle sue funzioni nel tempo che si troveranno in Bastia, a carico però ai membri di detto Comitato d'instruire preventivamente del tutto il Direttorio del Dipartimento e prendere il suo avviso.

Il Sig. Vice-Presidente ha levata la sessione e l'ha rimessa a domani alle ore nove della mattina.

FELCE, *Vice-Presidente.*
PANATTIERI, *Segretario Generale.*

Domenica 14 Novembre 1790

(Sessione della mattina).

L'anno 1790, secondo della libertà, li quattordici del mese di novembre, alle ore nove della mattina,

Il Consiglio Generale dell'Amministrazione del Dipartimento di Corsica, essendosi riunito nella solita sala, il segretario ha fatta lettura d'alcune lettere, e delle deliberazioni state prese nelle ultime sessioni.

In appresso, attesochè il termine fissato dai decreti dell'Assemblea Nazionale per la durata delle sessioni del Consiglio Generale del Dipartimento è spirato in questo giorno, il Sig. Vice-Presidente ha annunziato che la presente sessione era chiusa, e che l'Assemblea rimaneva sciolta. Dopo di che tutti i membri presenti a quest'ultima sessione hanno sottoscritto coi detti Signori Vice-Presidente e Segretario Generale.

FELCE, *Vice-Presidente.*
PANATTIERI, *Segretario Generale.*

L'anno di grazia mille settecento novanta, della libertà il secondo, li quattordici novembre, a un'ora dopo mezzogiorno, nella solita sala del Dipartimento, il Consiglio Generale avendo chiusa in questo momento la sua ultima sessione, il presente registro delle deliberazioni prese tanto dall'Assemblea elettorale di Orezza che dal detto Consiglio Generale, è stato arrestato e sottoscritto da noi Ignazio Felce, Vice-Presidente, e Panattieri, Segretario Generale.

FELCE, *Vice-Presidente.*
PANATTIERI, *Segretario Generale.*

PROCESSO VERBALE

DELL'ASSEMBLEA ELETTORALE DEL DIPARTIMENTO DI CORSICA

RIUNITA IN BASTIA IL 7 MAGGIO 1791

PER PROCEDERE ALL'ELEZIONE DEL VESCOVO

L'anno mille settecento novanta uno, secondo della libertà, il 7 maggio, alle ore nove della mattina, i Signori Elettori de'nove Distretti componenti il Dipartimento di Corsica, convocati da' Sigg. Procuratori Sindaci, in conformità delle lettere ad essi addrizzate dal Sig. Procurator Generale Sindaco, i dieci e diciassette aprile ultimo, si sono riuniti nella chiesa di Santa Maria, antica Cattedrale della città di Bastia, che hanno scelto per sala, preparata a tenervi le sessioni della presente Assemblea elettorale, ove, occupandosi immediatamente de'travagli preparatorje preliminari, hanno fatto ricerca de'quattro più decani di età, siccome è prescritto dagli articoli 15 e 24 del decreto dell'Assemblea Nazionale de'22 novembre 1789.

Il Sig. Brigadiere Agostino Giafferri, elettore del cantone di Tavagna, Distretto di Cervione, è stato riconosciuto provvigionalmente per Presidente, ed i Sigg. Carlo Antonio Olivieri, elettore del cantone di Talavo, Distretto d'Ajaccio, Don Simone Lorenzi, del cantone di Sartene, Distretto di Tallano, e Bartolommeo Borromei del cantone d'Alesani, Distretto di Cervione, sono stati riconosciuti per Scrutatori provvisorii, e l'Assemblea avendo deferito a'Sigg. decani sopradetti la scelta del Segretario provvisorio, questi hanno nominato il Sig. Bartolommeo Arena, elettore della città e Distretto dell'Isola Rossa, uno de'membri del Direttorio del Dipartimento, che fa le funzioni di Procurator Generale Sindaco.

Queste nomine fatte ed accettate, il Sig. decano Presidente ha annunziato che si doveva procedere alla nomina d'un Presidente allo scrutinio individuale, ed alla pluralità assoluta de'suffragi.

In seguito, ha fatto fare l'appello nominale de'Sigg. Elettori; ogni elettore avendo deposto il suo biglietto nell'urna destinata a contenerli, gli Scrutatori avendo contato i biglietti, ne hanno ritrovati cento novanta, numero eguale a quello de' votanti. Finito lo spoglio, il Segretario ha annunziato all'Assemblea che il Sig. Generale Pasquale de'Paoli, elettore del cantone di Rostino, Distretto della Porta d'Ampugnani, avea riportato cento ottanta cinque suffragi favorevoli, e che aveva riunito la grande maggioranza per la presidenza; e siccome quest'elettore non era ancora reso nella sala, il Sig. decano ha proposto all'Assemblea di spedire una deputazione di trentasei soggetti che si sarebbero presi fra i suoi membri, per comunicare al Sig. De Paoli la scelta che era stata fatta, e per invitarlo ad accettare la presidenza.

L'Assemblea avendo aderito, ogni Distretto ha deputato quattro de'suoi elettori, e riuniti in numero di trentasei, sono partiti dalla sala dell'Assemblea, e si sono resi nella casa del detto Sig. De Paoli, il quale, alle ore undici della mattina si è presentato, accompagnato dagli elettori deputati, nella sala, ove è stato accolto colle più vive dimostrazioni di gioja, ed avendo pronunziato un breve discorso, ha rinnovato all'Assemblea l'espressione de'sentimenti de'quali ha dato tante riprove nel corso della sua vita, e nella carriera della libertà, a favore de'suoi concittadini; ed avendo accettata la presidenza, ha invitato l'Assemblea a procedere alla nomina del Segretario per mezzo dello scrutinio individuale, ed alla pluralità assoluta de'suffragi.

Fattosi l'appello nominale degli elettori, e raccolto ed aperto lo scrutinio nella forma prescritta, gli Scrutatori avendo riconosciuto che il numero di cento novanta biglietti era corrispondente a quello de' votanti, hanno dichiarato che il Sig. Bartolommeo Arena aveva riportato cento cinquanta tre suffragi favorevoli; e per conseguenza è stato dal Signor Presidente proclamato per Segretario di questa Assemblea. La detta nomina fatta ed accettata, il Sig. Presidente ha prestato il giuramento civico, il Segretario in appresso, ed ha ricevuto quello degli elettori, in conformità de'Decreti dell'Assemblea Nazionale.

In seguito il Sig. Presidente ha invitato l'Assemblea a procedere alla nomina de' tre scrutatori nella forma ordinaria, e riempito lo scrutinio, ed essendosi riconosciuti i biglietti eguali al numero de'votanti, gli Scrutatori provvisorj hanno dichiarato che i Signori Antonio Luigi Arrighi, elettore della città e Distretto di Corte, Pasquale Fondacci, elettore del cantone d'Aregno, Distretto dell'Isola Rossa, ed Ottavio Colonna della città d'Ajaccio, Rione d'Appietto, Distretto d'Ajaccio, avevano riportato la pluralità assoluta de'suffragi, ed il Signor Presidente gli ha invitati ad occupare le piazze che loro erano confidate. Dopo di che il Signor Presidente ha consultato l'Assemblea affine di spedire una deputazione di quattro membri per invitare i corpi amministrativi del Dipartimento del Distretto, il corpo municipale, ed i giudici componenti il Tribunale di questo Distretto, il Signor comandante delle Guardie Nazionali, e suoi uffiziali, il Sig. Rossi, maresciallo, che comanda le truppe di linea di questo Dipartimento, i Sigg. comandante e uffiziali de'reggimenti du Maine e Provinciale, e tutti i capi ed uffiziali del genio e dell'artiglieria, residenti in questa città, ad assistere domani alle ore dieci di mattina alla gran messa che sarà celebrata in questa chiesa di Santa Maria ; e l'Assemblea avendo aderito, sono stati scelti quattro membri per eseguire questa commissione, ed i Sigg. Elettori sono stati pregati dal Sig. Presidente a ritrovarsi domani alle ore dieci di mattina ad assistere alla detta messa, che si sarebbe celebrata nella chiesa suddetta.

Dopo di che la sessione è stata rimessa a domani otto del mese corrente alle ore dieci della mattina, ed è stata la presente deliberazione sottoscritta tanto dal Signor Presidente, che dai Signori Segretario e Scrutatori.

Sottoscritti : Agostino Giafferri, Borromei, Olivieri, Simoni, Lorenzi, Arena, Segretario.

Sessione degli 8 Maggio 1791

L'anno 1791, secondo della Libertà, otto maggio, a dieci ore della mattina,

I Signori elettori, e tutti i corpi, che sono stati invitati ad assistere alla messa solenne, i Signori comandanti della guardia nazionale, delle truppe di linea, uffiziali e capi di corpo, si sono egualmente resi nella Cattedrale, ove il Signore abbate Carlo Giovanni Celani, vicario della detta cattedrale, assistito da molti ecclesiastici elettori, ha celebrato la messa dello Spirito Santo, ed intuonato il *Veni Creator*, ch'è stato cantato in musica. La messa finita, gli elettori si sono piazzatti nel recinto della loro sala, e tutti gli altri cittadini in grandissimo numero, sono rimasti nelle navate della chiesa.

E siccome la pioggia molestava la guardia nazionale ed il distaccamento delle truppe di linea, che stava al di fuori della sala per proteggere la tranquillità e la sicurezza dell'Assemblea, a sua richiesta, i Sigg. Elettori unanimamente hanno pregato il Sig. Presidente d'introdurre nelle navate della chiesa i due distaccamenti per metterli al coperto.

Il Sig. Presidente aderendo al voto generale dell'Assemblea non contradetto da alcun membro, ha invitato i comandanti de' due distaccamenti ad entrare in chiesa, ove si sono tenuti durante tutte le cerimonie della sessione del corpo elettorale.

E regnando l'ordine ed il silenzio, il Sig. Presidente ha aperta la sessione col seguente discorso:

« All'occhio della Legge, la Sede Vescovile del nostro Dipartimento è vacante, ed in obbedienza de' Decreti dell'Assemblea Nazionale, noi dobbiamo nominare un Vescovo, che abbia tutte le qualità che richiedonsi per bene occuparla.

» Il Vescovo che l'ha addicata col suo rifiuto a prestare il giuramento come funzionario, era d'ottimi costumi, ed esemplare, ed apostolico nella sua vita privata. Un pregiudizio di partito, ed un soverchio attaccamento alle pretenzioni abusive del suo ordine, ci hanno privati della di lui assistenza e del di lui ministero spirituale.

» Noi pertanto qui uniti dobbiamo pregare il Padre de' lumi, perchè colla sua grazia espella dai nostri cuori ogni privato interesse, e rischiari le nostre menti nella scelta che dobbiamo fare, per dargli un successore che ne abbia le virtù morali, e meglio sia imbevuto de' principj dell'ottima Costituzione, la quale ha reso all'uomo i suoi diritti, e ravvivato l'antico spirito, che nei tempi più felici del cristianesimo governava la chiesa di Cristo.

» In questa così importante elezione, Patriotti amatissimi, dobbiamo regolare il nostro zelo per il bene della Patria colla pietà verso Dio, che quasi per un miracolo ha spezzate le sue catene, ispirando all'illustre Nazione alla quale siamo uniti, il generoso pensiero di farci partecipi della sua libertà. »

Questo terminato, il Sig. Progher, cancelliere del Vescovo

di Mariana ed Accia, ha presentato una lettera del Sig. Verclos, della quale si è data lettura all'Assemblea. Siccome questa non contiene che un rifiuto deciso di non voler prestare il giuramento prescritto dalla Legge costituzionale, il Procurator Generale Sindaco, chiesta la parola, è montato sulla Tribuna, ed ha pronunziato un discorso con cui ha informato l'Assemblea di tutto ciò che i corpi amministrativi del Dipartimento e del Distretto, ed il corpo municipale della città avevano operato per indurre il Sig. Verclos a soddisfare alla Legge colla prestazione del giuramento, ed il rifiuto che ne avevano riportato in risposta; e quindi ha invitato l'Assemblea a procedere all'elezione del Vescovo del Dipartimento, a tenore della Lege de'26 dicembre 1790.

L'Assemblea Generale, applaudendo al discorso del Procurator Generale Sindaco, e stimando che l'impressione e la pubblicità del medesimo possa giovare per schiarire quei che potessero avere de' dubbii sulla necessità e santità del giuramento, ha ordinato che sia stampato ed inviato in tutte le comunità del Dipartimento.

Il Signor Presidente ha ricevuto il giuramento de'tre Scrutatori, di bene e fedelmente riempiere la carica che l'Assemblea gli avea confidata, e di non palesare il segreto.

Ciò fatto, il Sig. Presidente, alzando la mano, ha giurato di essere fedele alla Nazione, alla Legge ed al Re, di mantenere con tutto il suo potere la Costituzione decretata dall'Assemblea Nazionale, ed accettata dal Re, e di scegliere in anima e coscienza l'Ecclesiastico che gli sembrerà più degno di essere Vescovo, ed ha ricevuto il medesimo giuramento da tutti i membri dell'Assemblea.

Il Signor Presidente, prestandosi al desiderio degli Elettori di procedere immediatamente all'elezione del Vescovo, ha fatto cominciare l'appello nominale degli Elettori, i quali scrivendo il loro biglietto sulla tavola ove erano i scrutatori, hanno deposto l'uno dopo l'altro, secondo l'ordine che erano chiamati, il loro biglietto nella cassetta destinata a riceverli, alzando la mano e dicendo: *lo giuro*.

Finito l'appello nominale, gli scrutatori hanno contati i biglietti, e ne hanno trovati dugento quindici, numero eguale a quello degli Elettori presenti. Lettura fatta ad alta voce di tutti i biglietti verificati dai tre scrutatori, il Sig. Segretario ha annunziato al Signor Presidente, che, sopra dugento quindici biglietti, validi erano cento novanta, e che per ottenere la maggiorità assoluta bastavano novantasei voti. Ed il Sig. Ignazio Francesco Guasco, Gran Vicario di Mariana ed Accia, avendo riportato cento quattro suffragi, il Sig. Presidente ha annunziato che il Signore Guasco era eletto Vescovo del Dipartimento.

L'Assemblea ha fatto sentire colle acclamazioni quanto, questa scelta appagava i suoi voti, ed ha manifestato l'intenzione di spedire una deputazione di trentasei membri dal Sig. Guasco, per annunziarli che era stato nominato per riempiere la dignità di Vescovo, e pregarlo di accettarla, e di rendersi nel seno dell'Assemblea.

Questa proposizione essendo stata adottata unanimamente, i medesimi membri ch'erano stati incaricati nella sessione di ieri di annunziare al Sig. Presidente la nomina della presidenza, sono stati pregati di eseguire questa commissione, ed essi partendo dalla sala, si sono trasportati nella casa del Sig. Guasco, e gli hanno fatto parte della sua elezione, e della premura dell'Assemblea.

Questo Ecclesiastico che per lo spazio di trenta e più anni ha servito la Diocesi di Bastia in qualità di Vicario Generale, che ha egualmente riempite le funzioni per due volte di Vicario Capitolare, che è generalmente stimato, e per le virtù morali, e per i sentimenti di patriottismo, dimostrando la sua sensibilità ai membri deputati, gli ha fatto conoscere, che essendo settuagenario, e di una salute molto debole, egli non si credeva aver la forza necessaria per corrispondere all'aspettativa degli Elettori, e per servire la Religione e la Patria con quel fervore che avrebbe desiderato, e quindi ha loro rimesso una lettera diretta all'Assemblea Elettorale, per mezzo di cui la pregava di dispensarlo di accettare una piazza così importante.

I deputati ritornando nella sala colla risposta del Signor Guasco, il Sig. Presidente ha dato comunicazione di questa lettera all'Assemblea, la quale, mossa da un sentimento di venerazione per questo nuovo Prelato, e palesando nuovamente il suo voto, ha pregato i deputati di rendersi di bel nuovo dal Signor Guasco, per invitarlo ad accettare, ed arrendersi nell'Assemblea, ove era atteso colla più viva impazienza.

I deputati eseguendo la commissione, hanno appalesate al Sig. Guasco le disposizioni dell'Assemblea elettorale, ed egli condescendendo alle loro preghiere, si trasferì con loro nella sala, ove è stato accolto con replicati *Evviva*, e dagli elettori, e dal popolo che si ritrovava nella chiesa.

Questo spettacolo imponente era felicitato dalle acclamazioni di gioia, e più volte s'intese risuonare il grido generale: *Viva il Vescovo del Dipartimento!*

Il Sig. Guasco presentandosi all'Assemblea, ha detto, che offeriva volontieri gl'ultimi giorni della sua vita al servizio della Religione e della Patria, siccome gli aveva consacrati tutti i suoi anni, e che la sola età ed infermità dalle quali era aggravato, erano i motivi che esponea all'Assemblea, affinchè essa facesse una migliore scelta; che se poi la sua accettazione era necessaria, esso non avrebbe mai contradetto il voto dell'Assemblea. E tutti gli elettori insistendo nell'elezione, il Sig. Presidente, consultata l'Assemblea, ha detto che la proclamazione del nuovo Vescovo si farebbe domani alle ore dieci della mattina, e che questo atto sarebbe accompagnato dalla cerimonia di una messa grande cantata solennemente, e del *Te Deum*, per ringraziare l'Ente Supremo, e che frattanto i medesimi membri, che avevano invitato i corpi amministrativi, ed i corpi ed i capi che avevano assistito alla cerimonia di questo giorno, sarebbero incaricati di rinnovare l'invito per quella di domani.

Dopo di che la sessione è stata rimessa a domani alle ore dieci della mattina, ed i Signori Elettori hanno accompagnato il nuovo Vescovo alla sua casa.

Questo accompagnamento è stato eseguito colla marcia maestosa, preceduta dalla marcia delle Guardie Nazionali, dagli elettori, dai cittadini, e dal distaccamento delle truppe di linea, che hanno ricondotto il nuovo prelato in sua casa.

Ed è stata la presente deliberazione chiusa e sottoscritta, tanto dal Sig. Presidente, che dai Sigg. Segretario e Scrutatori.

Sottoscritti : Antonio Luigi Arrighi, Ottavio Colonna, Pasquale Fondacci, Paoli, Presidente, Arena, Segretario.

Sessione de' 9 Maggio 1791

L'anno 1790, secondo della Libertà, li 9 maggio, alle ore dieci della mattina,

I Signori Elettori si sono riuniti nella chiesa cattedrale, ove è intervenuto il Signor Ignazio Francesco Guasco, eletto Vescovo del Dipartimento, e dopo essere stata fatta lettura del processo verbale della sessione di ieri, il Sig. Presidente l'ha proclamato Vescovo del Dipartimento, e l'Assemblea egualmente che il numeroso concorso de'cittadini, hanno dimostrato coi replicati applausi la soddisfazione la più completa.

In seguito il detto Sig. Vescovo, dopo di aver accettata la nomina, si è presentato all'altare maggiore accompagnato dal

Sig. Presidente e dal Segretario, in presenza dell'Assemblea elettorale, dei corpi amministrativi del Dipartimento, e del Distretto e della municipalità e dei cittadini, che riempivano tutta la chiesa, ha giurato nella forma prescritta dai Decreti dell'Assemblea Nazionale, di vegliare con diligenza sopra i fedeli della Diocesi che gli è confidata, e di essere fedele alla Nazione, alla Legge ed al Re, e di mantenere con tutto il suo potere la Costituzione decretata dall'Assemblea Nazionale, ed accettata dal Re.

L'Assemblea unita gli ha dato atto del suo giuramento, ed allora le campane della cattedrale, e di tutte le altre chiese della città, e lo sbarro dell'artiglieria, e le salve replicate delle guardie nazionali, che si erano poste sopra l'armi, annunziarono al pubblico l'adempimento di quest'atto civico e religioso.

Ed immediatamente è stato cantato il *Te Deum,* e celebrata la messa solenne in musica, la quale terminata, i Sigg. Elettori sono stati pregati d'accompagnare il Vescovo del Dipartimento fino alla sua casa, e sono stati invitati di riunirsi domani alle ore nove della mattina nella sala dell'Assemblea, per continuare le operazioni per le quali sono stati convocati.

L'accompagnamento si è fatto colla maggior pompa, e collo strepito de' sbarri di cannone e della moschetteria delle guardie nazionali, che guarnivano la strada per cui si passò per condurre questo prelato fino alla sua casa, e nel giorno medesimo il corpo municipale fece ordinare un'illuminazione per la sera, che fu eseguita.

Ed è stata la presente deliberazione sottoscritta tanto dal Sig. Presidente, che da' Sigg. Segretario e Scrutatori.

Sottoscritti: OTTAVIO COLONNA, ANTONIO LUIGI ARRIGHI, PASQUALE FONDACCI, PAOLI, *Presidente*, ARENA, *Segretario*.

Continuazione del Processo Verbale
di elezione del Presidente, Denunziatore pubblico e Cancelliere
del Tribunale criminale del Dipartimento.

Sessione del 10 Maggio 1791

I Signori elettori si sono riuniti nella solita sala, ed è aperta la sessione colla lettura del processo verbale della precedente di ieri.

Il Sig. Presidente ha prevenuto l'Assemblea che il Direttorio del Dipartimento chiedeva di essere ammesso a presentare l'omaggio del suo rispetto, ed i Signori elettori avendovi aderito, i membri che compongono l'Amministrazione suddetta sono stati introdotti, ed il Sig. Vice-Presidente del Direttorio portando la parola, ha con un breve discorso, felicitato l'Assemblea sulla scelta che essa aveva fatto di un Vescovo degno a tutti i titoli della pubblica confidenza, e l'ha pregata di gradire il tributo del rispetto che offerivano gli Amministratori del Dipartimento.

Il Sig. Presidente, a nome dell'Assemblea, ha dimostrato il suo gradimento, ed ha invitato il Direttorio a continuare col medesimo zelo nell'esercizio delle funzioni importanti che gli sono confidate.

E siccome l'Assemblea elettorale è stata pure convocata per procedere alla scelta del Presidente, denunziatore pubblico, e cancelliere del tribunale criminale, in virtù delle lettere convocatorie del Sig. Procurator Generale Sindaco, ha invitato l'Assemblea ad occuparsi di questa elezione; e dopo di avere esso unitamente al Sig. Segretario prestato il giuramento di scegliere il più degno e di avere ricevuto quello dell'Assemblea, si è proceduto allo scrutinio nella forma ordinaria ; e contati i biglietti, e ritrovati in numero di dugento ventitre, corrispondente a quello degli elettori presenti, e fattone lo spoglio, gli scrutatori hanno dichiarato che niuno aveva riportato la pluralità, e quindi doveva l'Assemblea procedere ad un secondo scrutinio ; e nuovamente dati e raccolti i biglietti, che sono stati trovati uguali al numero degli elettori, gli scrutatori hanno annunziato che neppure in questo secondo scrutinio la pluralità assoluta non risultava a favore di alcuno, e che i due fra'nominati che avevano riportato il maggior numero di suffragi erano il Sig. Boerio, Presidente del tribunale del Distretto di Corte, ed il Sig. Rossi, Presidente del Distretto d'Ajaccio.

Scritti i nomi de' due candidati, e riposti sul tavolino su di cui si scrivevano i biglietti, si è proceduto al terzo scrutinio ; sviluppato e spogliato nella solita maniera, gli scrutatori hanno riferito che il Sig. Rossi aveva riportato cento venticinque suffragi favorevoli, ed il Sig. Boerio novantotto ; in conseguenza il Sig. Presidente ha proclamato per Presidente del tribunale criminale il Sig. Marco Aurelio Rossi d'Ajaccio.

Dopo di che la sessione è stata rimessa a domani 11 del mese corrente, alle ore nove della mattina, per procedere alle altre elezioni successive.

Ed è il presente processo verbale sottoscritto tanto dal Sig. Presidente e Segretario che da'Signori Scrutatori.

Sottoscritti : OTTAVIO COLONNA, ANTONIO LUIGI ARRIGHI, PASQUALE FONDACCI, PAOLI, *Presidente*, ARENA, *Segretario*.

Sessione dell' 11 Maggio 1791

I Signori elettori del Dipartimento di Corsica, si sono riuniti nella solita sala, e dopo la lettura del processo verbale della sessione di ieri, il Sig. Presidente ha invitato l'Assemblea a procedere alla nomina del denunziatore pubblico del tribunale criminale, e fatto l'appello nominale, dopo la prestazione del solito giuramento, i Signori elettori hanno depositato nella forma consueta i loro biglietti, che si sono trovati in numero di dugento trenta, numero eguale a quello de'votanti presenti. Spogliato lo scrutinio, è stato riconosciuto che che il Sig. Giovanni Francesco Galeazzi, graduato ed elettore del cantone di Casinca, Distretto della Porta d'Ampugnani, avea riportati cento ottantotto suffragi, e per conseguenza il Sig. Presidente l'ha proclamato denunziatore pubblico del tribunale criminale.

Gli Amministratori del Direttorio del Distretto di Bastia sono stati introdotti nella sala, ed il Vice-Presidente ha detto:

« Signori,

» Gli Amministratori del Direttorio del Distretto di Bastia vi presentano l'omaggio del loro rispetto, e si congratulano seco voi delle scelte che avete fatte.

» Queste assicurano maggiormente quella felicità che è dovuta ad un popolo che fu de'primi a scuotere il giogo della servitù sotto gli auspici del degno cittadino che presiede a questa rispettabile Assemblea. »

Il Sig. Presidente ha risposto colle espressioni le più lusinghevoli che l'Assemblea gradiva il loro omaggio, che era soddisfatta del loro zelo e che sperava di riceverne sempre più delle nuove riprove nel corso dell'Amministrazione che gli era stata confidata.

Il Sig. Presidente ha osservato che rimaneva per ultimo travaglio ad eleggere il cancelliere del tribunale criminale, e dopo di avere prestato e ricevuto il solito giuramento, è stato riempito lo scrutinio nella solita forma. Non avendo prodotto la pluralità assoluta in favore di alcuno, si è incominciato il secondo giro; gli scrutatori hanno dichiarato che niuno aveva riportato la maggiorità assoluta, e che il Sig. Luigi Tiberi e Luigi Mancini avevano riportato il maggior numero de' voti; in conseguenza, scritto il nome de' due candidati sull'urna, ed avvertita l'Assemblea che i suffragi non potevano cadere che sopra l'uno de' due, si è riempito il terzo scrutinio e verificato; e fattone lo spoglio, gli scrutatori hanno riferito che il Sig. Luigi Tiberi aveva riportato cento trenta suffragi, e che perciò rimaneva cancelliere del tribunale criminale, ed il Sig. Presidente l'ha proclamato per riempire questa carica.

La sessione è stata rimessa a domani, dieci ore della mattina, per sentire la lettura del processo verbale e per sottoscriverlo.

Sottoscritto: Antonio Luigi Arrighi, Ottavio Colonna, Pasquale Fondacci, Paoli, *Presidente*, Arena, *Segretario*.

Sessione del 12 Maggio 1791

I Signori elettori del Dipartimento si sono riuniti nella solita sala, ed è stata fatta lettura del processo verbale delle sessioni precedenti, senza che alcun membro abbia opposto nè contradetto.

Uno degli elettori ha detto che la perdita del Sig. Mirabeau aveva ricoperto di lutto la superficie della Francia, che il Dipartimento di Corsica, oltre del sentimento generale, doveva risentire un dolore più profondo, perchè quel grand'uomo aveva contribuito ad infrangere le catene de'Corsi, ed a riunirli alla monarchia francese.

L'Assemblea, aderendo alla mozione, ha ordinato che in tutti i capi luoghi de'Distretti si sarebbe celebrato un servizio e che il busto del Signor Mirabeau sarebbe collocato nella sala del Dipartimento colla seguente iscrizione: *A Mirabeau, cooperatore della riacquistata libertà, l'Assemblea elettorale di Corsica in segno di riconoscenza.*

Il Consiglio Generale del comune di Bastia, il comandante e gli uffiziali delle guardie nazionali si sono presentati nella sala per offerire il tributo del loro rispetto all'Assemblea elettorale; il Prefetto, il Procuratore del comune, ed uno degli uffiziali delle guardie nazionali hanno pronunziato un discorso a quest'effetto.

Il Sig. Presidente ha risposto che l'Assemblea gradiva il loro omaggio, e che si lusingava che avrebbero continuato a meritare con questi sentimenti la stima de'loro compatriotti.

E tutte le operazioni essendo terminate, è stato cantato il *Te Deum* in rendimento di grazie, ed il presente processo verbale è stato chiuso e sottoscritto tanto dal Sig. Presidente e Segretario che da'Signori Scrutatori.

Sottoscritti: ANTONIO LUIGI ARRIGHI, OTTAVIO COLONNA, PASQUALE FONDACCI, PAOLI, *Presidente*, ARENA, *Segretario*.

PROCESSO VERBALE

DELLE

SESSIONI DELLA RIUNIONE STRAORDINARIA

DEL CONSIGLIO GENERALE D'AMMINISTRAZIONE

DEL DIPARTIMENTO DI CORSICA

Oggi quattordici giugno 1791, e della libertà il secondo, alle ore quattro dopo mezzo giorno, nella città di Corte,

I Signori Agostino Giafferri, Gio : Battista Leoni, Giambattista Quenza, Santo Dominici, Giovanni Antoni, Mario Peraldi, Don Giacomo Abbatucci, Anton Padovano Giacomoni, Giuseppe Bonaccorsi, Don Pietro Boerio, Francesco Grimaldi, Carlo Francesco Murati, Carlo Francesco Carlotti, Giulio Matteo Grazietti e Luigi Ciavaldini, membri del Consiglio generale di Amministrazione del Dipartimento di Corsica, assistiti dal Sig. Francesco Benedetto Panattieri, segretario generale del Dipartimento, istruiti dalla voce pubblica della scandalosa insurrezione accaduta in Bastia li due e tre del corrente, mossi a un tempo e dallo zelo della causa pubblica e da un giusto risentimento di vendicare l'oltraggio fatto alla legge da un popolo ribelle, si sono di loro proprio moto trasportati in questa città di Corte, e si sono coerentemente alla disposizione della legge de' 27 marzo scorso, riuniti in assemblea di consiglio con i Signori Paolo Pompei Paoli, Bartolomeo Arena,

Giuseppe Maria Pietri, Antonio Gentile, Vincentello Colonna-Leca, Gio : Battista Giuseppe Taddei, membri che compongono il Direttorio del Dipartimento, nel convento di San Francesco, ad effetto di deliberare sui mezzi di far rientrare la città di Bastia nella subordinazione alla legge, e di prendere le misure le più espedienti per il mantenimento della pubblica tranquillità in tutte le altre parti del Dipartimento.

Uno degli Amministratori ha fatto osservare all'Assemblea che il Sig. Generale Paoli, il quale nella prima riunione del Consiglio era stato nominato Presidente del Dipartimento, ritrovandosi a Corte, conveniva invitarlo per mezzo di una deputazione ad intervenire alle sessioni del Consiglio ed a presiederla ; che il suo zelo e i suoi lumi erano necessari per guidare le operazioni dell'Amministrazione in una circostanza così critica, e in un affare così importante.

In seguito di questa proposizione, una deputazione di sei membri è stata incaricata di esprimere al Sig. Generale Paoli il voto unanime dell'Assemblea.

I deputati essendo ritornati, dopo avere riempita la loro commissione, hanno fatto conoscere all'Assemblea il vivo dispiacere che il Sig. Generale Paoli aveva dimostrato di non poter prestarsi al suo invito ; che la sua salute, alterata dal viaggio e dalle continue occupazioni, non gli permetteva d'intervenire alle sue sessioni, nè di assistere a'suoi travagli ; del rimanente poi ch'egli avrebbe fatto dal canto suo tutto ciò che le sue forze gli permettevano di fare per secondare le operazioni dell'Amministrazione e per essere utile alla causa pubblica.

L'Assemblea ha dimostrato il più vivo rincrescimento di non potere in questa circostanza avere nel suo seno colui che ne'tempi i più difficili della Patria seppe coi suoi consigli proteggerla e sostenerla ; acquetandosi però alle potenti ragioni da lui allegate, ha proceduto nelle forme prescritte dalla legge alla nomina di un Vice-Presidente, la quale è caduta nella persona del Sig. Giafferri.

Gli Amministrateri essendosi così legalmente costituiti in Assemblea, uno dei membri del Direttorio ha fatto lettura de'fatti accaduti nella città di Bastia nelle giornate del 1º, 2 e 3 del corrente, ed il rapporto essendo stato immediatamente messo sù lo scagno, uno de'membri del Consiglio ha proposto, conformemente all'articolo 18 della detta legge de' 27 marzo, di annunziare al Corpo legislativo e al Potere esecutivo la riunione straordinaria del Consiglio, e d'inviare nel tempo stesso copia del rapporto fatto dagli Amministratori, che compongono il Direttorio del Dipartimento; nella detta mozione è stato unanimamente determinato che si sarebbe scritto al Corpo Legislativo, e al Potere esecutivo per informarli della riunione del Consiglio del Dipartimento, e che nel tempo stesso si sarebbe loro inviata copia del rapporto fatto dal Direttorio concernente l'insurrezione che si è manifestata a Bastia il 1º, 2 e 3 del corrente.

I membri del Direttorio hanno in seguito esposto che, dopo la scandalosa insurrezione de'Bastiesi, e dopo gl'insulti fatti all'Amministrazione intiera in alcuni de' suoi membri, essi hanno giudicato espediente di abbandonare una città, che si era dichiarata solennemente ribelle alla legge, ove essi non avrebbero potuto esercitare con libertà le loro funzioni, e ove si sarebbero veduti giornalmente esposti a soffrire gli oltraggi di un popolo inquieto e tumultuante; hanno però richiesto che il Consiglio deliberasse sul luogo ove il Direttorio potea fissare provvisoriamente la sua dimora e ripigliare la sua attività e l'esercizio delle sue funzioni.

La materia messa in deliberazione, uditi i pareri di diversi membri, il Consiglio Generale, considerando che dopo la ribellione del popolo di Bastia, l'Amministrazione non potrebbe godere in quella città della sicurezza e della libertà tanto necessaria alle sue operazioni; considerando d'altronde che la città di Corte si ritrova al centro del Dipartimento, e che è per conseguenza il luogo più proprio per mantenere una corrispondenza esatta e sollecita colle Amministrazioni de'Distretti, e da dove si può più efficacemente invigilare sulla tranquillità e sull'ordine pubblico delle diverse parti dell'Isola; considerando finalmente che la deliberazione presa dall'Assemblea elettorale d'Orezza relativamente al capoluogo non fu che provvisoria, e che si ebbe in quella circostanza specialmente considerazione alle maggiori facilità che la città di Bastia presentava per il ritiro degli scritti dell'antica Amministrazione, ma che si lasciò in seguito la libertà al Direttorio di trasportarsi ove il bisogno l'avrebbe richiesto, ha determinato che il Direttorio del Dipartimento fisserà provvisoriamente le sue sessioni nella città di Corte, e che a questo effetto sarà supplicato il Corpo legislativo di omologare la presente provvisoria determinazione, salvo alla prima Assemblea elettorale a deliberare definitivamente sulla fissazione del capoluogo.

Uno de'membri del Consiglio ha fatto osservare che dalla lettura del rapporto fatto dal Direttorio sull'insurrezione de' Bastiesi, appariva apertamente che la municipalità di quella città avea tenuta la condotta la più colpevole; che invece di essersi opposta agli attruppamenti del popolo, e aver messi in opera i mezzi che la legge avea posti in suo potere, di pubblicare cioè la legge marziale, essa avea manifestamente favorito ed approvato gli eccessi a' quali il popolo si era abbandonato; che la lettera istessa che quella municipalità ha indirizzata a tutte le municipalità del Dipartimento conteneva una chiara approvazione della ribellione dei Bastiesi, e tendeva ad eccitare le altre comunità dell'Isola a seguire lo scandaloso loro esempio; che, se la municipalità di Bastia continuasse di essere incaricata delle funzioni municipali, la sua condotta sarebbe capace di operare la ruina totale di quella città. Ha perciò proposto che il corpo municipale della città di Bastia debba essere provvisoriamente sospeso dalle sue funzioni, e che sia chiamato nanti il Consiglio generale del Dipartimento per rendere ragione della sua condotta.

Dopo di che la materia messa in deliberazione, lettura fatta della lettera circolare della municipalità di Bastia de' quattro del corrente indirizzata all'altre municipalità del Dipartimento, egualmente che del processo verbale degli abitanti di detta città de' 2 di questo mese, udito il parere di molti membri, alcuni de' quali hanno opinato che la municipalità fosse denunziata all'Assemblea Nazionale, altri che dovesse essere arrestata e mandata sotto sicura scorta all'Alta Corte Nazionale, come rea di lesa nazione; dopo vari dibattimenti, udito il Procurator Generale Sindaco, è stato alla maggiorità determinato che la municipalità di Bastia rimarrà provisoriamente sospesa dall'esercizio delle sue funzioni, e nientedimeno ha determinato che il corpo municipale, e il Procurator del comune della detta città saranno tenuti di presentarsi fra il termine di quattro giorni nanti il Consiglio generale del Dipartimento per rendere ragione della condotta da loro tenuta dopo il primo giugno sino a quest'epoca; han determinato in oltre che il Sig. Vidau, come quello che ha presieduto un'assemblea la quale ha dichiarato in un processo verbale la sua resistenza e la sua ribellione alla legge, sarà egualmente tenuto di presentarsi nello stesso termine di quattro giorni nanti il Consiglio generale del Dipartimento; determina finalmente che quattro commissari, cioè, i Signori Giambattista Quenza, Luigi Ciavaldini, Antonio Filippo Casalta e Achille Morati, membri del Consiglio Generale di Amministrazione, i quali il Consiglio Generale ha nominati a questo effetto, saranno incaricati di trasportarsi in Bastia con una forza pubblica, la quale saranno autorizzati a richiedere in tutti i Distretti del Dipartimento, ed impiegarla conformemente alle istruzioni che verranno loro date dal Consiglio Generale per ridurre la detta città, in caso di resistenza, anche colla forza dell'armi, a rientrare nella sommessione alla legge, che ha violata ; determina finalmente che la presente deliberazione sarà stampata ed inviata a tutti i Distretti e municipalità dell'Isola, e affissa nei luoghi soliti e consueti.

Il Sig. Presidente ha levata la sessione, aggiornandola a dimani alle ore nove di mattina.

Sottoscritti : Ciavaldini, Mario Peraldi, Grazietti, Quenza, Antoni, Abbate Bonaccorsi, Leoni, Abbatucci figlio, Morati, Carlotti, Pietri, Boerio, Pompei-Paoli. Dominici, Grimaldi, Taddei, Giacomoni, Gentili, Colonna-Leca, Arena, *Procurator Generale Sindaco*, Giafferri, *Vice-Presidente*, Panattieri, *Segretario Generale*.

Sessione del 15 Giugno 1791

(*Alla mattina*).

Oggi quindici giugno mille settecento novant'uno, alle ore nove della mattina, gli Amministratori componenti il Consiglio Generale del Dipartimento di Corsica riuniti nella solita sala, è stata aperta la sessione colla lettura del processo verbale della sessione di ieri, dopo di che uno de'membri ha detto :

« Signori,

» Voi vi siete occupati ieri a fissare il luogo ove il Direttorio del Dipartimento dovrà provvisoriamente stabilirsi per esercitare liberamente le sue funzioni ; conviene che vi occupiate oggi dell'Amministrazione del Distretto di Bastia. Le stesse ragioni che vi hanno indotti a determinare che il Direttorio del Dipartimento non continuerà la sua residenza in Bastia, esistono anche per l'Amministrazione del Distretto. Voi non ignorate che in quella città vi regna, non so se io debba dire il despotismo o l'anarchia; sono gli uomini che comandano e non la legge. Come potrebbe un corpo ch'è stabilito da un potere legittimo essere rispettato in un paese ove la legge è stata così ingiuriosamente calpestata? Come potrebbe esercitarvi liberamente le sue funzioni? Fra le operazioni le più interssanti dell'Amministrazione, una si è l'esecuzione della costituzione civile del clero; questa legge, alla quale gli abitanti di Bastia hanno resistito con una deliberazione solenne espressa nel processo verbale di cui ieri avete udito lettura, non potrebbe essere eseguita in Bastia dal Direttorio del Distretto, senza vedersi esposto a soffrire gl'insulti, che sono stati sofferti dall'Amministrazione Superiore. La corrispondenza dell'Amministrazione del Dipartimento col Direttorio di quel Distretto non potrebbe essere sicura. L'accesso all'Amministrazione degli abitanti delle altre comunità del Distretto non è più libero. Vi sono noti, Signori, i timori degli abitanti di Bastia riguardo all'ingresso degli abitanti delle altre comunità, ch'essi chiamano *Paesani*. Voi sapete che ogni cittadino dell'interiore che voglia entrare in città, è disarmato all'ingresso; d'altronde dovrebbe essa, una città ribelle, aver nel suo seno un'Amministrazione stabilita dalla nuova Costituzione? Tutte queste ragioni debbono farvi sentire la necessità di ritirare dalla città di Bastia l'Amministrazione del Distretto. Io vi propongo dunque di determinare che il Direttorio del Distretto di Bastia dovrà immediatamente ritirarsi da quella città e che dovrà per provvigione, fintanto che ne sia altrimente ordinato, trasportarsi in quel luogo ove voi giudicherete a proposito d'indicargli di ritirarsi, per tenervi le sue sessioni, e per esercitare con libertà le funzioni che la Costituzione gli ha confidate. »

Dopo di che la materia messa in deliberazione, il Consiglio Generale del Dipartimento, considerando che il Direttorio del Distretto di Bastia, dopo l'insurrezione degli abitanti, non potrebbe, continuando a rimanere in quella città, godere della libertà e della sicurezza nell'esercizio delle sue funzioni, specialmente per ciò che riguarda l'esecuzione delle leggi che concernono il clero ; considerando che la corrispondenza che l'Amministrazione del Dipartimento, e quella del Distretto devono scambievolmente tenere insieme, potrebbe non essere sicura ; considerando finalmente che gli abitanti delle altre comunità del Distretto non possono avere un accesso libero all'Amministrazione per la spedizione de' loro affari senza vedersi esposti ad essere disarmati e senza mettersi al pericolo di essere insultati, ha unanimemente deliberato che gli Amministratori che compongono il Direttorio del Distretto di Bastia dovranno immediatamente ritirarsi da quella città, e trasportarsi nella comunità di Luri, luogo che il Consiglio del Dipartimento indica loro per fissarvi provvigionalmente la loro dimora, e per esercitarvi le loro funzioni. Incarica a questo effetto il Procurator Generale Sindaco del Dipartimento d'inviare al Direttorio del Distretto di Bastia copia della presente determinazione, e di vegliare alla pronta sua esecuzione.

Essendo già passato mezzo giorno, la sessione è stata rimessa alle cinque ore della sera.

Sottoscritti : GIAFFERRI, *Vice-Presidente*.
PANATTIERI, *Segretario Generale*.

Sessione del detto giorno 15 Giugno 1791
(*Alla sera*).

L'anno 1791, il secondo della libertà, quindici del mese di giugno, alle ore cinque della sera, gli Amministratori che compongono il Consiglio generale del Dipartimento di Corsica si sono riuniti nella solita sala, e dopo essere stata fatta lettura del processo verbale della sessione della mattina, uno de' membri ha detto : che conveniva che l'Assemblea si occupasse de' mezzi di assicurare che la cittadella di Bastia, la quale si trova attualmente guardata dalla truppa di linea, e alla sua disposizione, non cada più nel potere degli abitanti di Bastia ; che se il Sig. Rossi si prestasse nell'avvenire, come si è prestato fin qui, alle requisizioni della municipalità, questa, che ha apertamente favorito l'insurrezione del popolo, avrebbe tentato tutti i mezzi per farlo diventare un'altra volta padrone della fortezza, per poter quindi opporre una resistenza all'autorità del Governo ; che il miglior mezzo da proporsi nella circostanza gli sembra quello di raccomandare al Sig. Rossi d'invigilare alla custodia della cittadella, e d'ingiungergli di non aderire ad alcuna requisizione della sospesa municipalità tendente ad introdurre nella cittadella della gente armata e a mettere in pericolo la sicurezza della guardia delle fortificazioni.

Sulla detta proposizione il Consiglio generale del Dipartimento ha unanimemente determinato che sarà scritta lettera al Sig. Rossi, comandante le truppe di linea in Corsica, per incaricarlo d'invigilare alla sicurezza della cittadella di Bastia, ingiungendogli, sotto pena di essere responsevole di qualsivoglia avvenimento, di non aderire a qualunque richiesta della sospesa municipalità, che tendesse ad introdurre nella cittadella delle genti armate, sotto qualsivoglia pretesto, e che potesse togliere alla truppa di linea la guardia e la sicurezza delle fortificazioni ; determina inoltre che sarà al detto Sig. Rossi spedita, unitamente alla lettera, copia della presente determinazione, egualmente che della deliberazione che sospende la municipalità di Bastia dalle sue funzioni, il tutto alla diligenza del Procurator Generale Sindaco del Dipartimento, il quale è incaricato di vegliare all'esecuzione della presente.

Un altro membro prendendo la parola ha detto :

« Uno degli oggetti più interessanti per l'Amministrazione si è la sicurezza della corrispondenza. Se i battelli di posta continuano ad approdare a Bastia, la vostra corrispondenza col Corpo legislativo e col Potere esecutivo è soggetta ad essere intercettata. Voi vedete quali ne possono essere le conseguenze; un oggetto di tanta importanza merita sicuramente la vostra attenzione; la direzione delle poste dovrebbe essere cambiata. »

Il Consiglio Generale, prendendo in considerazione la proposizione fatta dall'opinante, dopo aver udito il parere di diversi membri, e inteso il Procurator Generale Sindaco, ha determinato : che sarà scritta lettera al ministro dell'interiore per domandare che sia cambiata la direzione de'battelli di posta, e che invece di essere indirizzati a Bastia, come per lo passato, vadano in avvenire ad approdare a San Fiorenzo, e frattanto per provvigione, finattanto che si siano ricevute risposte del potere esecutivo, determina che sarà scritta lettera alli Signori Jadart, commissario di guerra a Bastia ; Sapey Desmene, incaricato de'battelli di posta ; Vannier, controllore generale delle poste, ingiungendo loro, sotto pena di responsabilità, di far cambiare, ciascuno per ciò che lo concerne, la direzione de'vascelli della corrispondenza, facendoli d'ora in avanti approdare a San Fiorenzo, e a questo effetto il Consiglio Generale incarica il Procurator Generale Sindaco del

Dipartimento di mandare a ciascuno di detti Signori Jadart, Sapey Desmene e Vannier, copia della presente deliberazione per conformarvisi, e di tener la mano alla sua esecuzione. Ed essendo già ott'ore di sera, il Sig. Vice-Presidente ha levata la sessione, e il Consiglio Generale si è aggiornato a domani alle ore nove della mattina.

Sottoscritti : GIAFFERRI, *Vice-Presidente.*
PANATTIERI, *Segretario-Generale.*

Sessione del 16 Giugno 1791
(Alla mattina).

L'anno 1791, e della libertà il secondo, 16 del mese di giugno, alle ore nove della mattina, i Signori Amministratori che compongono il Consiglio Generale del Dipartimento di Corsica e che hanno assistito alle precedenti sessioni, essendosi riuniti nella solita sala, uno fra essi ha detto che per porre ad esecuzione la determinazione presa dal Consiglio Generale nella sua prima sessione, e mettere in attività la commissione nominata ad effetto di trasportarsi in Bastia, ricondurvi l'ordine e far rientrare quel popolo nella sommissione alla legge, sarebbe conveniente di pregare il Sig. Generale Paoli di porsi alla testa di questa commissione, e di guidarla coi suoi lumi, colla sua saggezza e co' suoi consigli ; che sarebbe utile di far sentire all'Assemblea tutto il vantaggio che essa dovrebbe ripromettersi da questo espediente. Questa mozione essendo stata applaudita, e unanimemente adottata, è stato arrestato che sarà scritta immediatamente lettera al Sig. Generale Paoli per farli sentire il voto generale dell'Assemblea ; ed essendo stato nel momento proposto il progetto di lettera, dopo che l'Assemblea l'ha adottato, ha determinato che sarebbe inserita nel processo verbale d'oggi, che è del seguente tenore :

« Signor Generale,

» Il Consiglio Generale ha nominato quattro commissari, affinchè si trasportino colla forza pubblica nella città di Bastia per sottomettere gl'insurgenti all'obbedienza della legge. Da quest'operazione dipende la quiete e la tranquillità dell'Isola. I membri del Consiglio Generale e tutti i patriotti pensano che questa commissione otterrà il più felice successo, se voi vi degnate di porvi alla testa degli amici della Costituzione.
» La confidenza che voi inspirate, la prudenza e la fermezza che avete manifestata nelle circostanze più critiche della Patria, e che divengono necessarie in questo momento, potranno ricondurre il popolo di Bastia, allucinato e sedotto dai nemici della Nazione e dai fanatici, senza bisogno d'impiegare forse i mezzi di rigore. Perciò il Consiglio Generale c'incarica di prevenirvi che ha determinato di pregarvi, affinchè vogliate trasportarvi in compagnia de'quattro commissari nelle vicinanze di Bastia, o dove giudicherete più a proposito, per prendere tutte le misure per stabilire l'ordine, e per farvi mantenere la Costituzione che abbiamo giurata.
» Per gli Amministratori componenti il Consiglio Generale d'Amministrazione del Dipartimento di Corsica,

» *Sottoscritti* : GIAFFERRI, *Vice-Presidente.*
PANATTIERI, *Segretario Generale.* »

È stato annunziato dal Segretario Generale che i membri componenti il Direttorio del Distretto di Corte chiedevano il permesso di complimentare il Consiglio Generale ; ed essendo stati introdotti, il Sig. Arrighi loro Presidente, prendendo la parola, ha fatto sentire il piacere dell'Amministrazione nel vedere il Consiglio Generale riunito in questa città per travagliare al ristabilmento dell'ordine e della pubblica tranquillità; l'ha assicurato della loro divozione per la Costituzione e del loro zelo e fermezza per farla osservare in tutta la sua purità. Il Sig. Vice-Presidente li ha testimoniato tutta la sodisfazione dell'Assemblea, e li ha assicurati che riceveva con piacere le assicurazioni del loro rispetto, del loro zelo e della loro fedeltà.

Il Sig. Vice-Presidente ha sciolta l'Assemblea, che si è aggiornata a domani alle ore quattro della sera.

Sottoscritti : GIAFFERRI, *Vice-Presidente.*
PANATTIERI, *Segretario Generale.*

Sessione del 17 Giugno 1791
(*Alla sera*)

L'anno 1791, e della libertà il secondo, 17 del mese di giugno, alle ore quattro dopo mezzo giorno, il Consiglio Generale d'Amministrazione del Dipartimento di Corsica, composto degl'istessi membri che hanno assistito alle prime sessioni, e a'quali si è aggiunto il Sig. Raffaele Casabianca, essendosi riunito nella solita sala, il Segretario Generale ha aperta la sessione colla lettura di una lettera risponsiva del Signor Generale, colla quale gradisce la commissione che gli è stata confidata; assicura l'Assemblea che partirà immantinente alla volta di Bastia per regolare e sostenere le operazioni de'commissari destinati per ridurre quella città all'obbedienza della legge e del governo. Dopo di che uno de'membri ha detto che sono noti all'Assemblea gl'insulti e gli oltraggi che il popolo di Bastia si è permesso contro la famiglia ed i parenti del nuovo vescovo del Dipartimento, che dopo di aver dato de'contrassegni manifesti di disprezzo per la di lui persona, questo popolo ha portato l'eccesso a segno di togliere dalla sua porta il maggio, che la gioia universale de'buoni patriotti gli aveva inalzato il giorno della sua nominazione, e di farlo bruciare in una pubblica piazza, prorompendo nelle più nere ingiurie; che in questo stato di cose, oltre che la sicurezza del nuovo vescovo dipartimentale sarebbe in pericolo, s'egli ritornasse nella città di Bastia, vi sarebbe anche a temere ch'egli non potesse liberamente esercitare le funzioni del suo ministero in un paese che si è dichiarato ribelle alla Costituzione civile del clero con una solenne deliberazione; che la residenza del vescovo non potrebbe meglio stabilirsi che in Ajaccio, siasi avuto riguardo alla posizione locale di quella città, che alla facilità ed a'comodi tanto di terra, che di mare, che in essa si riuniscono, siasi ancora avuto riguardo al vantaggio prezioso che vi esiste, trovandosi una comoda abitazione tanto per lo stesso vescovo, che per il seminario diocesano; che la città d'Ajaccio merita tanto più giustamente questa preferenza, che il di lei popolo ha ricevuto con acclamazione la Costituzione civile del clero, giurata per puro zelo ed entusiasmo l'osservanza, sebbene, non essendo funzionari pubblici, non fossero tenuti a prestare questo giuramento.

Dopo di che, intesi gli avvisi di diversi membri, udito il Procurator Generale Sindaco, il Consiglio Generale ha determinato che l'Assemblea Nazionale sarà supplicata di fissare la residenza del vescovo del Dipartimento di Corsica nella città d'Ajaccio, derogando a questo effetto alla legge che l'aveva stabilito in Bastia, e che il vescovo sarà invitato di trasportarsi in quella città ad esercitare provvisoriamente le sue funzioni.

Per parte di un altro membro è stato osservato che la traslazione provvisoria del Direttorio del Dipartimento in questa città di Corte privava l'Amministrazione della truppa civica assoldata che essa aveva sotto i suoi ordini nella città di Bastia; che diveniva urgente di rimpiazzare il detto distaccamento, e aumentarle la paga, atteso principalmente la carezza dei viveri in questa città.

Su questa proposizione, udito il Procurator Generale Sindaco, è stato all'unanimità provvisoriamente arrestato che il distaccamento di cinquanta uomini di guardie nazionali, attaccato al servizio del Direttorio del Dipartimento, sarà rinnovato; che, attesa la difficoltà del di lui servizio, le diverse fatiche alle quali è esposto, e i viveri che sono più cari che altrove in questa città, la paga mensuale d'ogni uomo sarà portata sino a franchi venti al mese, e che la detta truppa civica rimarrà assoldata, e continuerà di essere in attività sino allo stabilimento ed organizzazione della gendarmeria nazionale del Dipartimento.

In appresso un altro membro ha fatta la mozione perchè il tribunale criminale che secondo i decreti dell'Assemblea Nazionale avrebbe dovuto essere stabilito nella città di Bastia, come capo-luogo provvisorio del Dipartimento, sia presentemente stabilito in questa città di Corte, ove il Direttorio è stato per provvigione fissato; e la materia posta in deliberazione, udito il Procurator Generale Sindaco, l'Assemblea ha adottato questa mozione, e determinato che sarà rinnovata la petizione che il Direttorio del Dipartimento aveva fatta al Corpo Legislativo per supplicarlo di fissare in Corte la residenza del tribunale criminale del Dipartimento.

Un altro membro dell'Assemblea ha detto che il Consiglio Generale deve essere istruito, mediante il rapporto fattogli dai membri del Direttorio, di tutte le violenze ed eccessi che il popolo di Bastia si è fatto lecito di usare contro il Sig. Filippo Buonarroti di Firenze, domiciliato in Corsica da circa due anni colla sua famiglia, ed impiegato negli scagni dell'Amministrazione da sei mesi circa; che i buoni patriotti non puonno ignorare l'attaccamento che questo zelante cittadino aveva dedicato alla Costituzione francese; che per godere de' dolci frutti della medesima aveva abbandonato il proprio paese, gli agi e le distinzioni, delle quali godeva còme cavaliere di S. Stefano, e si era stabilito in Corsica, ove co' suoi scritti pieni di erudizione non ha mancato di propagare il suo zelo per la libertà e per la Costituzione; che il Direttorio del Dipartimento avendolo creduto degno della pubblica confidenza, lo incaricò de'dettagli relativi al clero e de'beni nazionali, e che non ha cessato di corrispondere alle viste dell'Amministrazione con quel fervore, di cui egli era capace; che i servigi da esso resi all'Amministrazione medesima sono rilevanti, e che meritano l'interesse e la gratitudine dell'Assemblea; che essa non potrà vedere senza cordoglio che questo distinto cittadino, essendo stato a forza espulso da Bastia, è stato condotto nella città di Livorno, ove è stato arrestato su bastimento di bandiera nazionale, e condotto nelle carceri, sotto pretesto ch'egli avea pubblicato delle materie contrarie alla Religione Cattolica, Apostolica e Romana; che il diritto delle genti e quello dell'umanità sono stati a un tempo stesso violati; che interessa essenzialmente il decoro della nazione e i vantaggi del Dipartimento che questo cittadino adottivo sia posto in libertà, tanto più che, trovandosi da due anni stabilito in Corsica, salariato a spese della nazione, e alla vigilia di essere da questa naturalizzato, doveva essere riguardato come cittadino francese, e in questa qualità non poteva essere detenuto.

Su di che intesi i pareri di diversi membri, udito il Procurator Generale Sindaco, la materia posta in deliberazione, il Consiglio Generale ha unanimemente determinato che sarà fatta una petizione all'Assemblea Nazionale, affinchè si degni interporre la sua autorità per fare restituire al Dipartimento di Corsica e porre in libertà il Sig. Filippo Buonarroti, uno de'capi degli scagni del Dipartimento; che sarà altresì scritta lettera al Ministro dell'Interiore, e a quello degli Affari Stranieri, pregandolo di porre sotto gli occhi del Re la presente determinazione, e di supplicarlo di domandare al Governo Toscano la libertà e scarcerazione del detto Buonarroti, affinchè possa rientrare in questo Dipartimento, e godere di tutti i diritti di cittadino francese; determina finalmente che sarà dal Direttorio del Dipartimento scritta lettera al suddetto Sig. Buonarroti per fargli parte della sensibilità con cui il Consiglio ha appreso le vicende da esso provate, e per invitarlo a raggiungere l'Amministrazione subito che avrà ottenuta la sua scarcerazione; che a quest'effetto gli sarà inviata copia della presente determinazione, della petizione, e lettere che sono state determinate a suo riguardo tanto presso l'Assemblea, che presso il potere esecutivo.

Ed essendo le ore otto di sera, il Sig. Vice-Presidente ha levata la sessione, e l'Assembla si è aggiornata a domani, quattro ore dopo il mezzo giorno.

Sottoscritti: GIAFFERRI, *Vice-Presidente*.
PANATTIERI, *Segretario Generale*.

Sessione del 18 Giugno 1791
(*Alla sera*).

L'anno 1791, e della libertà il secondo, 18 del mese di giugno, alle ore quattro pomeridiane, i Signori Amministratori che hanno assistito alla sessione di ieri, essendosi riuniti nella solita sala, il Segretario Generale ha annunziato all'Assemblea che i membri che compongono il tribunale del Distretto di Corte lo aveano pregato di prevenire l'Assemblea dell'intenzione in cui erano di presentare personalmente al Consiglio Generale il loro complimento.

L'Assemblea avendo deliberato che i Signori Giudici sarebbero ammessi, sono stati introdotti nella sala, essendo in abito di cerimonia, avendo alla testa il Sig. Boerio, presidente del tribunale medesimo, quale portando la parola ha felicitata l'Assemblea di essersi riunita per il sostegno della Costituzione e della quiete pubblica, e l'ha assicurata dello zelo del tribunale in tutta l'esecuzione delle leggi.

Il Vice-Presidente ha risposto a'membri del tribunale, assicurandoli di tutta la sodisfazione che il Consiglio provava di averli nel suo seno, e delle disposizioni in cui esso era di occuparsi de'mezzi di mantenere la tranquillità.

In seguito i detti Signori essendosi ritirati, uno de'membri ha osservato che dopo l'insurrezione seguita in Bastia, i nemici della Costituzione non trascuravano alcun mezzo per fomentare ed accendere nell'interiore il fuoco del fanatismo, affine d'indurre il popolo in errore e portarlo agli eccessi sotto un falso pretesto di zelo di Religione; che non hanno alcun ribrezzo di tenere de'discorsi sediziosi, prendendone pretesto immediatamente dalla Costituzione civile del clero, che discreditano, e contro la quale vomitano le ingiurie le più grossolane, approvando il rifiuto fatto dagli ecclesiastici refrattari di prestare il giuramento prescritto dalla legge; che conveniva di prendere delle precauzioni e de'mezzi sicuri per far svanire i tentativi de' sediziosi, e per mantenere in tutte le parti del Dipartimento la quiete pubblica.

Su di che intesi i diversi pareri ed udito il Procurator Generale Sindaco, il Consiglio Generale, considerando che i maneggi che adoprano i nemici della Patria per attaccare e screditare la Costituzione potrebbero produrre le più funeste conseguenze e turbare la quiete pubblica, se si tollerassero; considerando che quelli che si fanno sulla Costituzione civile del clero, non sono che un pretesto, ma che i detrattori covano nel fondo disegni più rei; che vi è a temere che essi non riescano a profittare della debolezza e dell'ignoranza di alcuni cittadini, e che è interessante d'illuminare il popolo sopra i suoi veri interessi, e di punire coloro che si scartano dalla legge, ha determinato che sarà immediatamente scritta lettera ai Direttori de'Distretti del Dipartimento, incaricandoli di scrivere circolarmente alle municipalità perchè debbano radoppiare la loro attenzione e vigilanza sulla condotta de' mal'affetti alla Costituzione medesima, e su quelli altri sediziosi che tendono ad eccitare de' torbidi, e qualora siano assicurati ed abbiano delle prove de'loro tentativi per sedurre il popolo, li incaricheremo di farli immediatamente arrestare per essere perseguitati da' tribunali competenti, e puniti secondo il rigore della legge; che scorgendo della negligenza o morosità per parte delle municipalità, saranno autorizzati di far arrestare quelli che crederanno sospetti.

L'ora essendo tarda, il Sig. Vice-Presidente ha sciolta l'Assemblea, e l'ha aggiornata a domani quattr'ore della sera.

Sottoscritti: GIAFFERRI, *Vice-Presidente*.
PANATTIERI, *Segretario Generale*.

Sessione del 20 Giugno 1791

(*Alla sera*).

Il Consiglio Generale di Amministrazione del Dipartimento riunitosi nella soltia sala, composto de'medesimi Amministratori che hanno assistito alle precedenti sessioni, e a'quali si sono riuniti i Signori Anton Filippo Casalta e Gio: Antonio Pinelli, è stata fatta lettura del processo verbale delle sessioni precedenti. In appresso è stata fatta lettura di due lettere, una del Sig. Felce e l'altra del Sig. Casamarte, entrambi membri del Consiglio Generale, colle quali annunziano, cioè il primo che le sue indisposizioni derivanti dall'età sua avvanzata non gli permettono, sebben con vivo suo dispiacere, di rendersi all'invito fattogli dall'Assemblea, e il secondo, che un piccolo movimento popolare accaduto in Ajaccio l'aveva obbligato a sospendere la sua partenza per arrestarlo ne' suoi principj.

Uno degli Amministratori ha detto che sarebbe stato conveniente di unire a' quattro commissari incaricati di trasportarsi in Bastia, un altro membro per facilitare e cooperare alle loro risoluzioni.

Il Consiglio Generale adottando questa mozione ha determinato che sarà unito un altro commissario ai quattro che devono trasportarsi nella città di Bastia per eseguire la determinazione presa nella sua prima sessione, ed ha prescelto a quest'effetto il Sig. Don Pietro Boerio, uno de' membri dell'Amministrazione Superiore, al quale sarà trasmessa copia della presente determinazione.

È stato parimente osservato che conveniva far provvedere delle necessarie provviste e munizioni le guardie nazionali che devono marciare verso Bastia sotto gli ordini del Sig. Generale Paoli, e de' commissari dell'Amministrazione. E l'Assemblea ha determinato che sarà scritta lettera al comandante delle truppe di questo capoluogo per chiedergli otto casse di cartucci a balla, e... pietre da fucile, quali saranno condotte a Biguglia, scortate da guardie nazionali e truppe di linea, e che colà rimarranno alla disposizione del prefato Signor Generale Paoli.

Il Segretario Generale ha annunziato che la municipalità e la Guardia Municipale di questa città domandavano di essere introdotti per complimentare l'Assemblea; questa vi ha aderito, ed essendo entrati i membri del Corpo Municipale hanno offerto, per l'organo del Sig. Montera prefetto, l'omaggio del loro rispetto al Consiglio Generale, e lo hanno assicurato del loro attaccamento alla Costituzione, e del loro zelo per mantenere la quiete pubblica. Ed il Sig. Bartolomeo Arrighi, uno de'colonelli, ha soggiunto che la città tripudiava di gioia per vedere nel suo seno la riunione del Consiglio Generale, e lo stabilimento del Direttorio del Dipartimento; l'ha assicurato della fedeltà delle guardie nazionali all'osservanza delle leggi, e della sua sommissione agli ordini de'corpi amministrativi; ha offerto il di lui zelo per il sostegno della libertà, e per la difesa della Patria. Il Sig. Vice-Presidente ha ringraziato la municipalità e le guardie nazionali di questa loro attenzione, gli ha testificata la sodisfazione dell'Assemblea ed ha esortato i due corpi a vegliare indefessamente alla conservazione dell'ordine pubblico, e far disparire coll'unione e colla pace quelle sinistre informazioni che per la diversità de'partiti si erano sparse sul principio della rivoluzione contro questa città.

L'ora essendo tarda, la sessione è stata levata, e l'Assemblea si è aggiornata al mercoledì ventidue del corrente, alle ore dieci della mattina.

Sottoscritti: GIAFFERRI, *Vice-Presidente.*
PANATTIERI, *Segretario Generale.*

Venerdì 24 Giugno 1791
(*Sessione della mattina*).

L'anno 1791, e della libertà il secondo, 24 del mese di giugno alle ore dieci della mattina, il Consiglio Generale composto de'Signori Agostino Giafferri Vice-Presidente, Antonio Gentili, Paolo Pompei Paoli, Giuseppe Maria Pietri, Gio : Battista Leoni, Don Giacomo Abbatucci, Gio : Battista Taddei, Giovanni Antoni, Anton Padovano Giacomoni, Francesco Grimaldi, Carlo Francesco Carlotti, Vincentello Colonna, Mario Peraldi,

Carlo Francesco Murati, Giulio Matteo Grazietti, Gian Antonio Pinelli e Giuseppe Bonaccorsi, gli altri membri che hanno assistito alle precedenti sessioni ritrovandosi parte a eseguire la commissione di cui il Consiglio Generale li ha incaricati, e una parte assenti, in presenza del Sig. Bartolomeo Arena, Procurator Generale Sindaco del Dipartimento, e assistiti dai Sig. Francesco Benedetto Panattieri, Segretario Generale del Dipartimento, è stato annunziato che i Signori Pietro Antonio Casella, Giambattista Oletta e Giacomo Montalti, tre degli uffiziali municipali sospesi della città di Bastia, a'quali il Consiglio Generale avea ordinato di presentarsi in questa città per render conto della condotta tenuta dal corpo municipale di Bastia dal primo giugno sino all'epoca della significazione della deliberazione del Consiglio Generale, si trovavano nell'anticamera, e chiedevano di essere introdotti nanti il Consiglio Generale; i quali sono stati ammessi. Ed essendosi i Signori Montalti e Oletta ritirati, il Sig. Casella che faceva funzioni di prefetto, interpellato dal Sig. Giafferri, vice-presidente, di raccontare i fatti accaduti nella città di Bastia, il 1º, 2 e 3 del corrente, e di render conto delle misure prese dal corpo municipale per arrestare i disordini che vi si sono manifestati, ha detto: Che il giorno 1º di giugno è stato prevenuto che il giorno seguente, terzo delle rogazioni, sarebbe stata la processione più numerosa e in aria di penitenza; che esso il giorno seguente resosi alla casa della città unitamente agli altri membri del corpo municipale parti per assistere col corpo municipale intero alla detta processione, secondo il costume, cioè da Terranova a S. Giuseppe; che la processione era numerosa e col concorso di una gran parte della città; che tutti i confratelli marciavano a piè nudi, alcuni con discipline, altri con corde al collo, altri trascinando delle catene a'piedi; che il corpo municipale, dopo aver visitata la solita chiesa di San Giuseppe, rientrò nella casa di città, e la processione proseguì la visita di tutte le altre chiese; che nel giorno non segui alcun inconveniente. Il giorno in seguito, due del corrente, essendo esso Sig. Casella nella casa di città, verso le nove ore di mattina, si sono presentati i priori delle confraternite ed altri uffiziali, i quali gli hanno richiesto la permissione di riunire il popolo in San Giovanni, la sera dello stesso giorno, ad oggetto di deliberare di voler essere cattolici, e di fare a tal effetto delle petizioni all'Assemblea; che esso cercò di dissuadere la detta riunione, ma avendogli quelli promesso che tutto si sarebbe fatto colla maggiore tranquillità, e che non vi sarebbe seguito alcun disordine, credè di non dover più insistere a rifiutargliela, tanto più essendosi egli accorto che i priori e gli uffiziali erano determinati a convocarla; che qualche tempo dopo, essendo esso Sig. Casella sempre nella casa di città, ricevè una lettera scritta dal Direttorio del Dipartimento, nella quale s'invitava il corpo municipale a rendersi nella sala del Direttorio per conferire di cose d'importanza; ch'egli allora trovandosi solo nella casa di città, e non avendo ancora udita la messa, non avendo nemmeno alcun *valletto* per poter riunire il corpo municipale, non vi si poteva rendere, allegando le stesse ragioni; e per quel che può sovvenirsi aggiunse che, se il bisogno l'esigeva, vi si sarebbe reso solo; che poco tempo dopo, trovandosi egli occupato ad affari propri delle sue funzioni, intese del rumore, ed il valletto da lui incaricato di sapere che cosa fosse, gli disse che erano delle femmine attruppate che gridavano. Il rumore accrescendosi, uscì egli stesso, ed arrivato nella strada vicina alla cattedrale, incontrò delle femmine attruppate, ed avendo egli dimandato a qualcheduna cosa facessero colà le dette donne, gli fu risposto che cercavano gli ornamenti del vescovo; che allora esso Sig. Casella s'indrizzò immediatamente alla sala del Direttorio del Dipartimento per rendergli conto di ciò che accadeva, e gli fece parte nel tempo istesso della richiesta che gli era stata fatta di permettere un'Assemblea in San Giovanni, e della permissione che n'era stata accordata, dopo aver fatte le osservazioni di sopra menzionate ; che il Direttorio istesso fece osservare ad esso Sig. Casella il pericolo e le conseguenze che avrebbe potuto produrre la detta Assemblea ; ed egli rispose che era stato assicurato che vi sarebbe regnato l'ordine, e che il Direttorio non ne dovea esser inquieto, perchè credeva che non vi sarebbe seguito alcun inconveniente, tanto più che il corpo municipale istesso avrebbe vegliato per impedirlo. Il Direttorio gli manifestò ancora le sue inquietudini sull'attruppamento delle femmine e la necessità di dissiparlo, ed esso gli rispose che, trattandosi di un movimento femminile, sperava che sarebbe svanito ; che in seguito essendo lui uscito per andare a sentir la messa, traversando la chiesa di Santa Maria, vidde che vi era un gran numero di femmine, e che dall'altar maggiore fu mostrata da qualche prete, che egli non seppe distinguere, la mitra vescovile, ed allora furono fatti applausi e fu gridato : *Viva la fede e la Religione !* che essendo ritornato a casa sua dopo aver udito la messa, nel momento che era a tavola, fu prevenuto che vi era qualche tumulto e qualche disordine nella casa del Sig. Biadelli ; vi accorse subito, e trovò un gran numero di femmine attruppate, che avevano rotto la porta, le quali, dopo le sue istanze, si ritirarono ; ed avendo dimandato se era stato preso alcun effetto nella detta casa, gli fu risposto che mancavano due fucili, i quali in seguito erano stati trovati. Si rese immediatamente dopo alla casa del Sig. Guasco, nuovo vescovo eletto, ed ivi trovò il di lui fratello nella desolazione. Questi gli disse che molte femmine attruppate avevano violentato la porta, minacciando di voler entrare in casa, ma che si erano ritirate alla vista di alcuni uomini armati ; che dopo tutto ciò si rese alla casa di città in fretta, ove un momento dopo arrivò il Sig. Rossi, comandante delle truppe di linea, il quale era stato prevenuto per lettera scrittagli dal corpo municipale di far prendere le armi alla truppa per impedire ulteriori disordini ; gli fu aggiunto a voce di dare la consegna alle guardie della porta di cittadella di non lasciare entrare in Terranova delle genti armate; che in fatti sulla richiesta del corpo municipale il Sig. Rossi fece mettere la truppa sulle armi, e stabilì un distaccamento di cinquanta uomini alla porta della casa di città, e cinquanta nel cortile del Dipartimento; che intanto l'Assemblea essendosi adunata a San Giovanni, si presentò al corpo municipale una deputazione, la quale s'era pure presentata all'Amministrazione del Dipartimento, e a quella del Distretto, e questa deputazione pregò la municipalità d'inviare essa stessa una deputazione per assistervi. In seguito di questo invito, furono mandati due membri del corpo municipale, cioè i Signori Buttaro e Semidei, ad oggetto soltanto di mantenervi l'ordine; che, essendo sciolta l'Assemblea, e non essendovi più alcun tumulto, per quanto poteva essere noto ad esso Sig. Casella, e ritrovandosi il corpo municipale sempre adunato, sul rumore sparsosi che il Sig. Arena avesse fatto chiamare delle genti dell'interiore, e che avesse minacciato di far fuoco sopra i cittadini in caso di qualche tentativo da parte loro, fu proposto, non saprebbe dire da chi, di far girare la trombetta, e d'invitare a nome del corpo municipale le guardie nazionali della città a prender le armi, e ad occupare i posti esteriori, e che ciascuna compagnia dovesse trovarsi a'luoghi consueti; che questa proposizione essendo stata adottata dal corpo mnnicipale, fu effettivamente mandata la trombetta in giro per la città, invitando tutte le guardie nazionali a prender l'armi e a rendersi ciascuna a' loro posti; che intanto molti cittadini armati erano già entrati in Terranova, e qualche tempo dopo il Sig. Rossi è entrato nella casa di città ed ha proposto al corpo municipale che tutto si sarebbe accomodato; che il Direttorio consentiva a far ritirare la guardia stabilita al Dipartimento, e che il corpo municipale dovesse pregare i cittadini che erano entrati armati di ritirarsi da Terranova; che l'ora essendo già tarda, poichè

cominciava la notte, esso Sig. Casella coi Signori Oletta e
Montalti sono scesi sulla piazza della cittadella, ed hanno
pregato i cittadini ivi adunati di ritirarsi, i quali però sotto
vari pretesti non vollero cedere alle loro più vive istanze;
che la notte avanzandosi, molti manifestarono più apertamente la determinazione in cui erano di non uscire di cittadella, e allegarono che essi non doveano uscire mentre il
Sig. Arena vi rimaneva con molte persone armate in casa
sua ; che nell'istante fu gridato da qualcuno : *Fuori Arena!*
e nell'istesso tempo s'intesero tre o quattro colpi di fucile,
che furono, per quel che egli crede, diretti alle sue finestre ;
che a questi colpi esso, il Sig. Casella, rimase sbigottito, e
dopo essersi ritirato un momento dalla folla, incontratosi col
Sig. Oletta alla porta della detta città, dove non poterono
nemmeno entrare a causa della folla, dopo aver detto l'uno
all'altro che il tumulto non si sarebbe potuto riparare, ritornarono un'altra volta sulla piazza per cercar di calmare l'effervescenza del popolo, ed avendo dopo molti stenti conosciuto
che il popolo era determinato che il Sig. Arena dovesse uscire
di città, e che era impossibile di fargli sentire ragione, poichè
alcuni minacciavano per fino di assaltare, e alcuni di mettere
un barile di polvere alla casa del Sig. Arena, esso Sig. Casella si decise, dopo averne fatta la proposizione, e dopo
essergli stato permesso, di entrare in casa del Sig. Arena per
indurlo a ritirarsi. Vi entrò la prima volta col Sig. Petriconi,
ove trovò il Sig. Arena col di lui figlio, i Signori Giordani,
Landinelli, Viterbi figlio con compagno, e una guardia nazionale, detto il Pomontico, ed avendo dopo qualche difficoltà fattegli dalla parte del Sig. Arena (il quale osservava
ch'egli sarebbe stato esposto nella notte agli insulti popolari,
e ad essere ucciso) finalmente indotto lo stesso Signor Arena
a determinarsi di uscire, scese in piazza per proporre al popolo attruppato, che il Sig. Arena si sarebbe deciso a partire,
ma che dovea essere assicurato che non l'avrebbero ucciso nè

insultato ; che avendole la moltitudine assicurato che non si sarebbe attentato alla di lui vita, dopo essere due altre volte salito in casa del Sig. Arena, uscì esso Sig. Casella con lui, e col Sig. Petriconi, il Sig. Gio : Battista Oletta, e i due fratelli Leonetti ; ed essendo il Sig. Arena stato messo in mezzo a un distaccamento di truppe di linea, esso Sig. Casella e i sopradetti Signori Petriconi e compagni scortarono lo stesso Sig. Arena, andando sempre vicino a lui, e cercando di coprirlo col loro proprio corpo per ripararlo da tutti gli insulti e da tutti i colpi, da'quali la di lui vita era minacciata ; che dopo vari dubbi sul luogo della sua sortita, e dopo averlo condotto prima verso la strada di San Giuseppe, dopo verso quella di S. Nicolao, fu finalmente trasportato alla marina, e fu deciso che sarebbe stato imbarcato, come in effetto fu eseguito dopo mezza notte, avendogli esso stesso Sig. Casella deliberato il passaporto, ciò che fu eseguito con gli insulti più oltraggianti dalla parte del popolo, il quale suonò de' corni, fece de'fischi e suonò per fin l'agonia ; che essendosi esso Sig. Casella ritirato a casa la mattina di buon ora, fu svegliato e prevenuto che un tumulto popolare si era eccitato per far imbarcare i Signori Panattieri e Buonarroti, e che il Sig. Panattieri trovavasi già arrestato al corpo di guardia della marina ; che egli accorse subito verso la casa di città, ed avendo veduto che una moltitudine di popolo voleva entrare nel cortile della casa del Dipartimento, cercò d'impedirla, unitamente ai Signori Oletta e Montalti ; che la moltitudine volendo entrare nelle prigioni, ove si era saputo ch'era stato nascosto il Sig. Buonarroti, ed avendo il castellano ricusato di aprire la prigione senza il permesso de'giudici del tribunale, fu immediatamente spedito per ordine, come presume, del corpo municipale per ottenere detto permesso dai giudici del tribunale del Distretto, i quali avendolo accordato, fu tirato fuori delle prigioni il detto Sig. Buonarroti, ed essendo stato preso in mezzo alla folla del popolo attruppato, fu condotto fra gl'insulti i più atroci alla marina, avendo intorno al suo corpo esso Sig. Casella, i Signori Oletta e il Sig. Galeazzini il giovine, i quali tutti fecero i loro sforzi, e pervennero a salvargli la vita.

Che il Sig. Panattieri fu imbarcato separatamente sopra un vascello per il golfo della Spezia, sulla richiesta da lui fatta di approdare in quello scalo piuttosto che altrove; ed il Sig. Buonarroti fu imbarcato sopra un altro con ordine espresso dalla parte del popolo di condurlo a Livorno; che esso Sig. Casella fu obbligato di aggiungere nel passaporto che gli accordò, che il detto Sig. Buonarroti era stato espulso dalla città di Bastia per causa di religione; che dopo tutto questo non è seguito più alcun inconveniente nella città; solamente i cittadini erano nell'agitazione e nel timore, e custodivano gelosamente i posti esteriori; che un giorno o due dopo l'espulsione de' detti Signori Arena, Panattieri e Buonarroti, sulla proposizione fatta da qualcuno de' membri del corpo municipale, di cui esso non potrebbe risovvenirsi, fu deliberato di scrivere una lettera circolare a tutte le municipalità del Dipartimento, ad effetto d'istruirle delle cagioni de' fatti accaduti in Bastia, e di spedire nel tempo stesso copia del processo verbale delle deliberazioni prese nella chiesa di San Giovanni, li due di giugno, ciò che fu eseguito per mezzo di una lettera circolare in stampa, egualmente che del processo verbale stampato.

In seguito, il Sig. Vice-Presidente ha presentato al detto Sig. Casella un esemplare della lettera in stampa datata de' quattro giugno che comincia: « Convocati col nostro permesso », e finisce: « di cui non cesseremo di essere animati a vostro riguardo, » sottoscritta: Casella, facente funzioni di Maire, Oletta, Odiardi, Marengo, Buttaro, Montalti, Sisco e Semidei, procurator del comune, egualmente che del processo verbale del due di giugno, che comincia: « La pluralità degli abitanti di questa città », e che finisce: « sopra un oggetto così interessante per la sua tranquillità, » sottoscritto da molti cittadini ; e interpellato il detto Sig. Casella di dichiarare se la detta lettera che gli è stata presentata è quella stessa che la municipalità ha scritto alle municipalità del Dipartimento, e se il processo verbale è quello stesso che il corpo municipale ha mandato unito alla lettera circolare, ha dichiarato di sì ; ha però aggiunto che egli non ha potuto che aderire a sottoscrivere la detta lettera, ma che, se fosse dipenduto da lui, egli o non l'avrebbe fatta, o sarebbe stata diversamente concepita ; ed ha sottoscritto tanto al basso di detta lettera che del detto processo verbale, unitamente al Sig. Vice-Presidente e al Segretario. Il Sig. Casella ha aggiunto che il corpo municipale ha reso conto all'Assemblea Nazionale de' fatti accaduti nella città con una lettera, la quale s'incaricò di presentare al Sig. Petriconi, come in fatti la presentò.

Lettura fatta del processo verbale, detto Sig. Casella ha dichiarato ciò che è espresso che è vero, ed ha sottoscritto col Vice-Presidente e Segretario.

Sottoscritti: PIETRO ANTONIO CASELLA, AGOSTINO GIAFFERRI, *Vice-Presidente,* PANATTIERI, *Segretario Generale.*

Ed essendo due ore circa dopo mezzogiorno, è stata rinviata la sessione alle ore quattro della sera.

Sottoscritti : AGOSTINO GIAFFERRI, *Vice-Presidente.*
PANATTIERI, *Segretario Generale.*

Venerdì 24 Giugno 1791

(*Sessione della sera*).

Oggi venti quattro giugno mille settecento novant'uno, alle ore quattro dopo mezzo giorno, i membri che compongono il

Consiglio Generale d'Amministrazione, che sono gl'istessi che quelli che sono intervenuti alla sessione di questa mattina, riunitisi nella solita sala, è stato introdotto il Sig. Giambattista Oletta, uno de' membri del sospeso corpo municipale della città di Bastia; il quale essendo stato interpellato dal Sig. Vice-Presidente di dichiarare i fatti che sono accaduti in Bastia nel 1º, 2 e 3 del corrente, e delle misure prese dal corpo municipale per impedire i disordini accaduti, egualmente che la condotta tenuta dallo stesso corpo municipale, dal 1º del corrente fino al giorno in cui gli è stata significata la determinazione del Consiglio Generale del Dipartimento, ha detto che il primo giorno del corrente mese, trovandosi esso Sig. Oletta nella casa della città, ha veduto comparire una processione numerosa più del solito, e in abito di penitenza; che il Sig. Casella che faceva le funzioni di prefetto, chiamò il sagrestano di Santa Maria, per sapere quali fossero le intenzioni di quelli che facevano quella processione straordinaria; ed avendogli il detto sagrestano risposto che si doveva andare processionalmente a San Giuseppe secondo il costume, tutto il corpo municipale si pose al seguito della processione, ed andò, secondo ch'era solito a farsi ne' giorni delle rogazioni alla chiesa di San Giuseppe. Ivi arrivati, ha veduto esso Sig. Oletta che alcuni de' confratelli delle confraternite, dopo data la benedizione, hanno cominciato a fare la disciplina; altri trascinavano delle catene, altri avean delle corde al collo, e tutti generalmente marciavano a piè nudi. La processione ritornando da San Giuseppe, arrivata alle porte della cittadella, il corpo municipale rientrò nella casa di città, e il resto della processione proseguì la visita delle altre chiese collo stesso apparato di penitenza; che in detto giorno non si manifestò alcun disordine.

Il giorno seguente, due del mese, trovandosi esso Sig. Oletta nella casa di città, ove erano i Signori Casella, Buttaro, ed altri del corpo municipale, ed essendo esso alla finestra, ha veduto entrare nella casa di città molte persone, e un momento dopo il Sig. Casella gli disse che i priori ed altri uffiziali delle confraternite si erano presentati a chiedere il permesso di adunare il popolo in assemblea nella chiesa di San Giovanni, ad oggetto di deliberare sopra materie di Religione; che esso aveva cercato d'impedire la detta assemblea, ma che avendoli veduti determinati di convocarla, gliene avea accordato il permesso; che in seguito essendo esso ritornato alla stessa finestra dalla parte della casa del Sig. Arena, ed avendogli questi detto di andar per sapere qual'era la causa del tumulto di molte femmine attruppate, egli uscì di subito, andò a Sta Maria, ove non essendo potuto entrare per la porta laterale a causa della folla, entrò per la porta della sagrestia, e vidde un gran numero di donne in chiesa; ed avendo domandato cosa esse facessero, gli fu risposto che avevano voluto rimettere al suo posto le armi dell'antico vescovo; ed egli disse che se le femmine avevano voluto rimettere le armi, il corpo municipale le avrebbe fatte levare. Uscito in seguito, e dopo essere andato dal Sig. Arena a rendergli conto di ciò che accadeva in Santa Maria, il quale gli osservò che alcuni volevano rovinare la città, e che dovevano prendere le misure per impedire i disordini, andò in cerca del Sig. Casella per concertare con lui ne' mezzi a prendere per mantenere la pubblica tranquillità. Dopo varie ricerche, gli riuscì di trovare il Sig. Casella in Santa Croce, ove era andato a sentir messa, e ritornarono insieme alla casa di città; ed allora il Sig. Casella, a nome del corpo municipale, scrisse al Sig. Rossi, affinchè facesse mettere la truppa sulle armi, perchè fosse pronta ad impedire ogni tumulto; essendosi poi calmato il movimento eccitato dalle femmine, il Sig. Casella ed esso Sig. Oletta si trasportarono alla casa di città, è poco dopo vi si adunarono gli altri membri del corpo municipale; ed allora il Sig. Casella gli disse che essendo stato istruito, quando era a tavola, dell' effervescenza di molte donne attruppate, e de' disordini che queste cagionavano nelle case de' Signori Biadelli e Guasco, vi si era immediatamente trasportato per dissiparle; che essendo già unita l'assemblea in San Giovanni, esso Sig. Oletta, in compagnia del Sig. Semidei, procurator del comune, si trasportarono a S. Giovanni per vedere se in quell'assemblea regnava l'ordine e la pace; che prima di entrarvi, alcuni gli dissero che il Sig. Arena avea minacciato di far venire delle genti dell'interiore, e che avea dato ordine alle guardie del Dipartimento, che avea postate in differenti case della cittadella, di far fuoco sopra i cittadini quando salivano sul fosso per entrare nella cittadella; che esso Sig. Oletta cercò di dissipare i timori, e pregò di non far spargere quelle voci che avrebbero potuto produrre più gravi disordini; che in seguito essendosi trasportati nella sala dell'Assemblea, ed avendo veduto che v'era un gran popolo adunato, esso Sig. Oletta e il Sig. Semidei si ritirarono alla casa di città, ove essendo hanno veduto entrare una deputazione al Direttorio del Dipartimento, la quale essendosi pure presentata al corpo municipale, ad oggetto di pregarlo di spedirvi una sua deputazione, vi furono mandati due membri, cioè i Signori Buttaro e Semidei, non ad altro oggetto, che di mantenervi l'ordine e la tranquillità;

Che dopo essere finita l'Assemblea, sulle istanze di vari cittadini, i quali sui rumori sparsisi che il Sig. Arena avea minacciato di far venire delle genti dell'interiore, richiedevano che fossero guardati i posti esteriori per mettere in sicurezza la città... e dopo che i Sigg. Petriconi e Semidei s'incaricarono di prevenire il Dipartimento del disegno che vi era di far uscire la trombetta perchè i cittadini prendessero le armi; ritornati i detti Signori Petriconi e Semidei, i quali assicurarono di aver prevenuto il Dipartimento, fu spedito di subito la trombetta per invitare tutti i cittadini a prendere le armi, unirsi alle loro compagnie e rendersi a'loro posti; ciò che fu eseguito dopo essere stata distribuita della polvere, e distaccate diverse compagnie in vari luoghi per ordine del comandante della guardia nazionale, cioè il Sig. Petriconi;

Che sulle inquietudini che molti cittadini entrati in Terranova manifestarono per la guardia stabilita al Dipartimento, i Signori Bertolacci e Massei essendosi incaricati di parlare al Sig. Arena perchè la guardia fosse ritirata, ed essendo ritornati annunziando che la detta guardia sarebbe immediatamente uscita, ciò che in fatti fu eseguito, esortarono essi stessi i cittadini che erano sulle piazze a ritirarsi, e esso Sig. Oletta, unitamente ad altri del corpo municipale, fecero anch'essi tutti gli sforzi loro per indurre il popolo a ritirarsi ; che già l'ora era tarda, ed era incominciata la notte, e il popolo era ancora sulla piazza, e si udì una voce, che disse al Sig. Rossi che il Sig. Arena aveva delle genti armate in casa, e che doveano esse ritirarsi ; che ad un tratto s'intesero delle voci che gridavano : *Fuori Arena !* e queste voci furono immediatamente seguite da vari colpi di fucile tirati alle finestre della sua casa ; che a questi colpi, esso Sig. Oletta incontrandosi col Sig. Casella nel momento che stava per entrare nella casa di città, disse che la città era perduta, ed uniti insieme rinnovarono tutti i loro sforzi per cercare di calmare quella effervescenza, ma indarno, poichè alcuni minacciavano per fino di voler dare una mina alla di lui casa con un barile di polvere ; che nell'atto che essi giravano per quietare il tumulto, s'incontrarono col Sig. Petriconi, il quale era da lungo tempo sulla piazza. Questi entrò nella casa del Sig. Arena per cercare d'indurlo a decidersi di sortire. Vi entrò ancora dopo il Sig. Casella e i due fratelli Leonetti, ed uscirono insieme col Sig. Arena ; il Sig. Petriconi s'aggiunse ad essi, ed essendo stato messo il Sig. Arena in mezzo ad un picchetto di truppa di linea, esso Sig. Oletta, Casella, Petriconi ed altri lo accompagnarono, difendendo il suo corpo e quello del figlio colle loro proprie persone ; che esso Sig. Oletta si ritirò a casa sua prima di arrivare alla marina, essendo stato istruito degl'incomodi della moglie, e che dopo ha saputo che il Sig. Arena fu imbarcato.

Che la mattina essendosi levato, e udito del rumore nella cittadella vi è accorso, e ha trovato una folla di popolo che voleva entrare nel palazzo del Dipartimento per cercare il Sig. Buonarroti; che esso cercò tutti i mezzi per impedire che il popolo s'introducesse nella casa dipartimentale, e per calmarlo, propose di andarvi esso stesso, ciò che gli fu permesso in compagnia però di altri tre; essendovi andato incontrò il Sig. Taddei, uno de' membri del Direttorio, il quale egli pregò di permettere, per impedire che il popolo s'introducesse, che si visitasse se vi era il Sig. Buonarroti; che essendo il popolo stato istruito dal Sig. Salvini, intorno al quale si era affollato, che il Sig. Buonarroti si era rifugiato in prigione, fu richiesto il castellano di aprire le prigioni per farlo sortire; ciò che avendo egli ricusato, il Sig. Semidei, procurator del comune, con altri, essendosi trasportato in casa del Sig. Bertolacci per sapere se il Sig. Buonarroti era stato imprigionato d'ordine del tribunale, ed avendo il Sig. Bertolacci risposto che il tribunale non avea preso parte del suo imprigionamento, furono d'ordine del popolo aperte le prigioni, e cacciato fuori il Sig. Buonarroti, il quale essendo stato attorniato da un popolo che lo insultava, e che lo minacciava di morte, allora il Sig. Casella, perchè non si attentasse alla di lui vita, lo prese per la mano e lo accompagnò fino alla marina, mentre che esso Sig. Oletta cercava da canto suo d'impedire gli oltraggi, a' quali il popolo si portava contro di lui. Arrivato alla marina, esso Sig. Oletta trovò il Sig. Panattieri arrestato al corpo di guardia, al quale avendo richiesto la cagione di suo arresto, gli rispose che il popolo lo avea arrestato la mattina di buon'ora, e lo avea condotto colà; che poco dopo furono l'uno e l'altro imbarcati per violenza del popolo, il Sig. Panattieri per il golfo della Spezia, il Sig. Buonarroti per Livorno; che dopo tutti i fatti, i quali egli ha raccontato, esso Sig. Oletta con altri del corpo municipale si trasportarono alla casa di città, ove essendosi presentati i

Signori del Direttorio del Dipartimento, furono dal corpo municipale assicurati che si sarebbero presi tutti gli espedienti perchè non si attentasse alla loro libertà ed alla loro sicurezza. Dopo tutto ciò, non è seguito altro inconveniente nella città. I cittadini si sono occupati per quattro o cinque giorni a custodire i posti esteriori, mentre che il Sig. Rossi, col permesso del corpo municipale, si era ridotto in cittadella con tutta la truppa di linea, essendo stato informato che il Sig. Petriconi avea fatta un'adunanza di guardie nazionali, alla quale era stato convenuto che al segno dello sbaro del cannone, tutta la guardia nazionale della città si dovea unire a S. Nicolao, da dove sarebbe salita alla cittadella per impadronirsene, dopo avere arrestato il Sig. Rossi stesso.

Ha soggiunto esso Sig. Oletta che qualche giorno dopo fu proposto da un membro del corpo municipale di scrivere una lettera circolare alle municipalità del Dipartimento per far loro conoscere che le ragioni che aveano determinato la città a tenere l'assemblea non erano già perchè il popolo fosse mal affetto alla Costituzione o perchè volesse abbandonarsi a' Genovesi, come si diceva che sospettavano, ma unicamente per causa di religione. E la detta lettera essendo stata presentata, e fattane lettura alla presenza dei Signori Marinetti e Patrimonio, membri dell' Amministrazione del Distretto di Bastia, i quali s'incontrarono nella casa di città, e i quali sembrarono nè approvarla nè disapprovarla, fu a quest' effetto sottoscritta dai membri del corpo municipale.

In seguito il Sig. Presidente ha presentato al detto Sig. Oletta un esemplare di una lettera stampata, in data di 4 giugno corrente, che comincia : « Convocatosi col nostro permesso, » e finisce : « di cui non cesseremo di essere animati a vostro riguardo, » e sottoscritta : « Casella, facente funzioni di Maire, Oletta, Odiardi, Marengo, Buttaro, Montalti, Sisco e Semidei, Procurator Sindaco del Comune, egualmente che un esemplare del processo verbale de' 2 giugno corrente, che comincia : « La pluralità degli abitanti, » e finisce : « sopra d'un oggetto così interessante per la sua tranquillità, » sottoscritto da molti cittadini ; ed avendolo interpellato se la detta lettera è la stessa che quella che fu scritta dal corpo municipale e indirizzata alle municipalità del Dipartimento, e se il detto processo verbale è lo stesso che quello che fu spedito unito alla detta lettera, ha dichiarato ch'egli non potrebbe sapere se la lettera in istampa che gli è stata presentata è la stessa che quella che fu da lui sottoscritta, poichè egli ne intese appena lettura, e la sottoscrisse ; e quanto al processo verbale, ha detto che il corpo municipale, a sua conoscenza, non ha spedito alcun esemplare del processo verbale unito alla detta lettera ; e la detta lettera in stampa egualmente che il processo verbale sono stati sottoscritti dal Sig. Oletta e dal Sig. Vice-Presidente e Segretario.

Lettura fatta al detto Sig. Oletta del processo verbale, ha dichiarato che ciò che egli ha deposto è vero, ed ha sottoscritto col detto Sig. Vice-Presidente e Segretario.

Sottoscritti : Gio : BATTISTA OLETTA, AGOSTINO GIAFFERRI, *Vice-Presidente*, PANATTIERI, *Segretario-Generale*.

Ed in seguito è stato introdotto il Sig. Giacomo Montalti uno degli uffiziali municipali della città di Bastia, il quale ha detto essersi presentato in esecuzione della deliberazione del Consiglio Generale del Dipartimento, de' quattordici del corrente ; e dopo che il Sig. Vice-Presidente gli ha detto che il Consiglio Generale desiderava sapere qual fosse stata la condotta del corpo municipale di Bastia, e quali fossero le misure da esso prese per prevenire o impedire gl' inconvenienti accaduti a Bastia il primo, secondo e terzo giorno di giugno corrente, il suddetto Sig. Montalti ha detto che il primo giugno corrente, terzo giorno delle Rogazioni, fu fatta in Bastia una processione in modo straordinario ed in apparato di pubblica penitenza, a cui intervennero tutti gli ordini religiosi secolari e regolari, egualmente che tutte le confraternite, e la più gran parte della città; che tutti i confratelli e religiosi erano a piedi nudi, e che in simil guisa la processione girò per tutte le chiese della città, ed alcuui gridavano tratto tratto: *Viva la fede, viva la Religione!* che il corpo municipale, il quale non era prevenuto del modo straordinario di detta processione, fu sorpreso di vedere l'apparato di penitenza, ma che nullameno essendo il terzo giorno delle Rogazioni, andò a accompagnarla, conforme il solito, sino alla chiesa di San Giuseppe, da dove poi si rese alla casa della città; che in quel giorno, non ostante la detta processione, non accadde verun tumulto, nè inconveniente alcuno;

Che la mattina de' due giugno, si presentarono alla casa della città i Priori delle confraternite, e chiesero al corpo municipale il permesso di convocare il popolo nel dopo pranzo nella chiesa di San Giovanni; che il corpo municipale fece tutte le osservazioni possibili per distogliere i detti Priori da una tale assemblea, ma che essendo quelli determinati a tenerla, non poterono ricusarne il permesso, e si limitarono ad esortarli a mantenervi il buon ordine e la tranquillità; che qualche tempo dopo, nella stessa mattina, intese che molte donne attruppate si erano portate alla cattedrale coll'armi dell'antico vescovo, e i Signori Pietro Antonio Casella, facente funzioni di maire, e Oletta, uffiziale municipale, andarono per veder cosa fosse, e per impedire i disordini; che in seguito esso Sig. Montalti, unito al Sig. Pietro Antonio Casella, si resero alla sala del Direttorio del Dipartimento, e fecero parte agli Amministratori dell'assemblea che dovea tenersi in San Giovanni al dopo pranzo; ed avendo il Direttorio fatto osservare tanto al Sig. Casella, che ad esso Sig. Montalti, i pericoli che sovrastavano per la suddetta assemblea, e le conseguenze che avrebbe potuto produrre, essi assicurarono il Direttorio che si riposasse intieramente sulla loro vigilanza, e che nulla sarebbe seguito di male in quel giorno ; che di poi esso Sig. Montalti, essendosi ritirato dal Direttorio col suddetto Sig. Casella, si rimase solo nella casa di città, atteso chè il Sig. Casella andò a pranzo in casa sua ; che mentre egli stava solo nella casa di città, fu prevenuto che molte donne attruppate erano nella casa del Sig. Guasco, e commettevano de' gravi disordini ; e non potendo abbandonare la casa della città, spedì di subito il valletto al Sig. Pietro Antonio Casella, facente le funzioni di maire, per avvertirlo del suddetto attruppamento di femmine, affinchè vi provvedesse, essendo vicino, ed il suddetto Signor Casella, essendo tornato qualche tempo dopo alla casa della città, disse ad esso Sig. Montalti che l'attruppamento delle femmine era terminato ; che al dopo mezzo giorno, alle quattro ore circa, l'assemblea in S. Giovanni essendo convocata, ed il corpo municipale essendo riunito nella casa della città, fu proposto da qualcheduno del corpo d'inviare all'assemblea due membri per vegliare al mantenimento del buon ordine, e questa proposizione essendo stata adottata, scesero a S. Giovanni il Sig. abbate Buttaro, uffiziale municipale, e Semidei, procurator del comune per impedire i disordini ; che l'assemblea di S. Giovanni essendo terminata senza inconvenienti, i cittadini essendosi la maggior parte ritirati, fu sparsa da qualcheduno la voce che il Sig. Arena, facente le funzioni di Procurator Generale Sindaco, avesse spedito degli ordini per far venire molti paesani dell'interiore, e che la notte poteva esservi un saccheggio alla città, e perciò fu da molti richiesto che fossero invitati tutti i buoni cittadini a guarnire i posti della città ; che il corpo municipale procurò di acquietare questo timore, assicurando ciascheduno che gli ordini attribuiti al Sig. Arena non erano che falsi rumori, e che non avevano alcun fondamento di crederli ; ma siccome da alcuni si insisteva perchè fossero guarniti i posti e chiamati tutti i cittadini alle loro compagnie, il corpo municipale prese il partito di chiamare il Sig. Petriconi, colonnello della guardia nazionale della detta città con alquanti altri uffiziali della medesima ; ed essendosi questi resi alla casa della città, dopo che fu loro comunicato il progetto di far riunire i cittadini colle armi nella piazza Sumerina, e concertato insieme sopra del medesimo, fu determinato dal corpo municipale di concerto col colonnello, che si sarebbe fatta suonare la trombetta per tutta la città, e chiamati tutti i cittadini colle loro armi, ad oggetto di riunirsi alle rispettive compagnie per guarnire i posti della città, e per mantenere il buon ordine ; che fu in effetto suonata la trombetta per tutta la città, in conformità degli ordini del corpo municipale ; tutti i cittadini essendosi resi colle armi nella piazza detta Sumerina, furono distribuiti dal Sig. Petriconi e dal corpo municipale a differenti posti della città ; che allora essendo già notte, esso Sig. Montalti, che non avea pranzato la mattina, si ritirò a casa sua per far cena, e dopo mezz'ora circa avendo inteso delle grida nella cittadella, ritornò alla casa della città, e parte erano fuori, e gridavano : *Fuori Arena, fuori Arena!* dopo i quali gridi furono tirati quattro o cinque colpi di fucile alle finestre del Sig. Arena ; che dopo questi gridi mentre esso Sig. Montalti stava in mezzo alla folla esortando la moltitudine a tranquillarsi, il Sig. Pietro Antonio Casella, il Sig. Petriconi e il Sig. Giambattista Oletta salirono nella casa del Sig. Arena per indurlo ad uscire in loro compagnia, mentre gli attruppati gridavano di voler far saltare la casa con un barile di polvere se non usciva ; ed in seguito scesero diverse volte ad assicurare la moltitudine che il Sig. Arena sarebbe uscito, purchè non gli facessero alcuna violenza ; ed avendo una gran parte promesso che non gli si sarebbe fatto male, il Sig. Arena uscì finalmente in compagnia del Sig. Casella e del Sig. Petriconi, seguito da un picchetto di truppa di linea, ed in mezzo alla moltitudine, e fu condotto alla marina, da dove poi ha saputo che fu imbarcato per Livorno, mentre esso restò alla casa della città ;

Che la mattina de' tre giugno corrente, esso Sig. Montalti essendo nella casa di città, vidde molti del popolo armati che volevano introdursi nel cortile del Palazzo del Dipartimento per prendere il Sig. Buonarroti, il quale si era rifugiato nelle prigioni del Palazzo, ed accorse unito alli Signori Casella ed Oletta per impedire loro l'entrata; ma essendo quelli risoluti a prenderlo, esso Sig. Montalti, con un altro uffiziale municipale, andarono alla prigione dov'era il Sig. Buonarroti, la fecero aprire dal carceriere, e lo levarono fuori, ed in seguito fu condotto alla marina, a canto del Sig. Casella, ed in mezzo alla moltitudine, che gli fece i più atroci insulti; che arrivati alla marina, esso Sig. Montalti vidde con sorpresa il Sig. Panattieri, Segretario Generale del Dipartimento, nel corpo di guardia della guardia nazionale, il quale fu imbarcato per il golfo della Spezia, ed il Sig. Buonarroti fu imbarcato per Livorno col passaporto della municipalità, ed al momento del suo imbarco, il popolo lo accompagnò col suono de' corni e con strepitose gride, trattandolo di eretico e senza Religione ;

Che dopo questi fatti non è seguito nella città alcun disordine considerevole, solamente il popolo è stato in agitazione guardando i posti esterni per timore della venuta degli abitanti dell'interiore ;

Che esso Sig. Montalti, egualmente che gli altri uffiziali municipali, avendo inteso dire che il Sig. Petriconi, colonnello delle guardie nazionali, avea concertato di far tirare un colpo di cannone, e che a questo segnale tutta la sua gente si sarebbe riunita nella piazza di S. Nicolao, il corpo municipale, benchè non sapesse al sicuro il disegno di un tal segnale, e di una tale riunione, nullameno per ovviare a qualunque disordine, e per mettere in sicuro la cittadella, pregò il Sig. Rossi, comandante le truppe di linea di far entrare tutte le sue truppe nella cittadella, e che vegliasse attentamente alla guardia della medesima;

Che poco tempo dopo i fatti accaduti li due e tre giugno, il corpo municipale stimò a proposito d'informare tutte le municipalità del Dipartimento de' motivi che aveano dato luogo a' suddetti avvenimenti, e per assicurarle che non era nè per ribellarsi alla legge, nè contro la Costituzione; che di fatti fu inviata una lettera stampata a tutte le municipalità; la qual lettera essendo stata presentata ad esso Sig. Montalti dal Sig. Vice-Presidente, ha riconosciuto essere quella istessa che fu inviata dal corpo municipale, e da lui stesso segnata. Dopo di che esso Sig. Montalti, dopo avere intesa lettura del presente processo verbale, che ha dichiarato contenere la verità, lo ha segnato egualmente che la lettera stampata col Vice-Presidente ed il Segretario Generale.

Sottoscritti: GIACOMO MONTALTI, AGOSTINO GIAFFERRI, *Vice-Presidente,* PANATTIERI, *Segretario Generale.*

Dopo di che uno de'membri ha detto, che tanto dal rapporto fatto al Consiglio Generale dal Direttorio del Dipartimento sui fatti accaduti a Bastia il 1º, 2º e 3º di questo mese, quanto dalle stesse dichiarazioni de' tre membri del corpo municipale ch'erano stati intesi, appariva apertamente che il corpo municipale di Bastia, se non era stato esso stesso l'autore de' disordini accadutivi, aveva almeno favorito ed approvato la ribellione di quella città; ha proposto perciò che il corpo municipale ed il procurator del comune siano denunziati all'Assemblea Nazionale, come rei di Lesa Nazione, e che frattanto l'Amministrazione prenda le misure per assicurarsi delle loro persone.

In seguito di questa proposizione il Consiglio Generale del Dipartimento, considerando che il corpo municipale di Bastia, malgrado l'invito fattogli dal Direttorio del Dipartimento di usare de' mezzi che la legge avea messi nel suo potere per riparare i disordini da' quali la città era minacciata, ha manifestato la più colpevole indolenza per il ristabilimento dell'ordine e della tranquillità pubblica, considerando che quantunque l'attruppamento di molte femmine, che avea avuto luogo la mattina de' due del corrente, e che si erano trasportate a degli eccessi, gli avesse dovuto far conoscere quali fossero le intenzioni di coloro che volevano adunare il popolo in assemblea, s'indusse con tutto ciò ad accordargliene la permissione, e volle in qualche maniera autorizzare le incostituzionali deliberazioni colla deputazione e colla presenza di due membri del suo corpo; considerando ancora che invece d'avere spiegato, conformemente alla legge, la bandiera nazionale per dissipare gli attruppamenti, che si erano formati per la violenta espulsione di alcuni membri dell'Amministrazione, la municipalità istessa invitò i cittadini a prendere le armi, per potere con questo mezzo più facilmente eseguire le ree progettate violenze, e alcuni de' suoi membri contribuirono colla loro presenza, e colla loro autorità, alle dette illegali espulsioni; considerando finalmente che l'intero corpo municipale, con una lettera circolare in istampa, e con l'invio del processo verbale delle deliberazioni prese nell'Assemblea tenuta in Bastia i due del corrente a varie municipalità del Dipartimento, ha solennemente approvato la ribellione alla legge, e i disordini commessi da quelli abitanti, ed ha voluto eccitare le altre municipalità del Dipartimento a seguire lo scandaloso loro esempio; udito il Procurator Generale Sindaco, ha unanimemente determinato che il corpo municipale ed il procurator del comune di Bastia saranno denunziati all'Assemblea Nazionale, come rei di Lesa Nazione, e che a questo effetto sarà inviato al Corpo Legislativo copia della presente determinazione, delle dichiarazioni de' Signori Casella, Oletta e Montalti, tre de' membri del detto corpo municipale, egualmente che dalla lettera in istampa scritta il quattro di questo mese dalla detta municipalità alle altre municipalità del Dipartimento, e del processo verbale delle deliberazioni prese nell'assemblea tenuta il due del corrente nella città di Bastia, e frattanto, e fino a che l'Assemblea Nazionale abbia deciso sulla detta denunzia, determina che i membri che compongono il corpo municipale, e il procurator del comune della detta città saranno arrestati e detenuti per essere rimessi al tribunale a cui dall'Assemblea Nazionale sarà rinviata la conoscenza del loro delitto.

Essendo le ore otto della sera, il Sig. Vice-Presidente ha levata la sessione e l'Assemblea si è aggiornata a domani a dieci ore della mattina.

Sottoscritti: Agostino Giafferri, *Vice-Presidente*.
Panattieri, *Segretario Generale*.

Sabato 25 Giugno 1791

(*Sessione della mattina*).

L'anno 1791, e della libertà il secondo, 25 del mese d giugno, alle ore dieci della mattina,

Il Consiglio Generale, composto delle istesse persone, che hanno assistito alla sessione di ieri, essendosi riunito nella solita sala, è stata aperta la sessione colla lettura del processo verbale de' giorni precedenti, dopo di che uno degli Amministratori ha detto:

« Signori,

» Gli abitanti della città di Bastia sedotti dalle perfide insinuazioni de' nemici della Patria, ribellandosi alla legge, hanno fatto un scandaloso abuso di quelle armi istesse che la Costituzione loro avea posto in mano per sostenerla. Un giusto sospetto che quel popolo, rimanendo armato, possa altra volta attentare alla libertà della Patria, e alla sicurezza de' cittadini, deve determinare l'Amministrazione a usare de' mezzi propri a prevenire l'evento. Vi propongo perciò di ordinare che tutti indistintamente i cittadini di Bastia siano disarmati, e che le loro armi siano trasportate ne' magazzini della nazione di questa città. »

La materia posta in deliberazione, intesi gli avvisi di diversi membri, udito il Procurator Generale Sindaco, il Consiglio Generale ha unanimemente determinato che i Commissari spediti in Bastia per far rientrare quel popolo nella sommissione alla legge, saranno incaricati di dare gli ordini opportuni e necessari per disarmar senza distinzione tutti gli abitanti di Bastia e per spedire le loro armi ne' magazzini della nazione di questa città di Corte, per rimanervi sino a tanto che ne sia altrimenti ordinato dall'Assemblea Nazionale.

Un altro membro ha detto:

« Signori,

» L'insurrezione violenta, che ha avuto luogo in Bastia, è stata eccitata dai nemici della Costituzione, i quali, sotto il pretesto della religione, hanno saputo sedurre il popolo, e indurlo a ribellarsi alla legge, che aveva giurato di osservare. È essenziale per la pubblica tranquillità e per l'esempio, che i primi autori e principali motori di detta insurrezione siano conosciuti e denunziati al tribunale competente, per subire la punizione che la loro perfidia si ha meritato. Vi propongo in conseguenza di ordinare l'arresto di tutti coloro che saranno riconosciuti i motori della detta insurrezione e degli eccessi che l'hanno seguita. »

Su di che intesi i diversi pareri, e il Procurator Generale Sindaco,

Il Consiglio Generale ha determinato che i Commissari da esso nominati, e che già ritrovansi a Bastia, saranno incaricati di prendere tutti gli schiarimenti necessari per venire in cognizione di coloro che hanno promossa la ribellione accaduta in Bastia, e indotti i cittadini alle violenze, e agli eccessi a' quali si sono abbandonati, e di farli arrestare, per essere denunziati e rimessi al tribunale competente.

Sulla mozione di un altro membro, il Consiglio Generale, udito il Procurator Generale Sindaco, ha determinato che il Sig. Petriconi, colonnello delle guardie nazionali di Bastia, dovrà presentarsi fra quattro giorni, a contare da quello della notizia della presente determinazione, nanti il Consiglio Generale del Dipartimento, per render conto delle sue operazioni e condotta tenuta dalla ribellione di Bastia sino a questo giorno; incarica a quest'effetto il Direttorio del Distretto di Bastia, subito ricevuta la presente, di darne communicazione formale al detto Sig. Petriconi, ragguagliandone il Consiglio Generale.

Un altro membro ha detto :

« Signori,

» La colpevole condotta tenuta dagli uffiziali municipali del Comune di Bastia al tempo degli evenimenti che hanno avuto luogo in quella città sul principio del mese corrente, ed i pericoli, a' quali avrebbero potuto esporre quel popolo sedotto, se fossero rimasti più lungo tempo in carica, vi ha costretti di sospenderli provvisoriamente dall'esercizio delle loro funzioni. I tribunali competenti decideranno fra poco definitivamente della loro sorte; ma frattanto è urgente di provvedere a che la città non rimanga sprovvista d'un corpo municipale. Vi propongo perciò di determinare, che gli antichi uffiziali municipali ultimamente usciti di carica eserciteranno provvisoriamente nella città di Bastia le funzioni attribuite dalla legge alle municipalità. »

Dopo di che la materia posta in considerazione, intesi i pareri di diversi membri, udito il Procurator Generale Sindaco,

Il Consiglio Generale di Amministrazione del Dipartimento ha determinato che i Signori Marco Casella, Simone Lusinchi, Domenico Bozio e Giuseppe Perfetti, antichi uffiziali municipali di Bastia, ultimamente usciti di carica, eserciteranno provvisoriamente le funzioni del corpo municipale, uniti al Sig. Caraffa, prefetto della città, che il Consiglio Generale, attesa la sua assenza, dichiara non essere stato compreso nella sospensione dell'attuale municipalità, e che il Sig. Paolo Luigi Mattei, antico uffiziale municipale, eserciterà provvisoriamente le funzioni di procurator del comune.

Determina che la presente determinazione sarà stampata ed affissa ne' luoghi soliti della città di Bastia, ed inviata a tutte le municipalità del Dipartimento.

Incarica il Sig. Procurator Generale Sindaco di tener la mano alla sua esecuzione.

Il Sig. Vice-Presidente ha levata la sessione e l'ha rinviata a lunedì quattr' ore dopo mezzo giorno.

Sottoscritti : AGOSTINO GIAFFERRI, *Vice-Presidente.*
PANATTIERI, *Segretario Generale.*

Lunedì 27 Giugno 1791

(*Sessione della sera*).

L'anno 1791, e della libertà il secondo, 27 del mese di giugno, alle ore quattro pomeridiane,

Gli Amministratori che compongono il Consiglio Generale del Dipartimento di Corsica essendosi riuniti nella solita sala, uno de' membri ha detto che dopo la traslazione del Direttorio del Dipartimento in Corte, la maggior parte degli affari dell'Amministrazione rimaneva sospesa, attesa la mancanza degli scritti esistenti nello scagno del Dipartimento in Bastia ; proponeva in conseguenza che tutti gli scritti dell' Amministrazione fossero trasportati in Corte.

Udito il Procurator Generale, il Consiglio Generale del Dipartimento ha determinato unanimemente che sotto l'ispezione del Sig. Panattieri, Segretario Generale del Dipartimento, gli scritti più interessanti relativi all' Amministrazione esistenti ne' scagni stabiliti in Bastia, saranno trasportati in questa città di Corte, prendendo le necessarie precauzioni per la sicurezza del loro trasporto ; che a quest' effetto il suddetto Sig. Panattieri si renderà senza ritardo in Bastia, per dirigere e regolare questo trasporto, richiedendo al comandante generale delle guardie nazionali e a quello delle truppe di linea quella forza pubblica, che sarà giudicata necessaria per scortare detti scritti. Determina in oltre che sarà drizzato processo verbale delle operazioni che sarà per farci, e un inventario degli scritti che sarà per inviare.

Il Sig. Vice-Presidente ha levata la sessione, e l'ha rinviata a dimani alle ore dieci della mattina.

Sottoscritti : AGOSTINO GIAFFERRI, *Vice-Presidente.*
PANATTIERI, *Segretario Generale.*

Sessione del 30 Giugno 1791
(*Alla mattina*).

Gli Amministratori che compongono il Consiglio Generale del Dipartimento di Corsica riuniti nella solita sala, uno de' membri ha detto che il Sig. Bernardini, ricevitore della Dogana di Bastia, benchè onorato della confidenza dell'Amministrazione, e particolarmente obbligato, come pubblico funzionario, all'osservanza delle leggi, si è visto con scandalo all'occasione dell'insurrezione seguita a Bastia nel numero dei refrattari, ed ha dato pubblicamente segni di poco attaccamento alla Costituzione. « Una simile condotta, Signori, è una mancanza manifesta al giuramento che il Sig. Bernardini aveva prestato come cittadino e come funzionario pubblico, e non è compatibile colle funzioni che gli sono state confidate. Penso perciò ch'egli sia nel caso d'essere destituito e vi propongo di procedere al suo rimpiazzamento. »

Dopo di che la materia posta in deliberazione, il Consiglio Generale del Dipartimento, presi in considerazione i motivi sopra addotti, udito il Procurator Generale Sindaco, ha unanimemente determinato che il suddetto Sig. Bernardini rimarrà destituito dalla carica di ricevitore della Dogana di Bastia, e che sarà proceduto al suo rimpiazzamento col mezzo dello scrutinio. In seguito essendosi proceduto alla nomina di un nuovo ricevitore alla suddetta Dogana di Bastia, dopo che tutti i membri hanno giurato di scegliere in loro anima e coscenza colui che crederebbero il più degno della pubblica confidenza per la suddetta carica, i viglietti essendo stati posti nell'urna, raccolti, e fattone lo spoglio dai Signori Giovanni Antoni, Giambattista Taddei e Carlo Francesco Carlotti, scrutatori provvisori, come più anziani di età, è stato riconosciuto che il Sig. Giuseppe Maria Felici, di Chiatra, ha riportata la pluralità assoluta de' suffragi, e quindi è stato dichiarato dal Vice-Presidente ricevitore delle Dogane di Bastia; a cui il Consiglio Generale ha determinato che sarà deliberata una commissione nelle solite forme, attribuendogli l'istesso assegnamento fissato al suo predecessore, però coll'obbligo al detto Sig. Felici, prima di entrare in esercizio, di dare un'idonea sicurtà a concorrenza di dodici mila franchi, e di presentarsi nanti il Direttorio del Distretto di Bastia per prestare il giuramento richiesto dalla legge a tutti i pubblici funzionari;

Ordina che da due membri del Direttorio del Distretto di Bastia, in presenza tanto del Sig. Bernardini che del Sig. Felici, saranno arrestati i registri della suddetta Dogana, e rimessi al suddetto Sig. Felici egualmente che i fondi che potranno trovarsi a mani del suddetto Sig. Bernardini, i quali saranno portati in ricetta dal nuovo recevitore;

Incarica i suddetti membri che procederanno all'arrestazione e rimessa tanto de' registri che de' fondi, di drizzare del tutto esatto processo verbale, e trasmetterlo al Direttorio del Dipartimento, colle sue osservazioni ed il suo avviso; determina finalmente che il suddetto Sig. Bernardini fra il termine di un mese, a contare dal giorno in cui cesseranno le sue funzioni, dovrà render conto della sua gestione nanti il Direttorio del Distretto di Bastia, il quale dopo averlo verificato lo trasmetterà unitamente alle pezze giustificative al Direttorio del Dipartimento colle sue osservazioni, e col suo avviso per essere arrestato definitivamente.

Uno de' membri del Direttorio ha detto che uno degli oggetti che può interessare la pubblica tranquillità, si è la controversia sull'estensione del territorio fra molte comunità del Distretto di Vico e la colonia greca di Cargese; che per riparare agli inconvenienti che minacciavano le comunità, il Comitato Superiore nell'anno scorso fu obbligato di fare una decisione provvigionale, la quale accordò alle dette comunità una parte del terreno che per l'avanti era stato posseduto dalla colonia; che il Consiglio Generale d'Amministrazione, esistendo le medesime circostanze, per ovviare a' disordini, si determinò nella sessione di novembre scorso a far osservare la decisione provvigionale del Comitato Superiore; che il Direttorio del Dipartimento, avendo conosciuto dai titoli presentatigli tanto dalla colonia che dalle altre comunità, che il giudizio della questione che fra esse verteva non era di sua competenza, ma dei tribunali di giustizia; riflettendo d'altronde che la colonia esponeva che la provvigionale del Comitato l'aveva affatto privata del territorio a poter coltivare nell'anno prossimo, e nel tempo stesso che non era sperabile che un giudizio definitivo de' tribunali di giustizia potesse por fine alle contestazioni fra le comunità e la colonia in così breve termine, si determinò a spedirvi due commissari per conoscere sui luoghi specialmente se la mancanza di terreno coltivabile allegata dalla colonia esistesse; che risultando dal rapporto di detti commissari che veramente la colonia si trovava affatto priva di terreno che sia già seminato per il quarto anno, ciò che renderebbe affatto inutili ed infruttuose le sue fatiche, e dovendosi temere dall'altra parte che la restituzione dell'intiero territorio tolto alla colonia dalla provvigionale del Comitato Superiore non esponga la colonia istessa alla collera ed alle violenze delle comunità, conveniva che il il Consiglio Generale d'Amministrazione, poichè si trovava adunato, si occupasse de' mezzi per poter conciliare almeno provvigionalmente le scambievoli loro pretensioni.

Sulla detta mozione, il Consiglio Generale ha determinato che i commissari incaricati dal Direttorio di trasportarsi sui luoghi per prendere conoscenza delle contestazioni delle comunità di Vico e di Cargese, gli faranno rapporto de' fatti che hanno osservato sul luogo e delle operazioni. Ed il detto rapporto udito, udito egualmente il parere di diversi membri, e il Procurator Generale Sindaco, la materia messa in deliberazione,

Il Consiglio Generale ha determinato che le comunità interessate del Distretto di Vico saranno invitate a nominare fra il termine di quattro giorni, dopo che avranno avuto conoscenza della presente determinazione per mezzo del Consiglio Generale del comune, ciascuna un deputato, e la colonia quattro, i quali deputati saranno muniti per mezzo d'un processo verbale, di un potere speciale ed illimitato a poter transigere sulle scambievoli pretensioni delle comunità, e della colonia, e che i detti deputati dovranno fra il termine di otto giorni dopo la loro nominazione presentarsi nanti il Consiglio Generale, se sarà adunato, o nanti il Direttorio del Dipartimento, in caso che il Consiglio si sia sciolto, all' effetto di proporre scambievolmente de' piani di conciliazione e di accordo sul possesso de' terreni in questione, riservandosi il Consiglio Generale, in caso d'inesecuzione della presente determinazione da parte delle comunità o della colonia, di prendere esso stesso, se sarà adunato, o il Direttorio, in caso di scioglimento del Consiglio, que'provvedimenti, che le circostanze o la pubblica tranquillità esigerebbero.

Fatto a Corte, li 30 giugno 1791, e della libertà il secondo.

Sottoscritti : AGOSTINO GIAFFERRI, *Vice-Presidente* ; CERVONI, per Mr PANATTIERI, *Segretario Generale* assente.

Sessione del 1 Luglio 1791
(*Alla mattina*).

Gli Amministratori che compongono il Consiglio Generale del Dipartimento di Corsica riuniti nella solita sala, uno de' membri ha detto che la città di Bastia, dopo essersi abbandonata agli eccessi i più disdicevoli, dopo avere insultata l'Amministrazione intera in alcuni de' suoi membri ed oltraggiata la legge, meritava un'esemplare punizione ; che le spese che essa ha occasionate colla sua insurrezione doveano essere sofferte dalla città ; che oltre quelle che sono già state fatte, ve ne restano ancora molte a farsi, prima che lo scandalo dato da' suoi abitanti sia represso quanto conviene. Il caricare di queste spese la città di Bastia era ben poca cosa, a confronto delle mancanze nelle quali è caduta con tanto pericolo per la tranquillità di questo Dipartimento. Questo sarà un mezzo molto potente, perchè per l'avvenire essa e gli altri popoli stiano nel dovere e nell' obbedienza alla legge. Tutto il popolo di Bastia è generalmente reo; debbono considerarsi per rei principali quelli che lo hanno sedotto e commosso; questi però non puonno conoscersi di sicuro che dopo che i tribunali avranno proceduto.

Il Consiglio Generale, messa la materia in deliberazione, udito il Procurator Generale Sindaco, ha determinato che tutte le spese straordinarie, occasionate dall' insurrezione, saranno sofferte dal comune di questa città sotto l'approvazione e il buon piacere dell'Assemblea Nazionale, a cui il Consiglio darà parte di questa sua determinazione, e salvo al comune di Bastia a farsi indennizzare di queste spese da coloro che da' tribunali saranno trovati capi principali e motori della ribellione.

Ed essendo un'ora dopo mezzogiorno, il Sig. Presidente ha levata la sessione e l'ha aggiornata al giorno de' sette alla mattina.

Sottoscritti: Agostino Giafferri, *Vice-Presidente*, Cervoni per Mᵣ Panattieri, *Segretario Generale* assente.

Sessione del 7 Luglio 1791

(Alla mattina).

Il Consiglio Generale del Dipartimento riunito nella solita sala, uno de' membri ha detto che, avendo il Consiglio deliberato in altra sessione che il Direttorio del Dipartimento, attesa la rivolta di Bastia, risiedesse particolarmente in questa città di Corte, ciò che l'Assemblea Nazionale stessa ha fatto, non avea però fissato il luogo ove tenere le sue sessioni e stabilire gli scagni dell'Amministrazione; che questo era un oggetto di cui il Consiglio dovea incessantemente occuparsi; che in questa città non vi era stabilimento più adattato e più a proposito del palazzo pubblico.

La materia messa in deliberazione, udito il Procurator Generale Sindaco, il Consiglio ha nominato quattro de' suoi membri perchè si portassero al palazzo pubblico ad esaminare i comodi che presentava questo stabilimento. Questi partiti e ritornati, hanno assicurato che il palazzo era veramente il luogo il più proprio della città, più adattato e dove il Direttorio del Dipartimento poteva fissare gli scagni dell'Amministrazione e tenere le sue sessioni. Udito tal rapporto, il Consiglio Generale del Dipartimento di Corsica ha unanimemente determinato che il Direttorio del Dipartimento avrebbe fissato gli scagni dell'Amministrazione Generale, e tenute le sue sessioni nel palazzo pubblico di Corte, che servivà e serve anche alla giustizia.

Il Sig. Presidente ha levata la sessione.

Sottoscritti: AGOSTINO GIAFFERRI, *Vice-Presidente,*
CERVONI, per il *Segretario Generale* assente.

Sessione dell' 8 Luglio 1791
(Alla mattina).

Il Consiglio Generale del Dipartimento riunito nella solita sala, uno de' membri ha detto che la riunione straordinaria del Consiglio Generale avea occasionato a' suoi membri delle spese considerevoli, che la ragione della loro riunione era stata la causa pubblica, che non era giusto che dei rappresentanti del popolo sostenessero i comuni interessi con detrimento loro ; proponeva per conseguenza che fosse loro accordata una somma per compensarli in qualche maniera delle gravi spese ch'erano stati obbligati di fare. La materia messa in deliberazione,

Il Consiglio Generale ha unanimemente determinato che sarà loro accordato quel trattamento giornale stesso, del quale godono gli Amministratori del Direttorio in indennizzazione, e che questo comincerà dal giorno in cui sono partiti dalle loro case per rendersi a Corte, pel tempo della riunione del Consiglio, e per i giorni che impiegheranno per ritornare ai loro paesi.

La sessione è stata rinviata al dopo pranzo.

Sottoscritti: Agostino Giafferri, *Vice-Presidente*,
Cervoni per il *Segretario Generale* assente.

Sessione dell' 8 Luglio 1791

(*Alla sera*).

Il Consiglio essendosi riunito nella solita sala, uno de' membri ha detto: « Persuaso dello zelo con cui proteggete tutto ciò che può contribuire alla vivificazione del nostro commercio, non dubito che l'annuncio che vado a significarvi, non riscuota i vostri applausi verso l'industria di cittadini bene meriti, che la mozione che vado a proporvi non sia unanimemente arrestata in segno della pubblica riconoscenza, e della vigilanza con la quale non vi stancate di favorire tutti gli stabilimenti che conducono alla sua consolidazione. Non vi è ignoto che la marina industriosa della città d'Ajaccio ha progettato in quest'anno di fare un tentativo per aprire un utile trattato nelle coste d'Africa per la pesca del corallo. Questi bravi e coraggiosi cittadini hanno con fermezza sormontati tutti gli ostacoli che la gelosia e il timore di alcuni seppe incontrare maliziosamente per scoraggirli. La compagnia d'Africa, prevedendo che questo tentativo poteva pregiudicare agli stabilimenti esclusivi che ha in quel continente, ed in que'mari, cercò di contrariare il progetto e fece ogni sforzo per impedirne l'esecuzione. Finalmente vedendo la costanza de' nostri marinari, per mezzo de' nostri deputati a Parigi, offerse un trattato ed alcune condizioni, la di cui impossibilità d'eseguirsi era propria a sbigottirli ed allontanarli dal meditato progetto. Non ostante, vedendo in quel momento reclusa ogni strada per eludere le potenti contrarietà di quegli azionari, le accettarono, nel caso che volessero profittare de' suoi stabilimenti, e che volessero dirigere la loro pesca in que' mari ove cadeva la loro esclusiva, ed il trattato si conchiuse per mezzo de'nostri deputati all'Assemblea Nazionale. Pieni di fiducia, partono questi bravi marinari per l'Africa; il nostro amato generale li accompagna con una lettera di raccomandazione al Bey di Tunisi, ed a quel Alimulos ambasciatore, che nel regno della libertà corsa venne ad offrirgli un tributo della stima e dell'attaccamento di quel suo potente sovrano. Sino a questo momento, la città tutta, le povere loro famiglie sono state nelle più dolorose ansietà per sapere l'esito d'una sì importante spedizione. Ma le loro tenere sollecitudini sono state ricolme della più viva allegrezza all'arrivo da Sardegna di un Padrone d'Ajaccio, che portava la felice notizia che que' bravi cittadini posavano liberamente, alla distanza di trenta miglia dalla città di Tunisi, sopra un zecco detto Cavobuono, e che la loro pesca era abbondantissima. La lettera che io depongo sopra lo scagno, del Sig. Maire della città, il di cui patriottismo è a voi pienamente conosciuto, mi partecipa un avanzamento così fortunato che già scorgo eccitare in voi, o Signori, quei sentimenti di gioja, la quale è il sicuro contrassegno del vivo interesse che prendete a tutto ciò che può felicitare il nostro Dipartimento.

» Dopo questo annunzio voi dovete prevedere quanto ora divenga necessaria l'accelerazione della costruzione del nuovo ospizio precario per le quarantene. Voi nella sessione di ottobre determinaste che sarebbe costruito nel golfo d'Ajaccio, e di più dopo averne dettagliati i motivi dell'utilità e della necessità, indirizzaste petizione all'Assemblea Nazionale. Vi sono note le disposizioni de' nostri augusti rappresentanti verso di questo nuovo stabilimento, e non tarderemo molto a vederlo coronato d'un suo decreto favorevole, e da parziali prove di munificenza ; ma se s'indugia il principio della fabbrica, il tempo s'inoltra, e quatunque si metta ogni possibile celerità, noi non potremo pervenire a poterlo vedere ultimato nel mese di settembre, epoca del ritorno di quegl'industriosi pescatori ; in tal caso ci troveremo nella dura necessità di vederci rapita una parte del frutto della loro pesca, e dovremo essere obbligati a rinviare i loro battelli a fare le quarantene ne' lazzaretti d'Italia e di Sardegna, e ad essere le vittime dell'avarizia di quegl'insaziabili agenti del despotismo. Vi propongo dunque di anticipare alla comune della città d'Ajaccio la somma di lire sei mila per dare principio senza indugio alla costruzione di questo nuovo ospizio precario, affinchè possa trovarsi nello stato di ricevere i nostri pescatori dal ritorno d'Africa per consumarci la loro quarantena. »

Su di che la materia messa in deliberazione, inteso il Procurator Generale Sindaco,

Il Consiglio Generale, persuaso de' vantaggi che devono risultare da questo nuovo stabilimento, autorizza il Direttorio del Dipartimento a far la suddetta anticipazione di lire sei mila alla municipalità della città d'Ajaccio, sopra la petizione stata fatta dal Consiglio Generale di quel comune, e previe le precauzioni, che potrà prendere col detto Consiglio per il rimborso e restituzione di detti fondi nel caso dell'ineffettuazione di detto stabilimento.

Il Sig. Presidente ha levata la sessione.

Sottoscritti: Agostino Giafferri, *Vice-Presidente*, Cervoni per il *Segretario Generale* assente.

Sessione del 20 Luglio 1791
(*Alla mattina*).

Il Consiglio Generale riunito nella solita sala, si sono presentati i Signori Gio: Giacomo Odiardi e Giuseppe Sisco, due degli uffiziali del corpo municipale sospeso della città di Bastia, i quali hanno detto che si sono presentati in virtù della determinazione presa dal Consiglio Generale che ingiungeva loro di presentarsi per rendere ragione della loro condotta, ciò che non aveano potuto eseguire fin qui per causa delle loro indisposizioni. Ed essendosi ritirato il Sig. Sisco, il Sig. Odiardi interpellato dal Sig. Giafferri, vice-presidente, di raccontare i fatti accaduti nella città di Bastia il 1º, 2º e 3º dello scorso mese di giugno, e di render conto delle misure prese dal corpo municipale per impedire i disordini che hanno avuto luogo in detti giorni nella detta città, ha detto che il primo giorno dello scorso mese di giugno, terzo giorno delle Rogazioni, essendo egli stato informato che la città si disponeva a fare una processione generale con un apparecchio straordinario di penitenza, non sapendo egli chi fosse l'autore, e chi avesse consigliato la detta processione, siccome, ancorchè municipale, non ne esercitava da lungo tempo le funzioni, attesi gl'incomodi della sua salute, ciò che si giustifica da una lettera istessa del corpo municipale, e la quale rimette sullo scagno, si risolse di andare alla municipalità per sapere se il corpo municipale aveva consigliato e aderito alla detta processione straordinaria ; ed essendovisi trasportato, e richiestone i membri del corpo municipale, che si trovavano nella sala, quelli risposero che non sapevano quali fossero gli autori di quella processione straordinaria ;

Che nel tempo che esso Sig. Odiardi era alla municipalità, fu chiamato il Sig. abate Muttini per sapere da lui chi avesse progettato e consigliato la detta processione, e questi rispose che era stato il vicario, senza però esprimerne il nome ; ma esso Odiardi crede che volesse parlare del Sig. Olmeta, come quegli che era il primo de' canonici del soppresso capitolo. Il Sig. Odiardi fece sentire ai municipali che non sarebbe convenuto che essi avessero in qualche maniera autorizzato quella processione colla loro presenza ; essi risposero che non l'avrebbero accompagnata fuorchè fino a S. Giuseppe, secondo il costume, e che dopo si sarebbono ritirati nella casa della città. Dopo di ciò esso Sig. Odiardi si ritirò, ed ha saputo che il corpo municipale seguitò veramente la processione fino a S. Giuseppe, e dopo rientrò nella casa di città, avendo la processione continuata la visita delle altre chiese ; che dopo mezzogiorno esso Sig. Odiardi avendo udito da alcuni zelanti patriotti che si voleva cantare il *Te Deum* in Santa Maria, sull'insinuazione loro si trasportò immediatamente alla casa della città, e cercò di dissuaderlo d'intervenire al *Te Deum* ; ma gli fu risposto che questo era il costume di ogni anno, il terzo giorno delle Rogazioni. Niente altro accadde nella giornata.

Il giorno seguente, avendo esso Sig. Odiardi udito che si voleva procedere a un' assemblea in San Giovanni, si trasportò alla municipalità per cercar d'impedire la riunione dell' assemblea. Il Sig. Pietro Antonio Casella gli fece osservare che i decreti dell'Assemblea Nazionale permettevano a' cittadini di riunirsi, e che per conseguenza non si poteva impedire l'assemblea. Un momento dopo arrivarono i priori delle confraternite ed altri uffiziali per domandare il permesso di convocare l'assemblea in quel giorno, e non ostante che il Sig. Casella cercasse di dissuaderli da quella convocazione, essi insisterono in maniera che la municipalità gliene accordò il permesso; tanto più avendo i detti priori e uffiziali esposto, che si trattava di fare delle petizioni all'Assemblea Nazionale per causa di religione. Dopo di ciò esso Sig. Odiardi si ritirò, ed udì dopo nella giornata che era seguito qualche attruppamento di femmine. La sera dello stesso giorno, avendo udito suonare la trombetta della municipalità, che invitava i cittadini a prendere le armi, s'incamminò per andare alla casa di città, e ritrovò la cittadella piena di gente armata, di maniera che non gli fu permesso nemmeno d'entrare nella sala de' municipali; che allora parlò con varie persone, e fra gli altri col Sig. Rossi e con alcuni membri del Direttorio del Dipartimento per sapere cosa fosse quel concorso di armati, e se vi era nulla a temere; ed essendogli stato detto che tutto si disponeva alla calma, si ritirò in casa sua, ove passò la notte senza sapere che fosse accaduto alcun disordine; che soltanto la mattina gli fu detto che erano stati imbarcati a forza i Signori Arena, Panattieri e Buonarroti.

Che la mattina istessa, andò nuovamente per entrare nella casa di città, e all'ingresso vi trovò molte persone armate, fra le quali uno presolo per il vestito al petto, gli disse che era stato fatto un processo verbale contro esso Sig. Odiardi, ed entrato nella sala gli fu presentato uno scritto, il quale conteneva delle somme alle quali erano stati tassati differenti cittadini, fra quali esso era stato condannato a sei franchi, i quali sborsò nell'istante, perchè violentato dalle minacce; che alla sala municipale trovò alcuni de' membri del Direttorio del Dipartimento a' quali cercò d'ispirare confidenza, e cercò di proteggere; che in seguito essendo uscito dalla casa di città, ed essendo stato avvertito che erano stati commessi degli atti di violenza nella casa del Sig. Raffaele Casabianca, vi accorse per impedirne le conseguenze, e per procurare al detto Sig. Casabianca l'evasione, ciò che in fatti eseguì, e dopo cooperò egualmente alla sicurezza della ritirata de' Signori Taddei e Colonna, membri del Direttorio del Dipartimento;

Che il giorno seguente si trasportò di bel nuovo alla municipalità con animo d'operare il bene, e propose di scrivere una lettera al Sig. Generale Paoli, invitandolo ad andare a Bastia, per ricondurvi l'ordine e la tranquillità, che era stata alterata; che la detta lettera fu scritta e sottoscritta da tutti i membri del corpo municipale; ma essendo stata presentata ad alcuni altri cittadini, che erano nella casa di città, questi si opposero con minacce alla spedizione di detta lettera, e presala violentemente la lacerarono; che esso Sig. Odiardi, temendo eziandio della sua vita, perchè sapeva di esser considerato come attaccato al Sig. Generale Paoli, e in questa qualità odiato, si ritirò;

Che il giorno in seguito si trasportò un'altra volta alla municipalità, e propose d'inviare una deputazione al Sig. Generale e ai membri d'Amministrazione del Dipartimento. Il progetto fu adottato, ed esso stesso fu nominato uno de' deputati; ma nell'atto stesso che si riduceva la deliberazione, sul falso rumore che le guardie nazionali dell'interiore erano arrivate a Biguglia, tutto fu sospeso, e i cittadini corsero a prendere le armi per mettersi in difesa; che è tutto ciò che ha detto sapere.

Interpellato in seguito dal Sig. Vice-Presidente se esso ha cognizione d'una lettera circolare scritta dalla municipalità di Bastia alle municipalità dell'interiore, e se esso stesso ha sottoscritto la detta lettera, ha detto che, per quanto si può sovvenire, egli non ha sottoscritto alcuna lettera circolare, e presentatagli in seguito una lettera in stampa del 4 giugno, sottoscritta dagli uffiziali municipali di Bastia, ed interpellato di dire s'egli ha scritto o sottoscritto la detta lettera, ha risposto ch'egli, persistendo in ciò che ha detto, assicura che non si sovviene d'aver sottoscritto la lettera che gli è stata presentata in istampa. E la detta lettera, egualmente che la lettera presentata da esso Sig. Odiardi, degli otto marzo ultimo, è stata sottoscritta tanto da esso Sig. Odiardi che dal Sig. Vice-Presidente. Lettura fattagli della presente sua dichiarazione, ha detto che ciò che ha esposto è vero ed ha sottoscritto.

Sottoscritti : GIAN GIACOMO ODIARDI, AGOSTINO GIAFFERRI, *Vice-Presidente*, CERVONI, per il *Segretario Generale* assente.

In seguito si è presentato il Sig. Giuseppe Sisco, uno degli uffiziali municipali di Bastia, nativo di Brando e domiciliato in Bastia, ove esercita da circa quindici anni la professione di medico ; a cui essendo stato spiegato l'oggetto per il quale era stato chiamato nanti il Consiglio Generale, ha detto che essendo egli nativo di Brando e riguardato come forestiere, quantunque membro del corpo municipale, la municipalità non gli ha mai fatta confidenza degli affari importanti, ne' quali si è trovata, e non lo ha neppure chiamato alle sue riunioni ; che oltre di ciò la sua professione di medico obbligandolo ad occuparsi intieramente alla cura degli ammalati per sostenere la sua numerosa famiglia, egli non poteva assistere alle funzioni municipali, e non vi è quasi mai intervenuto, tanto più che egli non era stato eletto municipale all'epoca delle elezioni ordinarie, ma avea soltanto dovuto, come membro del Consiglio, supplire il Sig. abate Prelà che si era dimesso ; in conseguenza di tutto ciò, esso Sig. Sisco assicura di non aver cognizione alcuna particolare de' motivi che hanno potuto dar luogo alla ribellione accaduta in Bastia li giorni due e tre giugno ultimo, nè delle operazioni del corpo municipale di Bastia, al quale egli non si era quasi mai riunito per l'avanti, e molto meno ne' giorni suddetti, siccome neppure ha conoscenza di coloro che possono essere stati i principali motori della detta ribellione; che esso è solamente informato per la voce pubblica, come tutti gli altri cittadini che non ci si sono trovati presenti, come di cose notorie ad ogn'uno. Può solamente dire esso Sig. Sisco, che il giorno de' tre andando in Terranova per fare delle visite agli ammalati, ed essendo entrato nella casa comune, tre o quattro cittadini armati lo accostarono, e gli richiesero di pagar loro quattro franchi, e siccome egli si ricusò, quelli lo minacciarono, di modo che si ritirò spaventato a fare le sue visite, e poco dopo, essendo uscito dalla Terranova, viddè molte persone che scendevano in folla verso la marina ed avevano in mezzo il Sig. Buonarroti, uno de' principali commessi degli scagni del Dipartimento.

Ha aggiunto esso Signor Sisco che alcuni giorni dopo la ribellione vidde in una casa particolare una lettera stampata, scritta dal corpo municipale di Bastia alle municipalità del Dipartimento, e con sua somma sorpresa vi osservò segnato il suo nome; ma che però egli può assicurare di non avere mai sottoscritta la detta lettera, nemmeno averne avuto conoscenza, allorchè è stata scritta e stampata d'ordine della municipalità. Ed essendogli stata presentata la suddetta lettera stampata, ha riconosciuto essere quella stessa che vidde nella casa di un particolare, e che egli non ha segnata, quantunque vi sia stampato il suo nome. Ed ha sottoscritta la suddetta lettera, unito al Sig. Vice-Presidente.

Infine esso Sig. Sisco non può dire alcun'altra cosa relativa ai motivi che hanno causata la ribellione di Bastia, perchè come ha già detto, non solo era occupato intieramente alla sua professione, e non interveniva alla riunione de' municipali, ma ancora perchè da questi non gli si faceva nessuna confidenza degli affari, forse per il motivo che lo conoscevano costantemente attaccato alla Costituzione ed a suoi difensori.

Dopo di che il detto Sig. Sisco ha segnato, unito al Sig. Vice-Presidente la presente sua dichiarazione, che ha riconosciuta per vera.

Sottoscritti : GIUSEPPE SISCO, AGOSTINO GIAFFERRI, *Vice-Presidente*, CERVONI, per il *Segretario Generale* assente.

Sessione del 21 Luglio 1791

Il Consiglio Generale del Dipartimento riunito nella solita sala, uno de' membri ha detto che per conservare la città di Bastia nella subordinazione alle leggi e nell'ordine, conveniva di mantenere in quella città una forza pubblica sufficiente per reprimere i sediziosi e per vegliare alla quiete ; che questa non potea essere che al numero di cento cinquanta guardie nazionali almeno ; che queste doveano essere comandate da tre capi sotto gli ordini d'un commissario del Consiglio Generale del Dipartimento. Proponea per conseguenza al Consiglio di determinare sopra un oggetto così interessante.

La materia messa in deliberazione, è stato unanimemente determinato che una forza pubblica di cento cinquanta guardie nazionali dell'interiore sarà stabilita in Bastia, comandata da tre capi, i quali rimarranno sotto gli ordini d'un commissario del Consiglio ; che le guardie nazionali avranno il trattamento individuale di venti franchi il mese, i loro capi cinquanta, ed il commissario a ragione di sei franchi al giorno ; e che queste spese dovranno essere anticipate dall'Amministrazione. Il Direttorio rimane perciò autorizzato a deliberarne i mandati.

La sessione è stata aggiornata alli ventitre del corrente.

Sottoscritti: Agostino Giafferri, *Vice-Presidente,* Cervoni per il *Segretario Generale* assente.

Sessione del 23 Luglio 1791

Il Consiglio Generale riunito nella solita sala, uno de'membri ha detto che le guardie nazionali di Niolo hanno dato in tutte le circostanze prove non indifferenti del loro zelo e del loro patriottismo; che alla notizia dell'insurrezione di Bastia, si portarono al numero di 127 nella città di Corte ad offrire i loro servizi alla patria, disposti a sostenere la Costituzione a prezzo anche del sangue; che questa città deve in gran parte alla loro vigilanza la tranquillità nella quale si è mantenuta; che hanno dovuto soccombere a delle spese nel soggiorno di vari giorni che hanno dovuto passare in Corte, e che l'Amministrazione dovrebbe accordar loro un'indennità.

Il Consiglio ha applaudito a questa mozione, ed ha unanimemente determinato che sarà accordata alle guardie nazionali di Niolo un'indennità di cento venti sette scudi grossi di Francia, da dividersi tra loro a ragione di uno scudo per ciascheduno, ed a quest'effetto autorizza il Direttorio a deliberare mandato per la detta somma al Sig. Grimaldi, colonnello delle guardie nazionali di Niolo, che dovrà farne la ripartizione.

In seguito un altro membro ha detto che il Sig. Buonarroti, uno de' principali commessi ai scagni del Dipartimento, che era ritornato in Toscana a ripigliare i travagli confidatigli dall'Amministrazione, meritava l'attenzione di questa; che erano ben noti gli oltraggi ed i strapazzi ch'egli avea sofferto da un popolo furioso e ribelle ; che quest' uomo, che ha dato tante prove co'suoi assidui travagli all'Amministrazione, di attaccamento alla Patria ed alla Costituzione, meritava indennità per le spese che avea dovuto sopportare nel viaggio che fu forzato di fare.

Il Consiglio Generale ha unanimamente determinato che sarà accordata al Sig. Buonarroti una indennità di quattro cento franchi e che a quest'effetto il Direttorio del Dipartimento rimane autorizzato di deliberargliene mandato.

La sessione è stata aggiornata a dimani ventiquattro andante alle nove di mattina.

Della Domenica 24 Luglio 1791

(Sessione della mattina).

Il Consiglio Generale del Dipartimento di Corsica, composto di quelle stesse persone che hanno assistito alla precedente sessione, essendosi riunito nella sala ordinaria, uno de' quattro commissari incaricati dal Consiglio Generale di udire le scambievoli pretensioni de' Procuratori delle comunità del Distretto di Vico, e di quella di Cargese, e di proporre i mezzi di conciliazione per tentare fra essi un'amichevole transazione sulle controversie di territorio, ha detto che tutti i mezzi tentati dalla commissione sono riusciti vani, e che non è stato possibile di ridurli in una composizione ; ha per conseguenza proposto che il Consiglio Generale, trattandosi di un oggetto che potrebbe compromettere la pubblica tranquillità del Distretto di Vico, si occupi a prendere quella determinazione provvisoria che meglio crederà convenire a'diritti scambievoli delle parti, e che stimerà più propria a conciliare gli animi tanto de'popoli delle comunità, che di quelli della colonia, almeno fintanto che la giustizia possa essere nel caso di por fine con un giudizio alle vicendevoli loro pretensioni.

Il Consiglio Generale, messa la materia in deliberazione, udito il Procurator Generale Sindaco, considerando che i motivi di pubblica tranquillità, che indussero l'anno scorso il Comitato Superiore e il Consiglio Generale di Amministrazione ad accordare per provvigione alle cinque comunità del Distretto di Vico una parte del territorio, del quale si trovava in possesso la colonia, sussistono tuttavia; considerando d'altronde che se l'intiero territorio accordato alle cinque comunità dovesse essere interamente da esse coltivato, anche nella prossima cultura, la colonia si troverebbe ridotta a coltivare per il quinto anno lo stesso terreno, e per conseguenza si vedrebbe esposta a mancare de' mezzi di sussistenza, ha determinato, riservati i diritti delle comunità di Coggia, Arbori, Murzo, e quelli del cantone di Sorroinsù, e salvo a esse a farli valere in giustizia, che per la prossima coltivazione la colonia goderà nel territorio di Arbitro Grosso di quella porzione di terre, che si trovano comprese fra Cargese ad arrivare alla trada che conduce ad Ajaccio, fino al punto ove incontra la strada che da Cargese mena a Vico, e da questo punto passa per l'altura superiore, e fa capo alla cima di Campomoro, conformemente alla linea di divisione progettata dai Signori Leoni e Quenza, commissari, ed espressa nel processo verbale da loro rimesso all'Amministrazione, e che il rimanente del territorio di Arbitro Grosso sarà per questo anno posseduto dalle cinque comunità, che ne ottennero l'anno scorso il godimento in virtù della determinazione del Comitato Superiore e del Consiglio Generale; dichiara in oltre il Consiglio Generale che la presente provvisoria determinazione avrà luogo per la coltura di quest'anno solamente, e nel caso che prima che si proceda alla coltivazione dell'anno venturo non sia altrimenti ordinato dai tribunali di giustizia, la co-

Ionia sarà rimessa nel possesso e godimento di tutto l'intiero territorio di Arbitro Grosso, che possedeva prima della determinazione provvigionale del Comitato e del Consiglio Generale di Amministrazione.

Il Sig. Presidente ha terminato la sessione che è stata aggiornata a domani alle dieci della mattina.

Sottoscritti: Agostino Giafferri, *Vice-Presidente*, Panattieri, *Segretario Generale*.

Sessione del Lunedì 25 Luglio 1791

L'anno 1791, e della libertà il terzo, 25 del mese di luglio, alle ore nove della mattina, il Consiglio Generale del Dipartimento riunito nella solita sala, è stata aperta la sessione colla lettura di diverse memorie e lettere indirizzate all'Amministrazione Superiore. Dopo di che uno de' membri ha detto :

« Signori,

» Vi sono noti il patriottissimo, lo zelo e i servigi resi alla Patria dai Signori Arena e Panattieri, il primo de' quali fa funzioni di Procurator Generale Sindaco al Dipartimento, e l'altro è il vostro Segretario Generale. Ambidue sono stati le vittime della perfidia e del furore di un popolo ribelle alla legge. È stato il loro attaccamento alla causa comune, che loro ha attirato l'odio de' male-intenzionati. Le ingiurie, i pericoli, gli strapazzi e le spese che hanno sofferto questi due funzionari pubblici meritano l'attenzione e la riconoscenza dell'Amministrazione Superiore. Io vi propongo, Signori, di far sentire all'uno e all'altro la sensibilità del Consiglio Generale, e di accordar loro una indennità. Il viaggio dispendioso che sono stati obbligati di fare, credo che non debba farvi bilanciare un momento. »

Su di che la materia posta in deliberazione, il Consiglio Generale ha, quasi all' unanimità, determinato che sarà tanto al Sig. Arena, che al Sig. Panattieri, manifestata la sodisfazione dell' Amministrazione per i loro servigi a pro del pubblico interesse; che saranno ringraziati del loro zelo, e che sarà a ciascheduno di loro accordata sui fondi del Dipartimento la somma di seicento franchi per indennizzazione delle spese e danni sofferti all' occasione della ribellione di Bastia; che a quest'effetto il Direttorio del Dipartimento sarà autorizzato a deliberare loro i mandati necessari.

In seguito un altro membro ha detto:

« Signori,

» Gli Amministratori del nostro Direttorio hanno dimostrato nelle circostanze più difficili e specialmente in queste ultime l'attività la più indefessa, lo zelo il più patriottico e una fermezza che merita la sensibilità e la gratitudine di tutti i buoni cittadini e specialmente del Consiglio Generale. Egli hanno riuniti i loro sforzi e i loro lumi per reprimere i sediziosi; hanno impiegati tutti i mezzi che il patriottismo può suggerire per sconcertare i rei disegni de' nemici della Costituzione. Sono stati dispersi, si sono riuniti, e hanno dovuto indispensabilmente in questo cambiamento soggiacere a delle spese considerevoli. Io propongo, Signori, che siano a nome del Consiglio ringraziati per i servigi importanti che hanno reso alla Patria, e che loro sia accordata una somma a titolo d'indennizzazione. »

La materia posta in deliberazione, il Consiglio Generale ha determinato che i membri componenti il Direttorio del Dipartimento saranno ringraziati per il loro zelo e per la loro attività in favore della causa pubblica, e che il Direttorio medesimo sarà autorizzato a prendere sui fondi del Dipartimento la somma di lire mille duecento da dividersi a eguali porzioni a titolo d'indennità per lo spiazzamento, fra tutti i membri che lo compongono, compresovi il Sig. Vincentello Colonna, ed escluso il Sig. Arena.

Rinviata la sessione al dopo pranzo.

Sottoscritti : AGOSTINO GIAFFERRI, *Vice-Presidente*, CERVONI, per il Signor PANATTIERI, *Segretario Generale* assente.

Del Mercoledì 27 Luglio 1791

(*Sessione della mattina*).

L'anno 1791, e della libertà il terzo, 26 del mese di luglio, alle ore dieci della mattina, il Consiglio Generale del Dipartimento di Corsica composto delle stesse persone che hanno assistito alle sessioni precedenti, e a'quali si sono riuniti i Signori Paolo Francesco Mattei, Achille Murati, Luigi Ciavaldini e Pietro Saliceti, membri del detto Consiglio, essendosi resi nella sala ordinaria, è stata fatta lettura del processo verbale della sessione di ieri. Uno de'membri del Direttorio del Dipartimento, a nome degli altri suoi confratelli, il Sig. Colonna Leca compresovi, ha detto :

« Signori,

» Il Consiglio Generale colla deliberazione presa nella sessione di ieri ha accordato ai membri del Direttorio una somma di mille duecento franchi per indennizzarli delle spese cagionategli dai viaggi e spiazzamento da Bastia a Corte, dopo l'insurrezione seguita in detta città. Quanto siamo sensibili a quell'atto generoso, altrettanto è conforme a'principj di disinteresse che hanno guidati i membri del Direttorio, di ringraziare il Consiglio dell'indennizzazione cha ha ben voluto accordargli, essendo assai più che ricompensati delle loro patriottiche fatiche, e delle perdite momentanee che abbiamo sofferto, colle prove di soddistazione che abbiamo ottenute dal Consiglio Generale, e colla dolce riflessione di essere riusciti col nostro ritiro da Bastia, a salvare la Patria e la Costituzione, che era in pericolo. »

Il Consiglio Generale ha dimostrato la più viva sodisfazione per la rinunzia generosa fatta da'membri del Diretterio, e rendendo giustizia al loro disinteressato patriottismo, ha determinato che non ostante il loro rifiuto, sarebbero pregati di accettare la piccola indennità, che nelle attuali strettezze delle finanze del Dipartimento gli è stata destinata.

Un altro membro ha detto che uno degli abusi che regnava sotto l'antica dispotica amministrazione era quello di aver confidato ai soli Bastiesi la condotta de'battelli di posta, essendo la maggior parte di questa composta di Capitani e Padroni Bastiesi, e quasi gl'intieri equipaggi di marinari pure Bastiesi; che dopo la rivolta di questi ultimi per la sicurezza della corrispondenza e de'fondi che si ricevono da Francia, fu deliberato di confidare a tutti altri Padroni e marinari, fuorchè Bastiesi; che sarebbe espediente di ripartire presentemente questo vantaggio fra le genti di mare di diversi Distretti, affine anche d'incoraggire con questo mezzo la navigazione.

Su di che la materia posta in deliberazione, il Consiglio Generale ha unanimemente determinato che sarà scritto al Sig. Sapey, Direttore de'battelli della corrispondenza, affinchè d'ora innanzi questi siano composti nel piede seguente, cioè: tre equipaggi da prendersi nella città d'Ajaccio, uno in Bonifacio, quattro nel Capocorso, compresovi San Fiorenzo, e due nella città di Calvi ; che nella stessa proporzione saranno presi i Capitaini e Padroni dei detti vascelli di posta ; che a questo effetto sarà inviata al Direttorio del Dipartimento lo stato di ripartizione e presentazione de' detti Capitani, Padroni e marinari.

Il Sig. Vice-Presidente ha sciolta la sessione, ed è stata rimandata a domani dieci ore della mattina.

Sottoscritti : Agostino Giafferri, *Vice-Presidente*,
Panatttieri, *Segretario Generale*.

Del Giovedì 28 Luglio 1791
(Sessione della mattina).

L'anno 1791, e della libertà il terzo, 27 del mese di luglio, alle ore dieci della mattina, il Consiglio Generale del Dipartimento di Corsica, composto degl'istessi membri che hanno assistito alla sessione di ieri, essendosi riuniti nella solita sala, uno de' membri della Commissione inviata in Bastia per ristabilire la quiete pubblica e far rientrar quella città nell'obbedienza alla legge, ha detto :

« Signori,

» I disordini accaduti in Bastia ne' primi giorni dello scorso mese che hanno provocato lo scandalo di tutta la Corsica, e che erano stati preparati da lunga mano dai nemici della Costituzione per eccitare nell'Isola una controrivoluzione, vi sono troppo noti, e i vostri commissari si dispenseranno di farne i dettagli.

» Siamo pervenuti a secondare intieramente le vostre mire, ed eccoci di ritorno a rendervi conto delle principali nostre operazioni.

» Una delle nostre prime cure fu quella di mettere in istato d'arrestazione tutte le persone notoriamente conosciute, che avevano cooperato a questi disordini, ma i più colpevoli e i più facinorosi avevano preso la fuga prima della nostra entrata in città; il numero tanto degli uni che degli altri è assai considerevole in ogni ceto di persone. Non abbiamo però adottato questo espediente che dopo aver raccolto per iscritto i necessari schiarimenti sulla condotta degli accusati.

» Noi credemmo opportuno di far restituire le armi da tutti gli abitanti indegni di più ritenerle per averne abusato, e per averle rivolte contro il governo; le abbiamo fatte deporre nel pubblico magazzino della cittadella, e da colà trasportare in Rostino.

» Questo disarmamento, rigoroso in apparenza, non è stato eseguito che con moderazione, ed abbiamo stimato dover usare questo mezzo per evitare che nelle ricerche non seguissero de'disordini.

» Una parte di queste armi fu da noi affidata agli attuali uffiziali municipali per dispensarle a coloro che potevano farne buon uso nel mantenimento dell'ordine; ed un'altra piccola parte è stata affidata ad alcuni zelanti cittadini, e specialmente ad originari francesi, i quali aveano veduto con orrore le scene scandalose accadute sotto i loro occhi ne'momenti dell'insurrezione.

» Il famoso processo verbale dell'Assemblea de'2 di giugno che ebbe luogo nella chiesa di S. Giovanni, e che constata il corpo del delitto della ribellione de'Bastiesi, ritrovasi presso di noi. Fatene lettura, o Signori, e voi troverete ch'egli contiene cose più aggravanti e contrarie alla legge di quelle che si leggono nella stampa che se ne pubblicò d'ordine degli uffiziali municipali antecessori. Voi leggerete, fra le altre cose, che il popolo di Bastia non riconoscerà giammai altro vescovo, nè curato, fuorchè quelli che avranno la commissione apostolica, e non mai quelli che avessero prestato, o prestassero il giuramento ordinato per la Costituzione.

» Il pretesto della Religione che i Bastiesi asserivano di voler conservare intatta, e che pretesero essere stata lesa dal decreto concernente la Costituzione civile del clero, è stato il fomite di una controrivoluzione.

» Due lettere scritte da Parigi dall'abbate Belgodere, sotto la data degli 11 e 14 giugno agli uffiziali municipali suoi colleghi, sono una prova autentica di un sordido maneggio per inalzare in Corsica lo stendardo della rivolta: « Levate da Terranuova il Dipartimento ed Arena, loro dice, ed allora sarete sicuri. » Tali espressioni ed altre ancora più gravi dimostrano ad evidenza quali erano i disegni degli anticostituzionali. Noi deponiamo queste due lettere in originale sullo scagno; esse ci furon rimesse dai notabili della città di Bastia subito dopo che gli pervennero.

» D'accordo col Sig. Generale Paoli, capo e direttore di tutte le operazioni della Commissione, abbiamo aderito alla richiesta degli uffiziali municipali, lasciando parte delle guardie nazionali dell'interiore nella cittadella, guidate da tre capi, e questi dal Sig. Quenza, uno di noi, per mantenervi la tranquillità e per accorrere al bisogno, nel caso che i cattivi volessero di nuovo attentare al rovesciamento della Costituzione.

» Mossi da questo potente motivo, abbiamo altresì incombenzato il capo della feluca a girare le coste marittime dell'Isola ed a vegliare che delle persone sospette non s'introducano fra noi, autorizzando quest'ufficiale ad arrestarle.

» Possiamo assicurare il Consiglio Generale che le guardie del nostro seguito si sono condotte con tutta saviezza e circospezione per quanto le circostanze hanno potuto permetterlo, e che non si sono allontanate da quello spirito di zelo e di civismo che caratterizza generalmente ogni Corso, e mediante le precauzioni che venghiamo di parteciparvi, la Bastia trovasi intieramente sommessa ed ubbidiente alla legge.

» Le sopradette truppe nazionali sono state nudrite dalla città a ragione di una libbra di carne, una e mezza di pane ed un boccale di vino per ciascheduno ogni giorno; furono acquartierate in luoghi differenti e a ciò destinati da noi, per non lasciarle vagare nelle case de' particolari.

» L'ammontare della loro sussistenza può valutarsi a 34,000 lire. Non abbiamo potuto dispensarci di adottare questo mezzo per provvedere alla sussistenza, e noi crediamo che sia atto di giustizia per parte del Consiglio Generale di accordarcene la sua approvazione con una deliberazione a questo oggetto. Felici poi, se siamo pervenuti a giustificare la confidenza di cui ci avete onorati, addossandoci una commissione così importante.

» La commissione rimette sul vostro scagno il processo verbale originale dell'Assemblea de' 2 di giugno, consegnatoci dall'abate Bajetta, egualmente che le due lettere dell'abate Belgodere già menzionato. Queste proveranno al pubblico che quanto è accaduto in Bastia è opera ed effetto di meditata trama di gente nemica e perversa che sotto il manto della religione sperava di ridurre i Corsi nell'antica servitù sottraendoli dall'impero francese.

» La commissione è d'avviso che il Consiglio Generale debba dichiarare con una deliberazione, da rendersi pubblica colla stampa, che improva altamente il contenuto nel detto processo verbale di Bastia, e che lo riguarda come un effetto di ribellione alla Costituzione del Regno, e che gli autori e fautori di tutti questi avvenimenti criminali debbano denunziarsi al tribunale di Corte, a cui l'Assemblea Nazionale attribuisce la conoscenza per costruirli il loro processo, e punirli come colpevoli di Lesa Nazione, e che in conseguenza le persone che sono attualmente in stato d'arrestazione saranno rimesse al detto tribunale. »

Dopo di che il Consiglio Generale ha unanimemente dichiarato che approva la condotta e le misure prese dalla detta commissione per essere in tutto conformi alle sue intenzioni; che non può che applaudire allo zelo, attività e fermezza dimostrata da'commissari in una missione così importante ; che li prega a ricevere i ringraziamenti del Consiglio Generale, e i sentimenti della sua piena sodisfazione.

In seguito uno de'membri ha detto che dopo il rapporto della commissione, e i diversi schiarimenti da essa prodotti, risultava evidentemente che le violenze commesse dal popolo di Bastia, che sono state lo scandalo dell'intera nazione, erano l'effetto di una mano perfida, che altro non tentava che il rovescio della Costituzione ; che simile attentato, criminale in tutte le sue parti, è di natura ad essere denunziato a'tribunali incaricati dalla legge di procedere contro i nemici del pubblico riposo e della libertà ; che l'Assemblea Nazionale ha con suo decreto attribuita al Tribunale del Distretto di Corte la facoltà di procedere per via criminale contro gli autori della ribellione e delle vie di fatto, che si sono commesse dal popolo di Bastia, dopo il ventinove maggio, e che perciò a questo dev'essere denunziata la detta città.

Inteso su di ciò il parere di diversi membri, la materia discussa e posta in deliberazione, il Consiglio Generale ha determinato che alla diligenza del Sig. Pozzodiborgo, che farà in questa parte le veci di Procurator Generale Sindaco, saranno denunziati al tribunale del Distretto di Corte tutti i fatti accaduti in Bastia dal ventinove maggio successivamente ; che a questo saranno rimesse le diverse persone che trovansi in istato di arrestazione per ordine della commissione, e che gli faranno pervenire le pezze giustificative, e di convizione, che si trovano attualmente in potere dell'Amministrazione, per essere dal detto tribunale provveduto per via criminale contro gli autori e complici de'delitti, di cui si tratta, a tenore della legge.

Il Consiglio Generale ha sciolta la sua sessione, e si è aggiornato alle ore quattro della sera.

Sottoscritti : AGOSTINO GIAFFERRI, *Vice-Presidente.*
PANATTIERI, *Segretario Generale.*

Del Giovedi 28 Luglio 1791

(*Sessione della sera*).

L'anno 1791, e della libertà il terzo, 20 del mese di luglio, alle ore quattro dopo il mezzogiorno,

Il Consiglio Generale del Dipartimento di Corsica, composto delle stesse persone che hanno assistito alle sessioni di questa mane, è stata aperta la sessione colla lettura di diverse memorie indirizzate all'Amministrazione Superiore sopra oggetti di pubblica tranquillità, a'quali essendo stato provveduto, uno degli Amministratori ha detto :

« Signori,

» La voce pubblica annunzia che il Sig. Moltedo, membro del Direttorio del Dipartimento è stato nominato per uno de' vicari del nuovo vescovo del Dipartimento. Questa carica, a' termini de'decreti, essendo incompatibile con quella di Direttore, vi propongo di scrivere lettera al Sig. Moltedo per assicurarsi di questo, e procedere, in caso di desistenza, al suo rimpiazzamento. »

Su di che intesi gli avvisi di diversi membri, la materia discussa e posta in deliberazione, udito il Procurator Generale Sindaco,

Il Consiglio Generale, alla quasi unanimità, ha determinato che sarà nel momento scritta lettera al Sig. Moltedo, affinchè dichiari prima dello scioglimento della sessione d'oggi, e al più tardi a quella di domattina, se è stato nominato uno de' vicari del vescovo del Dipartimento, e se accetta la detta carica, per essere prese, dopo la sua risposta, quelle determinazioni, che saranno giudicate al caso confacenti.

Un altro membro ha detto:

» Si approssima la convocazione delle assemblee primarie; sarebbe pericoloso nelle attuali circostanze di variare le antiche pievi e fare de'cambiamenti per il luogo della loro riunione. Vi propongo in conseguenza di prendere in considerazione un oggetto così importante, e da cui dipende in gran parte la continuazione della pubblica tranquillità ».

Su di che intesi gli avvisi di diversi membri, e udito il Procurator Generale Sindaco, il Consiglio Generale ha determinato che il Direttorio del Dipartimento, a cui dalla legge è differta la conoscenza tanto della rettificazione de'cantoni, che la fissazione de' capiluoghi, sarà invitato a lasciar le pievi del Dipartimento per questa prossima convocazione delle assemblee primarie, nello stato in cui si ritrovano, e a non fare sul luogo delle riunioni alcun cambiamento, fuorchè quello sarà indispensabile.

La sessione è stata levata, e il Consiglio Generale si è aggiornato a domani alle ore dieci della mattina.

Sessione del 23 Luglio 1791
(*Sessione della mattina*).

L'anno 1791, e della libertà il terzo, 29 del mese di luglio, alle ore dieci di mattina,

Il Consiglio Generale composto degl'istessi soggetti, che hanno assistito alla sessione di ieri, è stata fatta lettura di diversi indirizzi e lettere, egualmente che del processo verbale della sessione di ieri sera. Dopo di che il Sig. Moltedo ha detto:

« Signori,

» Ieri dopo lo scioglimento della vostra sessione, mi è stata rimessa una lettera colla quale sono stato invitato dal Consiglio Generale a dichiarare se ero stato nominato uno de'vicari del Dipartimento.

» Sodisfo in persona al desiderio del Consiglio Generale, e la mia risposta è semplice: Quanto al primo articolo, convengo che realmente sono stato nominato dal vescovo costituzionale per uno de'suoi vicari; quanto al secondo, assicuro che a quest'ora non mi sono pur anche deciso nell'accettazione del detto impiego. »

Diverse mozioni sono state fatte dopo la detta dichiarazione, sopra la quale il Consiglio Generale ha determinato che non v'era per ora luogo ad opinare.

Uno degli Amministratori ha osservato che i Signori Chiappe seniore, Colonna Leca e Arena avevano assistito la commissione del Consiglio Generale; che era necessario di dar loro un indennizzazione per le spese borsali che erano stati obbligati di fare, e testificarle nel tempo stesso la sodisfazione del Consiglio Generale per lo zelo e attività che avevano dimostrato in questa circostanza.

Questa mozione è stata adottata all'unanimità, ed è stata fissata la somma di duecento sessanta franchi per essere divisi per egual porzioni, per cui il Direttorio è autorizzato a deliberar loro i necessari mandati.

Per parte d'uno de'commissari è stato detto che la commissione nella sua dimora in Bastia aveva dovuto fare diverse spese di scagno e scrivani; che conveniva di autorizzare il Direttorio del Dipartimento ad arrestare lo stato certificato dalla commissione e deliberarne mandato.

Il Consiglio Generale ha adottato questa mozione.

Sulla lettura fatta di una supplica del Sig. Giordani, il Consiglio Generale ha determinato che il detto Sig. Giordani continuerà ad essere uno de'capi delle guardie nazionali assoldate presso il Direttorio del Dipartimento, e che in questa qualità goderà dell'istesso trattamento che ha avuto fin quì.

Sulle osservazioni fatte da uno de'Signori Amministratori, il Consiglio Generale ha determinato che sarà incessantemente scritta lettera dal Direttorio del Dipartimento a tutti i Direttorj affinchè riducano la guardia nazionale assoldata al numero di venti solamente; che il Direttorio del Dipartimento è pure invitato a ridurre il suo distaccamento al numero di trenta.

Sulla mozione di un altro membro, il Consiglio Generale ha all'unanimità determinato che il Direttorio del Dipartimento sarà incaricato di dare gli ordini i più pronti e i più precisi a tutti i Direttorj de'Distretti, perchè gli aggiudicatari della sovvenzione, e i debitori de'due ventesimi delle case appigionate, e della istruzione pubblica, egualmente che ogni altro pubblico debitore, saranno costretti medesimamente coll'arresto delle loro persone a pagare le somme di che risultano debitori; che tutte le sospensioni devono considerarsi come non avvenute, a meno che non riguardino delle ricognizioni necessarie per qualche loro indennizzazione, invitando anche in quest'ultimo caso lo stesso Direttorio ad occuparsene con celerità di preferenza ad ogni altro affare.

Il Sig. Vice-Presidente ha sciolta la sessione, e l'Assemblea si è aggiornata alle quattro ore pomeridiane.

Sottoscritti: AGOSTINO GIAFFERRI, *Vice-Presidente*.
PANATTIERI, *Segretario Generale*.

Del Venerdì 29 Luglio 1791

(*Sessione della sera*).

L'anno 1791, e della libertà il terzo, 29 del mese di luglio, alle ore quattro dopo il mezzo giorno.

I Signori Amministratori del Dipartimento di Corsica, quelli stessi che hanno assistito alla sessione di questa mane, riuniti nella solita sala, è stata fatta lettura del processo verbale delle precedenti sessioni, senza che alcun membro abbia fatta la minima opposizione; il Sig. Vice-Presidente avendo annunziato all'Assemblea che tutte le operazioni erano terminate, è stato il presente processo verbale chiuso e sottoscritto da tutti i Signori Amministratori, Vice-Presidente e Segretario Generale.

Sottoscritti: Mario Peraldi, Abbatucci figlio, Leoni, Carlo Francesco Morati, Casalta, Antoni, Casabianca, Ciavaldini, Pinelli, Murati, Saliceti, Giacomoni, Boerio, Grazietti, Colonna-Leca, Francesco Grimaldi, Abbate Buonaccorsi, Taddei, Pietri, Moltedo, Carlotti, Mattei, Pozzodiborgo, Pompei Paoli, Agostino Giafferri, *Vice-Presidente*, Panattieri, *Segretario Generale*.

Certificato conforme alla minuta originale esistente nell'archivio del Dipartimento di Corsica.

Panattieri.

PROCESSO VERBALE

DELLE SESSIONI DEL CORPO ELETTORALE

DEL DIPARTIMENTO DI CORSICA

RIUNITO IN CORTE

L'anno 1791, il terzo della libertà, li 13 del mese di settembre, alle ore dieci della mattina,

Gli Elettori nominati nelle diverse assemblee primarie del Dipartimento di Corsica, cioè:

Per il Distretto della Porta, i Signori : Pasquale Paoli, Francesco Saliceti, Gian Pasquino Giampietri, Giambattista Ambrosi, Angelo Giovanninelli, Ignazio Colombani, Pietro Graziani, Sebastiano Valerj, Pasquale Gasperi, Paolo Pompei Paoli, Marco Maria Astolfi, Orso Felice Orsoni, Paolo Casabianca Gavini, Nunzio Natali, Sebastiano Paoli, Saverio Salvetti, Gian Benedetto Casalta, Carlo Alerini, Francesco Casanova, Cesare Pietri, Paolo Andrea Vincenti, Don Matteo Aitelli, Orso Maria Scampucci, Giampietro Peretti, Francesco Vincenti, Sammatteo Terramorsi, Angelo Felice Raffaelli, Andrea Guarini, Matteo Bagnaninchi, Matteo Sangiovanni, Gian Natale Cristofini, Anton Giuseppe Boerio, Lorenzo Micaelli, Luigi Ciavaldini, Giuseppe Matteo Don-Simoni, Francesco Matteo Ventura, Giampietro Paoli, Maurizio Paoli, Gio: Maria

Stefani, Carlo Domenico Antoni, Orso Pietro Emmanuelli, Pietro Felice Cristofari, Don Domenico Cresciucci, Giuseppe Matteo Sicurani, Francesco Saverio Gherardi, Antonio Andrea Filippi, Don Giuseppe Casabianca, Alessandro Vinciguerra, Giuseppe Casabianca, Don Pietro Viterbi, Pasquale Paoli quondam Lorenzo, Ignazio Tommasi, Filippo Andrea Agostini;

Per il Distretto d'Oletta, i Signori : Gian Domenico Saliceti, Giuseppe Maria Clavisani, Carlo Francesco Alessandrini, Antonio Gentili, Giuseppe Barbaggi, Giuseppe Antonio Casabianca, Lorenzo Luigi Campocasso, Crisanto Campocasso, Giabico Limarola seniore, Paolo Vincenzo Leandri, Francesco Maria Antonj, Angelo Filippo Donati, Gian Lorenzo Casta, Lepido Casta, Giuseppe Morlas, Gio : Battista Bozi, Orso Andrea Luzzi, Paolo Felice Graziani, Carlo Francesco Savelli, Angelo Paolo Cacciaguerra, Stefano Orsini, Stefano Monti, Pietro Saturnini, Matteo Filippi, Nicolò Franzini, Giulio Francesco Monti, Simone Galletti, Angelo Mariotti ;

Per il Distretto di Bastia, i Signori : Giuseppe Maria Massei, Giorgio Giorgi, Carlo Ferdinandi, Rocco Nicolai, Anton Giacomo Lazarini, Filippo Graziani, Gian Francesco Confortini, Santo Dominici, Giovanni Antonorsi, Antonio Antoni, Francesco Vecchini, Antonio Dominici, Paolo Mattei, Francesco Maria Antoni, Domenico Maria Urbani, Antonio Giacomoni, Giovanni Agostini, Giovan Andrea Mattei, Pasquale Negroni, Ignazio Morazzani, Giulio Francesco Fraticelli, Giuseppe Gentile, Francesco Giorgetti, Vincenzo Maria Alessandrini, Giacomo Antonio Giuliani, Giovan Andrea Mattei, Anton Simone Mattei, Costantino Altieri, Benedetto Massiani, Gaetano Varese, Onorato Maria Du Tillet, Francesco de la Bouillerie, Giambattista Sapey, Pietro Carlo Le Changeur, Giacomo Venanzio Mazade, Casimirro Poggi, Francesco Aurelio Varese, Giambattista Ristori, Giambattista Guasco, Gian Francesco Benso, Lorenzo Farina.

Per il Distretto di Corte, i Signori : Giacinto Arrighi, Don

Pietro Gian Tommaso Boerio, Francesco Montera, Bartolomeo Arrighi, Andrea Gambini, Francesco Raffaelli, Placido Battaglini, Giambattista Cervoni, Gio: Vito Sabbiani, Benedetto Albertini, Gio: Maria Paccioni, Vittorio Negroni, Marc'Angelo Albertini, Giuseppe Santucci, Pietro Battista Maestracci, Angelo Michele Angeli, Giambattista Ceccaldi, Nicolò Giorgi, Pietro Battista Battisti, Fabio Grimaldi, Angelo Raffalli, Antonio Maria Mercuri, Giulio Matteo Grazietti, Tommaso Pieri, Carlo Domenico Ottavi, Martino Casamatta, Martino Rossi, Angelo Giuseppe Griscelli, Gio: Francesco Mucchielli, Giulio Fraticelli, Gian Tommaso Chiarelli, Carlo Francesco Carlotti, Pietro Stefani, Francesco Maria Guglielmi, Giuseppe Maria Giacobbi, Gio: Quilico Benedetti, Carlo Filippo Marchioni, Anton Pietro Gabrielli, Gio: Stefano Franceschi, Gian Stefano Pantalacci, Anton Francesco Vincenzini, Antonio Costa, Marc'Aurelio Bernardini, Paolo Mariani, Gio: Andrea Defendini, Felice Giovanni Maurizi.

Per il Distretto dell'Isola Rossa, i Signori: Bartolomeo Arena, Giambattista Leoni, Anton Leonardo Monti, Pietro Giudicelli, Giambattista Filippini, Francesco Antonio Giudicelli, Francesco Antoniotti, Pier Antonio Balestrini, Giuseppe Nobili Savelli, Orso Giacomo Fabbiani, Simone Allegrini, Anton Martino Franceschini, Antonio Leonetti, Giovan Pietro Savelli, Anton Francesco Franceschini, Vincenzo Franceschini, Antonio Fondacci, Antonio Olivieri, Antonio Antonelli, Andrea Leoni, Michel Angelo Costa, Gian Bernardino Arrighi, Buonfiglio Guelfucci, Giacomo Francesco Simonetti, Giuseppe Maria Malaspina, Anton Santo Casalta, Domenico Pardini, Giuseppe Nobili, Anton Marco Tortora, Gian Natale Ambrosini, Luigi Graziani, Giuseppe Giannoni, Francesco Antonio Giannoni, Giuseppe Maria q. Saverio Marini, Giuseppe Maria Buonaccorsi, Giovan Francesco Fabbiani, Paolo Q. Marino Marini, Paolo Giacomo Albertini, Rocco Maria Tarquini, Francesco Benedetto Panattieri, Saverio Franciosi, Francesco Brisset, Giovan Battista Sivori.

Per il Distretto di Cervioni, i Signori : Angelo Santo Taddei, Giacomo Filippo Corsi, Francesco Saverio Fani, Carlo Giuseppe Guerrini, Simon Brando Albertini. Giuseppe Maria Mercantei, Felice Antonio Venturini, Felice Gaetano Buonaccorsi, Gian Natale Giorgi, Carlo Roberto Rossi, Gian Paolo Orsini, Gian Maria Ottavi, Antonio Luigi Poli, Giuseppe Maria Virgitti, Francesco Matteo Santolini, Anton Filippo Casalta, Orso Martino Orsoni, Francesco Buonaccorsi, Anton Francesco Andrei, Ludovico Santo Gaffajoli, Alessandro Pietri, Marc' Aurelio Pietri, Carlo Francesco Dompietrini, Gian Francesco Franchini, Marc'Antonio Ferrandi, Nicolò Leonetti, Filippo Francesco Felici, Gian Lorenzo Tox, Giannisino Luporsi, Anton Martino Zannettini, Giacomo Maria Alessandrini, Carlo Girolamo Ferali, Francesco Giovanni Luporsi, Angelo Matteo Marc'Antoni, Giulio Francesco Padovani, Mammino Colombani, Serafino Colombani, Giambattista Battesti, Nicolao Tiberi, Pietro Francesco Martinetti, Matteo Ruggeri.

Per il Distretto d'Ajaccio, i Signori : Mario Giuseppe Peraldi, Paolo Felice Peraldi, Gio. Paolo Meuron, Giambattista Tortaroli, Domenico Forcioli, Pietro Francesco Chiappe, Giuseppe Buonaparte, Gio: Pietro Levie, Domenico Mario Moltedo, Francesco Pozzodiborgo q. Gian Francesco, Francesco Casamarte, Giacinto Bogognano, Carlo Andrea Pozzodiborgo, Domenico Leca, Don Martino Carcopino, Francesco Antonio Carcopino, Renuccio Sandamiani, Domenico Antonio Battistelli, Francesco Cacciaguerra, Girolamo Campinchi, Paolo Francesco Peretti, Felice Antonio Mannei, Pasquale Ferri-Pisani, Francesco Bonelli, Francesco Martinetti, Battista Colombani, Giulio Ambrosini, Giovanni Tavera, Francesco Maria Carbuccia, Giovan Carlo Paganelli, Giovan Francesco Sabbiani, Alfonso Renucci, Giacinto Renucci, Gio: Battista Renucci, Luigi Coti, Anton Giuseppe Santoni, Francesco Leonetti, Anton Francesco Peraldi, Paolo Bartoli, Francesco Aurelio Aïqui, Gio: Francesco Foata, Giacomo Sebastiano Foata,

Giuseppe Emili, Giovan Antonio Quilici, Paolo Battista Forcioli, Pasquale Guitera, Gio: Girolamo Bruni, Antonio Bruni, Giovanni Casanova, Francesco Maria Costa, Don Matteo Porri, Gio : Santo Costa, Filippo Folacci, Mario Folacci, Giuseppe Bianchetti, Antonio Cauro, Giambattista Rossi, Giamatteo Poli.

Per il Distretto di Tallano, i Signori : Anton Padovano Giacomoni, Giacomo Francesco Giacomoni, Alessandro Viggiani, Giuseppe Ortoli, Giuseppe Maria Pietri, Angelo Chiappe, Gio : Paolo Rosolani, Gio : Francesco Giorgi, Giuseppe Lucchini, Giambattista Ortoli. Giacomoni, Giuseppe Morazzani, Don Rocco Serra, Giambattista Quilichini, Don Pietro Leccia, Giambattista Lanfranchi, Don Niccolino Chiaroni, Rocco Francesco Roccaserra, Giacomo Maria Desanti, Giacomo Alfonso Peretti, Gio: Paolo q. Gio : Battista Peretti, Francesco Peretti, Pietro Peretti, Anton Girolamo Paoli, Giambattista.... Paolo Eusebio Pianelli, Giovanni Peretti, Giambattista Pianelli, Giambattista Poli, Paolo Francesco Farellacci, Antonio Pangrani, Anton Padovano Colonna, Paolo Francesco Istria, Polo Poli, Ottaviano Androvandi, Domenico Cresci, Don Giacomo Peretti, Domenico Luccioni, Francesco Saverio Serafino, Giambattista Quenza, Rocco Colonna Cesari, Giambattista Pietri, abate Milanini, Don Martino Quenza.

Per quello di Vico, i Signori : Antonio Moltedo, Francesco Antonio Cristinacce, Stefano Peraldi, Enrico Colonna, Don Michele Nesa, Don Francesco Leca, Domenico Antonio Paoli, Gian Tommaso Fieschi, Gian Simone Defranchi, Angelo Francesco Massimi, Fulgenzio Leca, Carlo Maria Andarelli, Lorenzo Cirati, Francesco Antonio Ceccaldi, Anton Francesco Versini, Guglielmo Battini, abate Francesco Antonio Ceccaldi, Gio. Andrea Alessandri, Francesco Subrini, Pasquale Antonio Benedetti, Giovanni Stefanopoli.

Si sono uniti nella chiesa del convento de' già Minori Osservanti di questa città, in virtù dell' avviso che è stato a loro tramandato per mezzo degli ufficiali municipali stati di ciò incaricati da una lettera circolare del Sig. Procuratore Generale Sindaco del Dipartimento, in conformità della legge del 5 agosto 1791, che leva la sospensione portata relativamente alle assemblee elettorali, all'effetto di procedere all'elezione de' Deputati che devono formare l'Assemblea Nazionale legislativa, a quella della metà degli Amministratori del Dipartimento, de' due altri giurati che devono servire presso l'Alta Corte nazionale a tenore della legge de' 29 maggio relativa alla convocazione della prima legislatura; all'effetto finalmente di deliberare sulla fissazione tanto del seggio vescovile che sulla residenza del Direttorio del Dipartimento, e ciò coerentemente alla legge de' 28 giugno 1791.

L'Assemblea, dovendo essere presieduta dal decano di età, ha riconosciuto che dovea formarsi sotto la presidenza provvisoria del Sig. Orso Giacomo Fabbiani, elettore del cantone d'Aregno, il quale sull'invito dell'Assemblea ha preso posto allo scagno ed ha nominato per segretario interino il Sig. Giuseppe Bonaparte, presidente del Distretto, ed elettore della città d'Ajaccio. Li Signori Paolo Casabianca Gavini, Cesare Pietri, elettore del cantone di Ampugnani ed il Sig. Onorato Maria Régnier Du Tillet, elettore della città di Bastia, essendo stati riconosciuti li più avvanzati in età dopo il Sig. Presidente, hanno pure preso posto nella qualità di scrutatori.

Il Sig. Arena, come incaricato delle funzioni di Procurator Generale Sindaco, asceso alla tribuna, ha sviluppato all'Assemblea l'oggetto della sua convocazione.

Dopo varie discussioni sul modo di verificare i poteri de' membri del corpo elettorale, l'Assemblea ha, sulla mozione di uno de' membri, dichiarato che per verificazione de' poteri essa intende la presentazione del processo verbale di nomina, ed il giudizio già reso in caso di contradizione. Quindi consultato dal Presidente Decano il voto dell'Assemblea, si è proceduto all'appello nominale di tutti gli elettori nominati nelle differenti assemblee primarie del Dipartimento, e sono stati iscritti in una lista. L'ora essendo tarda, il Sig. Presidente, consultato il voto dell'Assemblea, ha rimessa la sessione alle ore tre dopo il mezzo giorno,

Sottoscritti: PIETRI, CASABIANCA GAVINI, FABIANI, *Presidente decano*, RÉGNIER DU TILLET, BUONAPARTE, *Segretario*.

Sessione del 13 Settembre 1791

(*Alla sera*).

Unitisi nella sala destinata all'Assemblea alle ore tre dell'istesso giorno, tredici del mese di settembre mille settecento novanta uno, gli elettori nominati nel processo verbale della sessione della mattina, dopo la presentazione de'poteri, l'Assemblea ha dichiarato di dover proceder all'elezione del Presidente e Segretario; se n'è aperto lo scrutinio all'individuale, ed alla pluralità assoluta. I biglietti nel numero di trecento quaranta sei si sono trovati eguali a quello de'votanti. Dallo spoglio che n'è stato fatto dagli scrutatori, è divenuto costante l'elezione del Signor Generale Pasquale Paoli con voti trecento quaranta; è stato proclamato Presidente dell'Assemblea dal Decano fra gli applausi generali. Una deputazione è stata nominata per annunciargli la sua elezione e pregarlo premurosamente di accettarla; partita e ritornata nel seno dell'Assemblea, uno dei suoi membri ha appalesate le gravi difficoltà opposte dal Sig. Generale Paoli all'effettuazione del voto dell'Assemblea, ma che coatto dalle pressanti istanze si è sottomesso alla volontà generale sì unanimemente espressa.

Dopo di che la sessione è stata rinviata al giorno seguente alle ore nove della mattina.

Sottoscritti : RÉGNIER DU TILLET, FABBIANI, *Presidente decano,* CASABIANCA GAVINI, PIETRI, BUONAPARTE, *Segretario.*

Sessione del 14 Settembre 1791
(Alla mattina).

Unitisi nella sala destinata all'Assemblea alle ore nove della mattina del giorno quattordici del mese di settembre 1791, gli elettori del Dipartimento di Corsica, dopo la lettura del processo verbale delle sessioni antecedenti, si è proceduto alla nomina di un Segretario alla pluralità assoluta de'suffragi, ed allo scrutinio individuale. Posti i biglietti nell'urna, e contati, gli scrutatori hanno riconosciuto che il loro numero di trecento sessanta tre era eguale a quello de'votanti. Dal loro spoglio è risultato che il Sig. Giuseppe Maria Pietri, membro del Direttorio del Dipartimento di Corsica, ed elettore del cantone di Sartene, ha riportato la pluralità assoluta de'suffragi, e quindi è stato proclamato Segretario dell'Assemblea dal presidente decano.

Quando, sulla mozione di uno de'membri, una deputazione era al momento di partire per pregare il Sig. Generale Paoli di venire a presiedere all'Assemblea, questo benemerito cittadino è comparso nel suo seno fra gli applausi generali ed ha detto :

« Signori,

» Le replicate riprove, che mi date anche in questa occasione della vostra confidenza, mi onorano sommamente, ed interessano al più alto grado la mia sensibilità e riconoscenza. Io vi ringrazio ben sinceramente della costante favorevole opinione, che dimostrate del mio zelo a servirvi ; la riguardo come il premio il più caro al mio cuore, ed a'miei sentimenti ; il solo a cui io abbia ambito in mezzo a' disagi ed ai pericoli a' quali sono venuto incontro di buon animo nella causa della Patria e della Libertà ; ma gli interessi della causa medesima mi facevano sinceramente desiderare in questa congiuntura che la vostra scelta non cadesse sopra di me. Nella effervescenza dei sentimenti e delle passioni, che si svilupperanno verisimilmente nel corso di questa assemblea, voi avevate bisogno nel posto che mi ha affidato la vostra confidanza, di persona, che senz' avere rapporti individuali coll' attuale Governo, senza essere particolarmente interessata a difenderne o a censurarne le misure, possedesse vigore di animo e di temperamento bastante ad occuparsi incessantemente per tutta la durata delle vostre sessioni de' doveri del suo incarico ; a combinare colla piena libertà delle vostre discussioni il rispetto dovuto alla legge ed al buon ordine ; ad allontanare da sè ogni taccia di parzialità, ogni sospetto d'influenza sulle deliberazioni che potrà suggerirvi la situazione delle cose. Quelli, che da qualche tempo mi vedono più frequentemente da vicino, sanno che lo stato abituale di mia salute mi lascia appena sperare di poter resistere colla necessaria attività alle lunghe sessioni, che diverranno indispensabili nella multiplicità degl' interessanti affari preparati per quest' assemblea. D'altronde voi dovete a voi medesimi, dovete alla nostra Nazione, temerariamente ingiuriata da' nemici della libertà, colla imputazione di lasciarsi troppo facilmente e con troppa compiacenza condurre dalle insinuazioni di un sol uomo ; dovete, dissi, alla Nazione Corsa, ed a voi stessi il geloso riguardo di dimostrare che nè voi siete così poco abituati alla libertà, da non fare uso, per deferenza a qualunque privata ambizione, della pienezza de' vostri diritti in ogni solenne occasione di pubblico interesse, nè mancano alla Patria degli uomini, che, onorati de' vostri suffragi, possono servirvi, se non con maggior buona volontà, con maggior successo almeno di quello, che dobbiate aspettarvi dall'infiacchimento, che l'età e gl'incomodi hanno necessariamente apportato alla mia costituzione, non meno che allo scarso mio naturale talento. Sostenuta da queste considerazioni, che io ora non fo che accennarvi, era ben sincera la mia resistenza in faccia alla deputazione, di cui mi onoraste iersera per manifestarmi il risultato del vostro scrutinio, ed il vostro desiderio. Lascierò alla impotente detrazione di qualche maligno la lusinga di calunniare al solito, anche in questa circostanza, questi miei sentimenti, di meschina simulazione. Sicuro della confidenza de' miei compatriotti, giustificata, se mal non spero, da tutto il tenore della mia vita, sarà sempre mia prima legge, finchè le forze lo concederanno, di prestarmi al vostro volere in ogni emergenza, in cui sia essenzialmente interessato il servizio della Patria.

» Permettete per altro al mio zelo, che io ritardi ancora di pochi momenti le funzioni per le quali siete qui radunati, invitandovi a riflettere seriamente sull'importanza delle medesime, a penetrarvi della estensione de' doveri, a' quali vi siete sottoposti, accettando da' vostri committenti l'onorevole incarico di rappresentarli in quest'Assemblea, e delle conseguenze che devono risultare dalle vostre operazioni alla Patria, che ha gli occhi e le speranze a voi tutti rivolte in questa situazione. Essa vi ha incaricati di scegliere in suo nome, e per lei, quelli che conoscerete nella coscienza vostra i più degni, e per talenti, e per patriottismo, e per virtù pubbliche, di esercitare i suoi poteri ne' diversi rami del governo stabilito dalla Costituzione; Essa vi ha incaricati della elezione di quelli, che sono destinati ad esercitare il più cospicuo, ed il più augusto de' suoi poteri, quello di esprimere la di lei volontà, in concorrenza de'Rappresentanti dell'Impero francese, sopra tutt'i punti, che restano ancora a discutere e regolare per fissarne irrevocabilmente il destino. Questo dipende forse essenzialmente dalle elezioni di cui dovete occuparvi nel corso di quest'Assemblea, giacchè, nè il governo si può consolidare sulle sue nuove basi, nè può ristabilirsi l'ordine e la tranquillità pubblica, nè può cessare intieramente l'anarchia, che la novità delle cose ha dovuto disgraziatamente produrre in varie parti dello Stato, senza provvedere l'Amministrazione di soggetti degni della pubblica confidenza, sensa destinare alla nuova Legislatura persone, che vi portino lumi e sentimenti proporzionati all'alta stazione in cui vanno ad essere collocati.

» Tutte le considerazioni adunque le più pressanti per chiunque si picca di onore, di coscienza, e di patriottismo, si riuniscono in questa occasione per far tacere gl'interessi privati, per non ascoltare che quello, che deve solo animare ogni buono e vero cittadino, la salute della Patria: e tutti quelli riflessi a voi presenti non mi permetton di dubitare che voi non siate per corrispondere degnamente in questo, come in ogni altro incontro, alla confidenza pubblica, ed alle speranze della Nazione. »

La lettura di questo discorso, del quale è stata deliberata la pubblicazione colle stampe, e l'inserzione nel processo verbale, ha confirmati sempre più gli elettori ne'sentimenti di gratitudine e di venerazione, che devono al cittadino, che altre volte li condusse alla libertà. Gli applausi i più reiterati hanno appalesati questi sentimenti fra la più sublime emozione, quella che ispira la virtù.

Il Presidente e Segretario hanno preso posto, ed hanno pronunziato individualmente il giuramento di mantenere con tutto il loro potere la Costituzione del Regno, di essere fedeli alla Nazione, alla Legge ed al Re, e di scegliere in loro anima e coscienza i più degni della confidenza pubblica, e di riempire con zelo e coraggio le funzioni civili e politiche, che saranno loro confidate.

Il Presidente ha quindi ricevuto quello di tutti i membri dell'Assemblea.

La sessione è stata rinviata alle ore tre dopo il mezzo giorno.

Sottoscritti : REGNIER DU TILLET, FABIANI, *Presidente decano*, CASABIANCA GAVINI, BUONAPARTE, *Segretario.*

Sessione del 14 Settembre 1791

(*Alla sera*).

L'anno 1791, a quattro ore dopo il mezzo giorno, in Corte, li quattordici settembre,

I Signori Elettori del Dipartimento essendosi riuniti nella solita sala,

Il Sig. Presidente ha detto che si dovea procedere all'elezione di tre Scrutatori per mezzo dello scrutinio di lista semplice, ed alla pluralità assoluta de'suffragi; quindi posta sul tavolino l'urna destinata a ricevere i biglietti, pronunziato dal Sig. Presidente il giuramento voluto dal decreto de'28 maggio 1790, la di cui formula è stata esposta a canto del vaso dello scrutinio, fatto l'appello nominale, i Signori Elettori, dopo avere scritti i loro biglietti sul tavolino, li hanno messi uno dopo l'altro nel vaso, ciascun di loro alzando la mano, e pronunziando ad alta voce: *Lo giuro.*

Gli Scrutatori decani hanno in seguito fatta la verificazione de'biglietti, che hanno trovato al numero di 356, eguale a quello degli Elettori presenti all'Assemblea, e dopo averne fatto lo spoglio, e calcolati i diversi risultati, ha dichiarato che la pluralità de'suffragi si è riunita soltanto in favore de'

Signori Mario Peraldi d'Ajaccio con 327, e Giacinto Arrighi di Corte con 184.

Il Sig. Presidente li ha proclamati per Scrutatori dell'Assemblea, ed ha rinviata la sessione a domani alle ore nove di mattina.

Sessione del 15 Settembre 1791
(Alle ore nove di mattina).

I Signori Elettori del Dipartimento essendo riuniti nella sala ordinaria, il Sig. Presidente ha detto che il risultato del precedente scrutinio non avendo prodotto la pluralità assoluta de' suffragi che in favore de' due Scrutatori proclamati nella sessione di ieri, si dovea procedere ad un secondo scrutinio per l'elezione del terzo.

Fatto l'appello nominale, i biglietti scritti e ricevuti secondo prescrive la legge, gli Scrutatori decani dopo averne fatta la verificazione e lo spoglio, hanno dichiarato che il risultato dello scrutinio non presentava pluralità assoluta a favore di alcuno.

Quindi il Sig. Presidente avendo annunciato all'Assemblea che si dovea procedere al terzo scrutinio, per mezzo del quale l'elezione sarebbe stata determinata dalla semplice pluralità relativa, si è fatto nuovamente l'appello nominale, ed i biglietti essendo stati ricevuti, i Signori Scrutatori decani, dopo averne fatta la verificazione e lo spoglio, e calcolati i diversi risultati, hanno dichiarato che il Sig. Giuseppe Simoni di Sorio avea riportata la pluralità de'suffragi con cento novanta tre voti.

Il Sig. Presidente lo ha proclamato per terzo scrutatore dell'Assemblea, ed ha rimandata la sessione a dimani alle dieci ore della mattina.

Sessione del 16 Settembre 1791

(Alla mattina).

I Signori Elettori del Dipartimento essendo riuniti nella chiesa che serve di sala ordinaria all'Assemblea,

Il vescovo costituzionale del Dipartimento ha celebrato la messa all' altare maggiore, dopo la quale è stato invocato lo Spirito Santo per mezzo dell'inno *Veni Creator,* che si è cantato solennemente da tutta l'Assemblea.

In seguito la sessione essendo stata aperta dal Sig. Presidente, i Signori Giacinto Arrighi, Mario Peraldi e Giuseppe Simoni, Scrutatori eletti, si sono presentati allo scagno, ed hanno prestato a'mani del Sig. Presidente, in faccia dell'Assemblea, il giuramento di bene e fedelmente esercitare le loro funzioni e di custodire il segreto.

Diversi membri dell'Assemblea hanno recitato de' discorsi relativi all'importanza delle elezioni ed alle qualità necessarie a'rappresentanti per la prima legislatura.

Dopo di ciò, il Sig. Presidente ha sciolta la sessione, e l'ha rimandata a domani alle dieci ore della mattina per procedere all'elezione de'deputati.

Sottoscritti : PERALDI, D'ARRIGHI, SIMONI, PAOLI, *Presidente,* PIETRI, *Segretario.*

Sessione del 18 Settembre 1791

(Alla mattina).

I Signori Elettori del Dipartimento essendosi riuniti nella sala ordinaria, è stata presentata nello scagno una mozione sottoscritta da molti membri dell'Assemblea, tendente a che, prima di procedere all'elezione de'deputati alla prima legislatura, si deliberi provvisoriamente che tanto il capoluogo del Dipartimento che la residenza del vescovo e gli altri pubblici stabilimenti saranno fissati ne'differenti capi luoghi dell'Isola;

Che si debba dichiarare la Corsica divisa in due dipartimenti, secondo la deliberazione presa nell'Assemblea Elettorale d'Orezza, la qual divisione però non avrà effetto che alla prossima legislatura, e frattanto continuerà provvisoriamente ad essere un solo Dipartimento;

Che la mozione finalmente, quando non si possa discutere e decidere nell'attuale sessione, sia aggiornata ad un tempo congruo.

L'Assemblea, istruita dal Sig. Presidente di questa mozione, ne ha aggiornata la discussione dopo che le elezioni prescritte dalla legge saranno consumate.

Dopo di ciò, si sono presentati allo scagno i Signori Biaggio Agostini, e Simone Lusinchi, elettori del Rione di Terranova della città di Bastia, i quali, dopo avere presentato il loro processo verbale di elezione, sono stati ammessi dall'Assemblea, e avendo prestato il giuramento civico a mani del Sig. Presidente, sono stati inscritti nella lista degli Elettori.

In seguito il Sig. Presidente ha detto, che secondo le disposizioni della legge, l'Assemblea dovea occuparsi dell'elezione de'sei rappresentanti alla prima legislatura per mezzo dello scrutinio individuale, ed alla pluralità assoluta de'suffragi.

Quindi pronunciato nuovamente dal Sig. Presidente il giuramento voluto dal decreto de'28 maggio 1790, la di cui formula è stata esposta in caratteri visibili a canto del vaso destinato a ricevere i suffragi, fatto l'appello nominale, i Signori Elettori hanno scritto i loro biglietti su di un tavolino collocato separatamente in faccia dell'Assemblea, e li hanno uno dopo l'altro portati e messi nel vaso, alzando la mano e pronunciando ad alta voce: *Lo giuro.*

I biglietti ricevuti, e fattane la verificazione, sono stati trovati al numero di trecento settanta quattro, eguale a quello degli Elettori presenti all'Assemblea. Si è fatto in seguito lo spoglio dello scrutinio, e dopo averne calcolato il risultato, i Signori scrutatori hanno dichiarato che il Sig. Felice Antonio Leonetti ha riportato la pluralità assoluta de'suffragi con cento novant'otto voti.

Il Sig. Presidente lo ha proclamato per deputato alla prima legislatura; ha dichiarato sciolta la sessione, e l'ha rimandata a domani alle ore otto della mattina.

Sottoscritti: PERALDI, D'ARRIGHI, SIMONI, PAOLI, *Presidente*, PIETRI, *Segretario*.

Sessione del 18 Settembre 1791
(Alla mattina).

I Signori Elettori del Dipartimento essendosi riuniti nella sala ordinaria, si è presentato allo scagno il Sig. Pietro Antonio Padovani, elettore del cantone di Caccia, il quale, dopo aver presentato il suo processo verbale di elezione, ha prestato il giuramento civico a mani del Sig. Presidente, ed è stato inscritto nella lista degli Elettori.

In seguito il Sig. Presidente avendo annunciato all'Assemblea che dovea procedersi all'elezione degli altri rappresentanti alla legislatura, e fatto l'appello nominale, i Signori Elettori hanno scritto e deposto i loro biglietti nel vaso secondo le forme prescritte dalla legge.

I biglietti ricevuti, e di quelli fatta la verificazione, si sono trovati al numero di trecento ottanta quattro, eguale a quello degli elettori presenti all'Assemblea. Fattone in seguito lo spoglio e calcolato il risultato, i Signori Scrutatori hanno dichiarato che la pluralità assoluta de'suffragi si era riunita in favore del Sig. Francesco Maria Pietri, di Fozzano, con 203 voti. Il Sig. Presidente lo ha proclamato per secondo rappresentante alla prima legislatura, ha sciolto la sessione, e l'ha mandata a domani alle otto ore della mattina.

Sottoscritti: PERALDI, D'ARRIGHI, SIMONI, PAOLI, *Presidente*, PIETRI, *Segretario*.

Sessione del 19 Settembre 1791

(*Alla sera*).

I Signori Elettori del Dipartimento essendo riuniti nella sala ordinaria, si sono presentati allo scagno i Signori Bartolomeo Caraffa e Domenico Mattei, elettori del cantone di Lota, ed Angelo Francesco Bernardini, elettore del Rione di Terranova di Bastia, li quali dopo aver presentato il loro processo verbale, hanno prestato il giuramento civico, e sono stati inscritti nella lista degli Elettori.

Procedendo in seguito all'elezione degli altri deputati alla legislatura per mezzo dello scrutinio individuale, e fatto l'appello nominale, i Signori Elettori hanno scritti e deposti un dopo l'altro nel vaso i loro biglietti, secondo le forme prescritte dalla legge.

Quelli ricevuti e fattane la verificazione, si sono trovati al numero di trecento settant'otto, eguali a quello degli Elettori presenti all'Assemblea.

Fatto lo spoglio dello scrutinio, e calcolato il risultato, i Signori Scrutatori hanno dichiarato che il Sig. Carlo Andrea Pozzodiborgo, membro del Direttorio del Dipartimento, avea riunita la pluralità assoluta de'suffragi con duecento vent'otto voti. Il Sig. Presidente lo ha proclamato per il terzo rappresentante alla prima legislatura, ha sciolto la sessione, e l'ha rimandata a domani alle nove ore della mattina.

Soltoscritti : Peraldi, d'Arrighi, Simoni, Paoli, *Presidente*, Pietri, *Segretario*.

Sessione del 20 Settembre 1791

(*Alla mattina*).

I Signori Elettori del Dipartimento essendo riuniti nella sala ordinaria, il Sig. Presidente ha aperto la sessione colla lettura che ha fatto fare all'Assemblea di un discorso del Sig. Dubois de Crancé, deputato all'Assemblea Nazionale, ed elettore del Dipartimento di Parigi, relativo all'importanza delle nuove elezioni, ed alle qualità necessarie ai rappresentanti alla prima legislatura.

L'Assemblea penetrata da'sentimenti patriottici, la saviezza e lo spirito pubblico contenuti in questo discorso, dopo gli applausi reiterati, ha deliberato che sarà dal Sig. Presidente scritta lettera di ringraziamento alla società degli elettori di Parigi, da cui n'è stato fatto l'invio.

In seguito procedendo all'elezione degli altri deputati, si è fatto l'appello nominale ; scritti e ricevuti i biglietti secondo le forme solite, e di quelli fatta la verificazione, si sono trovati al numero di trecento trenta sette, eguale a quello degli Elettori presenti all'Assemblea. Fatto in seguito lo spoglio dello scrutinio e calcolatone il risultato, i Signori Scrutatori hanno dichiarato che il Sig. Dompietro Gian Tommaso Boerio, presidente del tribunale del Distretto di Corte, avea riunito la pluralità assoluta de'suffragi con 193 voti. Il Sig. Presidente lo ha proclamato per quarto deputato alla prima legislatura.

Dopo di ciò il Sig. Presidente ha fatto fare lettura all'Assemblea di due memorie, presentate da diversi cittadini di Bastia detenuti per causa degli avvenimenti seguiti in quella città li 2, 3, 4 e 5 giugno ultimo, con cui riclamavano dall'Assemblea la loro libertà, alcuni di questi specialmente, per essere stati nominati Elettori ne'loro rispettivi cantoni. L'Assemblea dopo una breve discussione, ha deliberato di passare all'ordine del giorno, e l'ora essendo tarda, il Sig. Vice-Presidente ha sciolta la sessione, e l'ha rimandata a tre ore dopo mezzo giorno.

Sottoscritti: PERALDI, D'ARRIGHI, SIMONI, PAOLI, *Presidente*, PIETRI, *Segretario*.

Sessione del 20 Settembre 1791

(*Alla sera*).

I Signori Elettori del Dipartimento essendo riuniti nella solita sala,

Il Sig. Presidente ha annunciato che doveasi procedere all'elezione degli altri deputati alla prima legislatura, e fatto l'appello nominale, i biglietti scritti e ricevuti secondo le forme prescritte dalla legge, e fattane la verificazione, si sono trovati al numero di 370, eguale a quello degli Elettori presenti all'Assemblea.

In seguito i Signori Scrutatori, avendo fatto lo spoglio, hanno dichiarato che il risultato non presentava pluralità assoluta a favore di alcuno; in conseguenza il Sig. Presidente ha annunciato all'Assemblea che dovea procedere al secondo scrutinio ; ha sciolta la sessione, e l'ha rimandata a domani alle ott'ore della mattina.

Sottoscritti : Peraldi, d'Arrighi, Simoni, Paoli, *Presidente,* Pietri, *Segretario.*

Sessione del 21 Settembre 1791
(Alla mattina).

I Signori Elettori del Dipartimento riuniti nella sala ordinaria,

Il Sig. Presidente ha detto che il risultato dello scrutinio precedente non avendo prodotto pluralità assoluta a favore di alcuno, l'Assemblea dovea procedere ad un secondo scrutinio per l'elezione del quinto deputato.

Fatto l'appello nominale, scritti e ricevuti i biglietti secondo le forme prescritte dalla legge e di quelli fatta la verificazione, si sono trovati al numero di trecento sessant'otto, eguale a quello degli Elettori presenti dell'Assemblea. In seguito i Signori Scrutatori dopo aver fatto lo spoglio dello scrutinio, e calcolato il risultato, hanno dichiarato che il Sig. Bartolomeo Arena dell'Isola Rossa, membro del Direttorio del Dipartimento, avea riportata la pluralità assoluta de'suffragi con duecento quattordici voti. Il Sig. Presidente lo ha proclamato per quinto deputato alla prima legislatura, ha sciolta la sessione, e l'ha rimandata a tre ore dopo mezzogiorno.

Sottoscritti : Peraldi, d'Arrighi, Simoni, Paoli, *Presidente,* Pietri, *Segretario.*

Sessione del 21 Settembre 1791

(*Alla sera*).

I Signori Elettori del Dipartimento essendo riuniti nella sala ordinaria, il Sig. Presidente ha annunciato all'Assemblea che dovea occuparsi dell'elezione del sesto deputato.

Quindi fatto l'appello nominale, scritti e ricevuti i biglietti secondo le forme ordinarie, e fattane la verificazione, si sono trovati al numero di 358, eguale a quello degli Elettori presenti all'Assemblea.

Fatto lo spoglio dello scrutinio, i Signori Scrutatori hanno dichiarato che il resultato non presentava pluralità assoluta a favore di alcuno.

In conseguenza il Sig. Presidente ha annunciato all'Assemblea che dovea procedersi ad un secondo scrutinio, e col consenso della medesima si è fatto nuovamente l'appello, e dopo che i biglietti sono stati scritti e ricevuti colle solite forme, i Signori Scrutatori procedendo a farne la verificazione, li hanno trovati al numero di 340, non compresi due piccoli involti contenenti più biglietti insieme.

Ed essendo già otto ore della sera, il Sig. Presidente col consenso dell'Assemblea, ha fatto chiudere i predetti biglietti in una cassetta, di cui la chiave è stata rimessa al Sig. Simoni, uno de' Scrutatori, ed ha fatto apporre una striscia di carta sull'apertura di detta cassetta col sigillo del Dipartimento, che ha ritenuto presso di sè. Dopo di che ha sciolta l'Assemblea e l'ha rimandata a domani alle ott'ore della sera.

Sottoscritti: PERALDI, D'ARRIGHI, SIMONI, PAOLI, *Presidente*, PIETRI, *Segretario*.

Sessione del 22 Settembre 1791

(Alla mattina).

I Signori Elettori del Dipartimento essendo riuniti nella sala ordinaria,

Il Sig. Presidente ha fatto portare sullo scagno la cassetta contenente i biglietti dello scrutinio fatto nella sessione d'ieri dopo pranzo, e i sigilli essendosi trovati intatti nel modo che erano stati apposti, ne è stata fatta l'apertura in faccia dell'Assemblea.

In seguito i Signori Scrutatori, dopo avere comparato il numero de' biglietti con quelli degli Elettori che aveano votato nella sessione precedente, hanno dichiarato all'Assemblea che questo si trovava perfettamente eguale, qualora i due piccoli iuvolti, che riconoscevansi visibilmente essere stati messi a disegno, fossero riguardati come due soli biglietti.

Su di che l'Assemblea, convinta anch'essa che i detti due involti erano stati messi nel vaso per defraudare lo scrutinio, ha deliberato all'unanimità che saranno considerati come due biglietti nulli, e che i Signori Scrutatori procederanno oltre allo spoglio dello scrutinio.

In conseguenza i Signori Scrutatori, dopo aver fatto lo spoglio dello scrutinio, e calcolatone il risultato, hanno dichiarato che il Sig. Mario Peraldi d'Ajaccio, membro del Consiglio Generale del Dipartimento, avea riportata la pluralità assoluta de' suffragi con 173 voti.

Il Sig. Presidente lo ha proclamato per sesto deputato alla prima legislatura.

Dopo di ciò il Sig. Presidente ha detto che l'elezione de' sei deputati fissati dalla legge a questo Dipartimento essendo compita, l'Assemblea dovea occuparsi alla scelta di due supplementari per mezzo dello scrutinio individuale, ed alla pluralità assoluta de'suffragi, secondo le forme praticate nelle elezioni precedenti.

Quindi scritti e ricevuti i biglietti nella solita forma, e di quelli fatta la verificazione, si sono trovati al numero di 361, eguale a quello degli elettori presenti all'Assemblea.

Fatto in seguito lo spoglio dello scrutinio, i Signori Scrutatori hanno dichiarato che il Sig. Francesco Benedetto Panattieri, di Calvi, Segretario Generale dell'Amministrazione del Dipartimento, avea riportata la pluralità assoluta de'suffragi con duecento venticinque voti. Il Sig. Presidente lo ha proclamato per primo supplementario alla prima legislatura, ha sciolta la sessione, e l'ha rimandata a tre ore dopo il mezzo giorno.

Sottoscritti : PERALDI, D'ARRIGHI, SIMONI, PAOLI, *Presidente,* PIETRI, *Segretario.*

Sessione del 22 Settembre 1791

(Alla sera).

I Signori Elettori del Dipartimento essendo riuniti nella solita sala,

Il Sig. Presidente ha annunciato all'Assemblea che dovea procedersi all'elezione del secondo supplementario.

Quindi fatto l'appello nominale, scritti e ricevuti i biglietti secondo le solite forme, e di quelli fatta la verificazione, si sono trovati al numero di 350, eguale a quello degli elettori presenti all'Assemblea.

Fatto in seguito lo spoglio dello scrutinio e calcolato il risultato, i Signori Scrutatori hanno dichiarato che il Sig. Onorato Maria Du Tillet, elettore di Bastia, avea riportata la pluralità assoluta con 242 voti.

Il Sig. Presidente lo ha proclamato per secondo supplementario alla prossima legislatura, ha sciolta la sessione, e l'ha rimandata a domani alle dieci ore della mattina.

Sottoscritti: d'Arrighi, Simoni, Paoli, *Presidente*, Pietri, *Segretario*.

Sessione del 23 Settembre 1791

(*Alla mattina*).

I Signori Elettori del Dipartimento di Corsica essendo riuniti nella sala ordinaria,

Il Sig. Presidente ha detto che secondo le disposizioni della legge, l'Assemblea, dopo avere scelto i rappresentanti alla prima legislatura, dovea occuparsi dell'elezione di due altri giurati presso l'alta Corte nazionale, che avessero le medesime qualità, che richiedonsi per i membri del corpo legislativo, e che la loro elezione dovea essere fatta per mezzo dello scrutinio individuale, e alla pluralità assoluta de' suffragi.

Quindi fatto l'appello nominale, scritti e ricevuti i biglietti secondo le solite forme, e di quelli fatta la verificazione, si sono trovati al numero di 358, eguale a quello degli elettori presenti.

Fatto in seguito lo spoglio dello scrutinio, e calcolatone il risultato, i Signori Scrutatori hanno dichiarato che il Sig. Giambattista Tartaroli, giudice al tribunale nel Distretto d'Ajaccio, avea riportata la pluralità assoluta de' suffragi con 193 voti. Il Sig. Presidente lo ha proclamato per primo alto giurato presso la Corte Nazionale.

Ha sciolta la sessione, e l'ha rimandata a tre ore dopo il mezzo giorno.

Sottoscritti : Peraldi, d'Arrighi, Simoni, Paoli *Presidente*, Pietri *Segretario*.

Sessione del 23 Settembre 1791
(Alla sera).

I Signori Elettori del Dipartimento essendo riuniti nella solita sala, si è presentato allo scagno il Sig. Tavera, elettore del cantone di Tavera, il quale dopo aver presentato il suo processo verbale d'elezione, ha prestato il giuramento civico a mani del Sig. Presidente, ed è stato inscritto nella lista degli elettori.

Dopo di ciò, il Sig. Presidente ha annunciato all'Assemblea che dovea procedersi alla scelta del secondo alto giurato presso la Corte Nazionale.

Quindi fatto l'appello nominale, e scritti e ricevuti i biglietti secondo le forme ordinarie, e di quelli fatta la verificazione, si sono trovati al numero di 340, eguale a quello degli Elettori presenti all'Assemblea.

Fatto in seguito lo spoglio dello scrutinio, e calcolatone il risultato, i Signori Scrutatori hanno dichiarato che il Sig. Giacomo Pasqualini di Bastia, giudice al tribunale del Distretto della Porta, avea riportata la pluralità assoluta de'suffragi con 216 voti.

Il Sig. Presidente lo ha proclamato per secondo alto giurato presso la Corte Nazionale, ha sciolta la sessione e l'ha rimandata a domani alle ore nove della mattina.

Sottoscritti : Peraldi, d'Arrighi, Simoni, Paoli, *Presidente*, Pietri, *Segretario*.

Sessione del 24 Settembre 1791

(Alla mattina).

I Signori Elettori del Dipartimento essendo riuniti nella solita sala,

Il Sig. Presidente, dopo aver fatto fare lettura all'Assemblea del processo verbale formato dal Direttorio del Dipartimento, ha detto che secondo la legge relativa alla convocazione della prima legislatura, dopo la scelta de' membri del corpo legislativo, e degli altri giurati presso la Corte Nazionale, si dovesse procedere al rimpiazzamento della metà de' membri dell'Amministrazione estratti alla sorte per mezzo dello scrutinio di lista semplice, ed alla pluralità assoluta de' suffragi, ma che, siccome per mezzo della sorte i Distretti d'Ajaccio ed Isola Rossa erano rimasti privi anche de' due Amministratori attribuiti a ciascun Distretto dall'articolo..... del decreto relativo alle Assemblee primarie ed amministrative, conveniva di fare precedentemente due scrutini particolari per eleggere due Amministratori di ciascuno di detti Distretti, e di terminare per mezzo della sorte quale dovesse essere il primo fra questi.

L'Assemblea avendo aderito a queste proposizioni, si sono posti nell'urna due biglietti contenenti i nomi de' Distretti d'Ajaccio, e dell'Isola Rossa.

Ed essendo stato estratto quello d'Ajaccio, si è fatto l'appello nominale secondo le forme solite; scritti e ricevuti i biglietti e fattane la verificazione, si sono trovati al numero di 349, eguale a quello de' Signori Elettori presenti all'Assemblea.

Fatto in seguito lo spoglio dello scrutinio e calcolatone il risultato, i Signori Scrutatori hanno dichiarato che il Sig.

Giuseppe Buonaparte, presidente del Direttorio del Distretto d'Ajaccio, solamente avea riportato la pluralità assoluta de' suffragi con 192 voti.

Il Sig. Presidente lo ha proclamato membro dell'Amministrazione di Dipartimento, ha sciolta la sessione, e l'ha rimandata alle ore tre dopo mezzo giorno.

Sottoscritti: PERALDI, D'ARRIGHI, SIMONI, PAOLI, *Presidente*, PIETRI, *Segretario*.

Sessione del 24 Settembre 1791
(*Alla sera*).

I Signori Elettori del Dipartimento essendo riuniti nella solita sala,

Il Sig. Presidente ha annunciato all'Assemblea che nello scrutinio precedente la pluralità assoluta non si era riunita che a favore del Sig. Giuseppe Buonaparte, e che perciò si dovea procedere ad un secondo scrutinio per eleggere un'altro Amministratore del Distretto d'Ajaccio.

Quindi fatto l'appello nominale, scritti e ricevuti i biglietti secondo le forme ordinarie, e di questi fatta verificazione, si sono trovati al numero di 335, eguale a quello degli elettor presenti all'Assemblea. Fatto in seguito lo spoglio dello scrutinio, i Signori Scrutatori hanno dichiarato che il risultato non presentava pluralità assoluta a favore di alcuno.

Il Sig. Presidente ha sciolta la sessione, e l'ha rimandata a domani alle ott'ore della mattina.

Sottoscritti: PERALDI, D'ARRIGHI, SIMONI, PAOLI, *Presidente*, PIETRI, *Segretario*.

Sessione del 25 Settembre 1791
(Alla mattina).

I Signori Elettori del Dipartimento essendo riuniti nella solita sala,

Il Sig. Vice-Presidente ha detto che il risultato del secondo scrutinio non avea neppure prodotto pluralità assoluta a favore di alcuno, e che in conseguenza l'Assemblea doveva procedere al terzo scrutinio, per mezzo del quale la semplice pluralità relativa avrebbe determinato l'elezione.

Quindi fatto l'appello nominale, scritti e ricevuti i biglietti secondo le forme solite, e di quelli fatta la verificazione, si sono trovati al numero di 346, eguale a quello degli elettori presenti all'Assemblea.

Fatto lo spoglio dello scrutinio, e calcolatone il risultato, i Signori Scrutatori hanno dichiarato che il Sig. Domenico Moltedo, d'Ajaccio, avea riportata la pluralità assoluta de' suffragi con 176 voti.

Il Sig. Presidente lo ha proclamato per Amministratore del Dipartimento.

Dopo di ciò, il Sig. Presidente ha detto che l'Assemblea dovea procedere all'elezione di due Amministratori del Distretto dell'Isola Rossa, per mezzo dello scrutinio di lista semplice, ed alla pluralità assoluta dei suffragi.

Quindi fatta l'appello nominale, scritti e ricevuti i biglietti nelle solite forme, e di quelli fatta la verificazione, si sono trovati al numero di trecento quarant'otto, eguale a quello degli elettori presenti all'Assemblea.

Fatto lo spoglio dello scrutinio e calcolatone il risultato, i Signori Scrutatori hanno dichiarato che i Signori Bartolomeo

Bonaccorsi e Giambattista Leoni, del Distretto dell'Isola Rossa, aveano riportata la pluralità assoluta de'suffragi, il primo con 324 voti, ed il secondo con 261.

Il Sig. Presidente li ha proclamati per Amministratori del Dipartimento; ha sciolta la sessione, e l'ha rimandata a domani alle ore otto della mattina.

Sottoscritti: PERALDI, D'ARRIGHI, SIMONI, PAOLI, *Presidente*, PIETRI, *Segretario*.

Sessione del 26 Settembre 1791
(Alla mattina).

I Signori Elettori del Dipartimento essendo riuniti nella solita sala,

È stata fatta lettura all'Assemblea della demissione data dal Sig. abate Felce, membro del Consiglio Generale d'Amministrazione dopo l'estrazione della sorte, ed accettata dal Direttorio del Dipartimento,

Dopo di che il Sig. Presidente ha detto che restavano quindici Amministratori ad eleggersi per compire il rimpiazzamento tanto di quelli ch'erano stati estratti alla sorte, che del Sig. Felce, che si era dimesso, e che perciò l'Assemblea doveva occuparsi di queste elezioni per mezzo dello scrutinio di lista semplice, ed alla pluralità assoluta de'suffragi.

Quindi fatto l'appello nominale, scritti e ricevuti i biglietti nelle solite forme, e di quelli fatta la verificazione, si sono trovati al numero di 361, eguale a quello degli elettori presenti all'Assemblea.

E prima di procedere allo spoglio dello scrutinio, il Sig. Presidente, per accelerare l'operazione, ha proposto all'Assemblea che si dividerebbero in tre scagni diversi, assistito ciascun di loro da'due commissari scrutatori che si sarebbero nominati.

L'Assemblea avendo aderito a questa proposizione, sono stati scelti i Signori Giuseppe Buonaparte, Onorato Maria Du Tillet, Don Giacomo Peretti, Giambattista Leoni, Carlo Ferdinandi e Giuseppe Buonaccorsi per commissari scrutatori, i quali, dopo avere prestato il giuramento a mani del Sig. Presidente di bene e fedelmente esercitare le loro funzioni, e di custodire il segreto, si sono divisi in tre differenti scagni, ed hanno proceduto allo spoglio del scrutinio.

Terminato lo spoglio, e fatta la comunicazione ed il calcolo de'risultati de'diversi scagni, i Signori Scrutatori e commissari riuniti hanno dichiarato che il risultato dello scrutinio non presentava pluralità assoluta in favore di alcuno.

Il Sig. Presidente ha sciolta la sessione, e l'ha rimandata a domani alle ore otto della mattina.

Sottoscritti : Peraldi, d'Arrighi, Simoni, Paoli, *Presidente*, Pietri, *Segretario*.

Sessione del 27 Settembre 1791

(*Alla mattina*).

I Signori Elettori del Dipartimento essendo riuniti nella solita sala,

Il Sig. Presidente ha fatto fare lettura all'Assemblea di una lettera del Re statagli particolarmente indirizzata dal Sig. comandante delle truppe di linea per mezzo de'Signori commissari civili contenente la sua accettazione della Costituzione.

L'Assemblea, all'annunzio di quest'importante e fausta notizia, commossa dalla più viva e straordinaria gioja, dopo avere con reiterati applausi manifestato il suo entusiasmo, ha unanimemente deliberato che i suoi sentimenti in questa circostanza felice saranno espressi nel processo verbale, e che appena ricevuta ministerialmente una tale notizia dal Direttorio del Dipartimento, sarà in questa medesima chiesa cantato solennemente un *Te Deum* per ringraziare l'Ente Supremo di un benefizio sì segnalato, che deve rendere all'Impero la sua pace e la sua sicurezza, e fissare l'epoca della prosperità del popolo francese.

Dopo di ciò, il Sig. Presidente ha detto che il risultato del precedente scrutinio non avendo prodotto pluralità assoluta a favore di alcuno, si dovrà procedere ad un secondo per eleggere i quindeci Amministratori che devono compire il rimpiazzamento di quelli che sono stati estratti alla sorte.

Quindi fatto l'appello nominale, scritti e ricevuti i biglietti secondo le forme solite, e di quelli fatta la verificazione, si sono trovati al numero di 351, eguale a quello degli elettori presenti all'Assemblea.

Fatto in seguito lo spoglio dello scrutinio, comunicati e calcolati insieme i risultati de' diversi scagni, i Signori Scrutatori e coscrutatori hanno dichiarato che i Signori Carlo Francesco Carlotti, e Antonio Luigi Poli di Cervione aveano solamente riportata la pluralità assoluta, il primo con 187 voti, ed il secondo con 178. Il Sig. Presidente li ha proclamati per Amministratori del Dipartimento, ha sciolta la sessione, e l'ha rimandata a domani alle otto ore della mattina.

Sottoscritti: PERALDI, D'ARRIGHI, SIMONI, PAOLI, *Presidente*, PIETRI, *Segretario*.

Sessione del 28 Settembre 1791
(*Alla mattina*).

I Signori Elettori del Dipartimento riuniti nella sala ordinaria,

Il Sig. Presidente ha detto che restavano tredici Amministratori a nominarsi, per i quali non era risultata pluralità assoluta ne'due precedenti scrutini, e che perciò l'Assemblea dovea procedere ad un terzo scrutinio per cui la semplice pluralità relativa avrebbe determinata la scelta. Quindi fatto l'appello nominale, scritti e ricevuti i biglietti secondo le forme solite, si sono trovati al numero di trecento quarant' uno, eguale a quello degli elettori presenti all'Assemblea.

Fatto in seguito lo spoglio dello scrutinio, comunicati e calcolati insieme i risultati de'diversi scagni, i Signori Scrutatori e Coscrutatori riuniti insieme hanno dichiarato che i Signori Gio. Domenico Saliceti d'Oletta, Anton Andrea Filippi del Vescovato, Giacomo Abbatucci di Zicavo, Angelo Chiappe di Sartene, Marc'Antonio Ferrandi della Pietra di Verde, Giulio Francesco Murati del Borgo di Marana, Gian Pasquino Giampietri di Rostino, Gian Bernardo Arrighi di Speloncato, Gian Quilico Casabianca, Anton Paolo Giacomoni di Tallano, Bartolomeo Arrighi di Corte, Pietr'Anton Balestrini dell'Algajola e Gian Francesco Sabiani di Zicavo, hanno riportata la pluralità relativa de'suffragi.

Il Sig. Presidente li ha proclamati per Amministratori del Dipartimento, ha sciolta la sessione e l'ha rimandata a domani alle ore otto della mattina.

Sottoscritti: Peraldi, d'Arrighi, Simoni, Paoli, *Presidente*, Pietri, *Segretario*.

Sessione del 29 Settembre 1791
(*Alla mattina*).

I Signori Elettori del Dipartimento riuniti nella solita sala,
Il Sig. Presidente ha detto che in virtù della legge de' 18 giugno ultimo relativa alle turbolenze avvenute in Corsica, di cui è stata fatta lettura, l'Assemblea dovea manifestare il suo voto sulla città ove giudicava più convenevoli di fissare tanto il capoluogo del Dipartimento, che la sede vescovile. Su di che aperta la discussione, uno de' membri salito alla tribuna, dopo aver pronunciato un discorso relativo alla maggiore e minore centralità delle diverse città dell'Isola, ed a' stabilimenti necessari tanto nel capoluogo del Dipartimento, che in quello del seggio vescovile, ha fatta la mozione che il capoluogo del Dipartimento fosse dal voto dell'Assemblea fissato in Corte, ed attesa la mancanza de' necessari stabilimenti in questa città, che la sede vescovile fosse collocata in Ajaccio, e gli altri pubblici stabilimenti fossero nell'avvenire divisi ne' differenti Distretti dell'Isola.

Questa mozione è stata approvata da molti membri dell'Assemblea che hanno egualmente pronunziato de' discorsi per sostenere la convenienza e la giustizia.

Un altro membro dell'Assemblea aderendo alla mozione relativa alla fissazione del capoluogo del Dipartimento in Corte, ha proposto che la sede vescovile dovesse collocarsi in Cervione. In seguito è stata fatta lettura di un discorso del Sig. Guasco, vescovo costituzionale del Dipartimento, per cui manifestava il suo desiderio di volere stabilire a Cervione la sede vescovile.

Dopo di che la discussione essendo terminata, è stato

osservato da uno de'membri che l'Assemblea non doveva emanare il suo voto nel tempo istesso per il capoluogo del Dipartimento, e per la sede vescovile, ma che questi due oggetti doveano essere proposti successivamente uno dopo l'altro.

Questa osservazione essendo stata combattuta da molti membri del corpo elettorale, il Sig. Presidente ne ha consultata l'Assemblea col mezzo della prova e controprova *par assis et levé*; e non avendo con tal mezzo potuto abbastanza conoscere il voto della maggiorità dell'Assemblea, ha detto che si sarebbe proceduto all'appello nominale.

Ed essendo già passata l'ora di mezzogiorno, il Sig. Presidente ha sciolta la sessione e l'ha rimandata alle ore tre dopo pranzo.

Sottoscritti: PERALDI, D'ARRIGHI, SIMONI, PAOLI, *Presidente,* PIETRI, *Segretario.*

Sessione del 29 Settembre 1791
(*Alla sera*).

I Signori Elettori del Dipartimento essendo riuniti nella solita sala, si è proceduto all'appello nominale per sapere se l'Assemblea dovesse contemporaneamente emanare il suo voto tanto per il capoluogo del Dipartimento, che per quello della sede vescovile, ovvero se dovessero dividersi i due oggetti con ordine successivo.

L'appello nominale terminato, i Signori Scrutatori hanno riconosciuto che il numero degli opinanti era di ducento trent'otto, eguale a quello degli Elettori presenti all'Assemblea. Fatto il calcolo del risultato, il Sig. Presidente ha annunziato che la gran maggiorità dell'Assemblea avea determinato con cento cinquanta sette voti, che il suo voto si manifesterebbe contemporaneamente tanto per l'uno che per l'altro oggetto.

Dopo di ciò, diversi elettori hanno richiesto che il voto dell'Assemblea dovesse rinnovarsi per mezzo d'un scrutinio segreto, conforme si era praticato per l'elezioni precedenti.

E l'Assemblea, consultata su di ciò dal Sig. Presidente, ha deliberato che il suo voto sarebbe emanato pubblicamente a voce per mezzo dell'appello nominale.

Quindi fatto l'appello nominale, dopo che ciascun membro dell'Assemblea individualmente ha ad alta voce dichiarato il suo voto tanto per il capoluogo del Dipartimento, che per la sede vescovile, i Signori Scrutatori hanno riconosciuto che il numero delle voci era di cento sessanta otto, eguale a quello degli elettori presenti, e dopo averne calcolato il risultato, il Sig. Presidente ha annunziato che l'Assemblea emanando il suo voto avea deliberato che il capoluogo del Dipartimento sarebbe fissato a Corte, con cento sessanta tre voci, e che la sede vescovile sarebbe collocata nella città d'Ajaccio, con cento sessante due.

Dopo di che il Sig. Presidente ha sciolta la sessione, e l'ha rimandata a domani alle ore otto della mattina.

Sottoscritti : Peraldi, d'Arrighi, Simoni, Paoli, *Presidente*, Pietri, *Segretario*.

Sessione del 30 Settembre 1791

(*Alla mattina*).

I Signori Elettori del Dipartimento essendo riuniti nella sala ordinaria,

Il Sig. Segretario ha fatta lettura di una protesta statagli significata questa mattina al suo domicilio, del tenore seguente :

« Gli elettori qui sottoscritti, di differenti Distretti del Dipartimento, protestano contro le deliberazioni fatte in questo giorno nelle sessioni della mattina e dopo pranzo, relativamente alla fissazione del capoluogo e del seggio vescovile, atteso chè è stata loro tolta la libertà di votare sopra così importanti oggetti per mezzo dello scrutinio segreto, ciò che si è praticato nelle precedenti operazioni, ed intendono che si abbino come non avvenute, reservandosi di far conoscere la giustizia della loro protesta al Corpo legislativo. In conseguenza si ritirano dall'Assemblea richiedendo atto tanto della suddetta protesta che del loro ritiro. In Corte, nella sala dell'Assemblea elettorale li 29 settembre 1791.

» *Sottoscritti* : CASIMIRO POGGI, BIAGGIO AGOSTINI, SIMONE LUSINCHI, PAOLO MATTEI, RISTORI, MASSEI, LORENZO FARINA, BARBAGGI, GIO : ANDREA MATTEI, CARLO FRANCESCO ALESSANDRINI, SAVERIO CASABIANCA, ANGELO MARIOTTI, GIO : FRANCESCO BENSO, VINCENZO MARIA ALESSANDRINI, abate VARESE, GIUSEPPE MORLAS, GAETANO VARESE, STEFANO MONTI, Vicario Vescovile, GIAMBATTISTA GUASCO, MORATI, MAZADE, ALBERTINI, SAPEY, DESMENE, LE CHANGEUR, NEGRONI, CARLO FRANCESCO GUERRINI, FILIPPI, TOMASI, TOMMASI, NICOLAI, VALERY, FERRANDI, LA BOUILLERIE.

» Signifié et baillé copie de l'opposition ci-dessus au Sr Pietri, secrétaire de l'Assemblée Electorale, en son domicile, chez M. Adriani, à Corte, ce jourd'hui trente septembre mil sept cent quatre-vingt-onze, dont acte.

» *Signé* : COURTOIS. »

L'Assemblea consultata su di ciò dal Sig. Presidetne, ha dichiarato che riguarda come illegale la detta protesta ed incostituzionali i motivi in essa enunciati.

Dopo di ciò un membro ha osservato all'Assemblea che sarebbe convenuto indirizzare al corpo legislativo una petizione, affinchè tutti gli altri stabilimenti pubblici fossero ripartiti ne'diversi capiluoghi del Dipartimento.

Un altro membro ha fatta lettura di una memoria relativa all'impossibilità di conservare in Tallano il capoluogo di quel Distretto, ed alla necessità di trasferirlo a Sartene, ove era per l'avanti, tanto per i stabilimenti necessari che si trovano in questa città, che per il comodo della maggior parte degli abitanti.

È stata in seguito letta una petizione tendente: 1º ad ottenere dalla nazione un soccorso sufficiente per trasportare nella città d'Ajaccio l'acqua di cui ha estremo bisogno; 2º la libertà della pesca de'coralli sulle coste d'Africa; 3º il libero e gratuito godimento a'coltivatori d'Ajaccio delle terre comunali di quella città, e delle concessioni che saranno dichiarati beni nazionali; 5º l'esecuzione de'diritti di entrata in favore de'calzolai d'Ajaccio per i cuoi provenienti dallo straniere, che saranno consumati col loro proprio travaglio.

Da un altro membro finalmente è stata esposta all'Assemblea l'importanza della città di Bonifazio, ed è stato richiesto che sia presa in considerazione mediante qualche pubblico stabilimento.

L'Assemblea sulle predette petizioni ed esposti, ha dichiarato che devono essere diretti al Corpo legislativo, presso il quale saranno da'nuovi deputati presi nella dovuta considerazione.

In seguito il Sig. Presidente ha fatto fare lettura all'Assemblea di una lettera del ministro dell'interiore, pervenuta per mezzo d'un corriere straordinario, in cui fa parte a tutti i Dipartimenti del Regno, che il Re ha accettata la Costituzione.

La lettura di questa lettera è stata interrotta dal grido dell'universale allegrezza, ed ha rinnovata nel corpo elettorale la gioja che avea eccitato nel cuore di tutti al suo primo annunzio.

In fine il Sig. Presidente ha dichiarato che le operazioni prescritte dalla legge al corpo elettorale'erano terminate, e che per conseguenza l'Assemblea restava sciolta.

E nel momento essendo stato introdotto nella chiesa il vescovo costituzionale del Dipartimento da una deputazione nominata dall'Assemblea, si è cantato solennemente il *Te Deum* coll'energia del più puro patriottismo.

Sottoscritti: D'ARRIGHI, *Scrutatore*; MARIO PERALDI, *Scrutatore*; SIMONI, *Scrutatore*; PAOLI, *Presidente*; PIETRI, *Segretario*.

Certificato conforme alla minuta orignale esistente nel segretariato del Dipartimento da noi Segretario Generale del Dipartimento di Corsica.

PANATTIERI.

PROCESSI VERBALI E DELIBERAZIONI
DEL DIRETTORIO DEL DIPARTIMENTO
RELATIVI

all'estrazione dei membri di detto Direttorio e del Consiglio Generale d'Amministrazione e della nomina e prestazione di giuramento de' Supplementari

Avviso al pubblico

Gli Amministratori componenti il Direttorio del Dipartimento di Corsica fanno noto che, a forma della legge di 15 giugno ultimo scorso, relativo al cambiamento della metà de'membri delle Amministrazioni di Dipartimento e de'Distretti, venerdì prossimo del corrente, alle ore otto della mattina, sarà proceduto nella sala del Direttorio, a porte aperte, all'estrazione alla sorte de'membri del Direttorio e del Consiglio Generale, che coerentemente alla legge devono essere rimpiazzati dalla presente Assemblea Generale.

Corte, questo di 17 settembre 1791, della libertà il terzo.

Sottoscritto : PANATTIERI, *Segretario Generale.*

L'an 1791, de la liberté le troisième, ce jourd'hui seize du mois de septembre,

Le Directoire du Département étant réuni dans la salle

ordinaire, M. Taddei, un des membres qui le composent, dit que des affaires particulières l'empêchent de vaquer plus longtemps aux fonctions administratives, donne sa démission qu'il prie le Directoire du Département d'accepter, et a signé.

Signé : Taddei.

Sur quoi, ouï le Procureur Général Syndic, le Directoire du Département a accepté la démission du sieur Taddei, et lui en a donné acte. Et ont signé tous les membres présents.

Signés : Pozzodiborgo, Gentile, Pompei, Paoli, Mattei, *Vice-Président,* Panattieri, *Secrétaire Général.*

L'an 1791, troisième de la liberté, 22 du mois de septembre, huit heures du matin,

Le Directoire du Département étant réuni dans la salle ordinaire, MM. Arena et Pozzodiborgo, qui composent ledit Directoire, et Peraldi et Boerio, membres du Conseil Général, s'étant présentés, ont déclaré qu'ayant été nommés à la législature, ils se désistent de leur fonctions respectives de membres du Directoire et du Conseil Général, et ont signé.

Signés : Arena, Pozzobiborgo, Mario Peraldi, Boerio.

Sur quoi, ouï M. Gentili pour le Procureur Général Syndic, le Directoire du Département a accepté les démissions de MM. Arena, Pozzodiborgo, Boerio et Peraldi, et leur ont donné acte.

Signés : Pompei, Paoli, Pietri, Gentili, Mattei, *Vice-Président,* Panattieri, *Secrétaire Général.*

L'anno 1791, e della libertà il terzo, 23 del mese di settembre, alle ore nove della mattina,

Il Direttorio del Dipartimento di Corsica, essendosi riunito nella sala ordinaria, le porte essendo aperte per procedere all'estrazione alla sorte della metà de' membri dell'Amministrazione di Dipartimento, conformemente alla legge de' 15 giugno 1791, e previo l'avviso annunciato e pubblicato sino da' 17 del corrente per questo giorno, e ora, il Segretario Generale ha fatto lettura della suddetta legge de' 15 giugno, egualmente che delle demissioni fatte dai Signori Arena, Pozzodiborgo e Taddei membri del Direttorio del Dipartimento, e Boerio e Peraldi, membri del Consiglio Generale, ha pure annunziato che il Sig. Moltedo, membro del Direttorio, avendo accettato la piazza di vicario del vescovo del Dipartimento, incompatibile con quella di Direttore, non v'era bisogno di fare alcuna estrazione, per i membri componenti il detto Direttorio. Dopo di che essendo stati fatti de' bollettini contenenti i membri del Consiglio Generale, che si trovano non aver data alcuna demissione, letti prima di chiuderli, e posti nell'urna, il Segretario ha annunziato che andava a procedersi all'estrazione, per cui si era scelto un fanciullo dell'età di anni tredici, e questa fatta, sono usciti dall'urna i Signori: Carlo Francesco Carlotti, Abbatucci, Pinelli, Giacomoni, Bonaccorsi, Galeazzini, Pietro Saliceti, Achille Murati, Santo Dominici, Guelfucci, Casamarte e Giambattista Leoni. Delle quali cose è stato drizzato il presente processo verbale, che è stato sottoscritto dai Signori Amministratori.

Sottoscritti: POMPEI, PAOLI, GENTILI, MATTEI, *Vice-Presidente,* PANATTIERI, *Segretario Generale.*

Dimissione del Sig. Felce,
membro del Consiglio Generale.

All'Assemblea Elettorale in Corte.

« Signori,

» Da ch'ebbi uso di ragione, niente più ebbi a cuore che l'interesse della mia Patria, che il bene de'miei concittadini. Scarso di talenti, ho impiegato que'pochi che avevo in servizio della nazione, ed ho esposta la stessa vita, e quella de'miei parenti per difenderne i diritti e per sostenerla. Essa mi ha voluto in questi ultimi tempi all'onorevole incarico di travagliare come membro del Dipartimento a stabilire quella libertà per cui si versò a fiumi il nostro sangue. Sono stato assai fortunato di poter impiegare anche gli anni della mia vecchiaja a pro della stessa, ma son ora troppo sventurato di vedermi per le mie continue indisposizioni impossibilitato a poter seguire gl'impulsi del mio cuore, ed a servire nel modo che converrebbe, la Patria, ed i cittadini. Impossibilitato a viaggiare, e reso ormai incapace d'ogni travaglio, quali vantaggi potrei rendere io mai ad un pubblico, il di cui servizio esige la maggiore attività, e la più grande attenzione. Queste mie riflessioni m'obbligano, o Signori, d'abbandonare a soggetto più abile la carica di cui sono stato onorato nel Dipartimento ed a pregarvi istantemente di accettare la dimissione che rispettosamente vi domando. Mi chiamerò contento se avrò potuto nelle mie passate operazioni meritare la vostra stima, ed il vostro gradimento, e cercherò in avvenire la continuazione per lo zelo, che non cesserà mai nella mie persona, e con cui procurerò di esser utile alla mia nazione. »

Vostro Devotissimo Servitore,
     Sottoscritto : Felce, ex-canonico.

Vista la presente memoria, il Direttorio del Dipartimento dà atto al Sig. abate Felce della demissione che fa nella sua qualità di consigliere dell'Amministrazione Superiore.

Corte li 24 settembre, alle ore tre dopo il mezzo giorno.

 Sottoscritti : Pompei, Paoli, Gentili, Mattei, *Vice-Presidente*, Panattieri, *Segretario Generale*

Sessione del 5 Ottobre 1791
(*Alla mattina*).

Gli Amministratori componenti il Direttorio del Dipartimento di Corsica riuniti nella solita sala, uno de'membri ha detto che il Sig. Moltedo, uno de'membri del Direttorio, essendo stato nominato vicario del vescovo del Dipartimento, ed avendo prestato giuramento nella detta qualità, il Sig. Taddei, uno de'membri del Direttorio, avendo data la sua dimissione fino dai sedici dello scorso mese di settembre, e i Signori Arena e Pozzodiborgo, altri due Amministraiori, essendo stati nominati nell'Assemblea Elettorale deputati alla legislatura, ed avendo perciò data la loro dimissione all'Amministrazione, i membri del Direttorio si trovavano ridotti al solo numero di quattro; che questo numero era insufficiente per la moltiplicità degli affari, che occupano nelle circostanze attuali l'Amministrazione, tanto più dovendo uno de'membri essere incaricato delle funzioni di Procurator Generale Sindaco, rimaneva appena in numero a poter deliberare ; ha perciò proposto che il Direttorio, usando de'diritti accordatigli dalla legge, dovrebbe nominare almeno tre supplementari, i quali esercitino le funzioni di Direttori fino a che il Consiglio Generale nella sua prossima riunione abbia proceduto alla nomina de' quattro membri che in virtù della legge devono eleggersi per compire gli otto del Direttorio,

E il Direttorio del Dipartimento, aderendo alla proposizione sopr'accennata, ha determinato che procederà immediatamenti alla nomina di tre supplementari, i quali faccino funzioni di Direttori, fino alla nomina de'membri del Direttorio da farsi alla prossima riunione del Consiglio, e immediatamenti essendosi proceduto alla detta nomina, allo scrutinio individuale, si è ritrovato che al primo scrutinio è stato eletto all'unanimità per supplimentario il Sig. Giambattista Leoni di Palasca, al secondo, il Sig. Luigi Ciavaldini, al terzo il Sig. Vincentello Colonna Leca, tutti membri del Consiglio Generale d'Amministrazione.

Fatto a Corte, nella sala ordinaria del Direttorio del Dipartimento, l'anno, mese e giorno suddetti.

Sottoscritti : POMPEI PAOLI, GENTILI, PIETRI, MATTEI, *Vice-Presidente*, PAÑATTIERI, *Segretario Generale*.

Sessione del 19 Ottobre 1791.

Oggi li 19 del mese d'ottobre dell'anno 1791, terzo della libertà,

Gli Amministratori che compongono il Direttorio del Dipartimento di Corsica riuniti nella sala ordinaria, il Sig. Leoni, membro del Consiglio Generale del Dipartimento, si è presentato, ed ha detto che per determinazione del Direttorio de' cinque di questo mese, era stato nominato per esercitare le funzioni di Direttore fino a che il Consiglio Generale nella sua prossima riunione abbia proceduto alla nomina di quattro membri, che devono rimpiazzare i Signori Arena, Pozzodiborgo, Moltedo e Taddei, che hanno data la loro dimissione; che per conseguenza domandava d'essere ammesso alla prestazione del giuramento prescritto dalla legge a tutti i pubblici funzionari; ciò che essendogli accordato dal Sig. Presidente, detto Sig. Leoni ha giurato d'essere fedele alla Nazione, alla legge, ed al Re, di mantenere con tutto il suo potere la Costituzione del Regno decretata dall'Assemblea Nazionale e sanzionata dal Re, e di riempire con fedeltà ed esattezza le funzioni che gli sono state confidate, ed ha preso posto.

Fatto a Corte, nella sala ordinaria del Direttorio del Dipartimento l'anno, mese e giorno suddetti.

Sottoscritti: Pompei Paoli, Pietri, Gentili, Leoni, Mattei, *Vice-Presidente*, Panattieri, *Segretario-Generale*.

Sessione del 25 Ottobre 1791

(*Alla mattina*).

Oggi, li 25 Ottobre 1791, terzo della libertà, alla mattina, gli Amministratori che compongono il Direttorio del Dipartimento di Corsica, riuniti nella sala ordinaria, il Sig. Luigi Ciavaldini, membro del Consiglio Generale del Dipartimento, si è presentato ed ha detto, che per determinazione del Direttorio, de' cinque di questo mese, era stato nominato per esercitare le funzioni di Direttore fino a che il Consiglio Generale nella sua prossima, etc. (Même formule que plus haut, et mêmes signatures, plus celle de Ciavaldini).

Sessione del 25 Ottobre 1791
(Alla sera).

(Prestation du serment ordinaire, par Colonna Leca. — Même formule que pour la séance précédente, et mêmes signatures, plus celle de Colonna-Leca).

TABLE DES MATIÈRES

1790.

**Procès-Verbaux
des Séances de l'Assemblée des électeurs
du Département de la Corse.**

9 Septembre. — Réunion de l'Assemblée Départementale à Orezza. Pascal Paoli nommé président provisoire. Discours de Paoli. Arena nommé secrétaire provisoire. Lettre des commissaires du roi au président de l'Assemblée. Discours d'Arena, Pompei, Pozzodiborgo, Ristori, Bonaparte, Casamarte. L'Assemblée décide qu'elle nommera cinq électeurs par district pour la vérification des pouvoirs . . . . . pages 1 à 9

10 Septembre, *Séance du matin.* — Election des commissaires pour la vérification des pouvoirs 10-11

Séance du soir. — Admission des électeurs de Castello, Corte, Venaco, Talcini, Bozio, Giovellina, Caccia, Niolo, Rogna, Oletta, Patrimonio. . . . . 11 à 13

11 Septembre, *Séance du matin.* — Admission des électeurs de l'Ile-Rousse ; discussion sur les élections d'Algajola. Admission des électeurs des districts de Vico, de la Porta d'Ampugnani, de Bastia. Délégation des gardes nationales de Bastia et de l'Ile-Rousse introduite dans l'Assemblée. Discours de Galeazzini ; réponse de Paoli . . . . 13 à 21

Séance du soir. — Admission des électeurs de Cervione, des pièves de Serra et d'Alesani. Discussion sur les élections de Verde et de Campoloro. . . . . pages 21-22

12 Septembre. — Admission des électeurs de Verde, de Campoloro, de Casalta. 22-23

13 Septembre, *Séance du matin*. — Paoli nommé président définitif de l'Assemblée. Discours de Paoli 24-25

Séance du soir. — Arena nommé secrétaire définitif de l'Assemblée. 26

14 Septembre. — Prestation du serment par le président, le secrétaire et les membres de l'Assemblée. Ciavaldini, colonel des gardes nationales d'Orezza, introduit dans l'Assemblée ; son discours. Réponse du président. Pietri élu scrutateur. Paoli invite l'Assemblée à assister le lendemain à une messe solennelle qui sera célébrée par Mgr Santini. . . . . 26 à 29

15 Septembre. — Admission des électeurs de Bonifacio, du canton d'Olmeta. L'Assemblée ordonne que le procès-verbal des élections de Casalabriva où a été nommé comme électeur le bandit Gallone, sera brûlé par l'huissier. Abbatucci et Panattieri nommés scrutateurs 29-30

16 Septembre, *Séance du matin*. — Admission des électeurs de Portovecchio, de Scopamene. Arena propose d'envoyer une adresse à l'Assemblée nationale et une autre au roi. Nomination de trois électeurs pour rédiger les adresses. L'Assemblée décide que la Corse ne formera qu'un département et réserve la question du chef-lieu ; elle décide qu'après l'organisation du département, les divers districts nommeront les administrateurs. . . . . 31 à 33

Séance du soir. — Election des membres du Comité de correspondance. 33-34

17 Septembre. — Massei demande que le Cap-Corse forme un district séparé ; la proposition est renvoyée à la future administration départementale. Motion de Bertolacci relativement aux adjudicataires de la subvention qui n'ont pas encore réglé leurs comptes ; décision de l'Assemblée. . . . . 34 à 36

18 Septembre. — Le général Paoli, Luigi Ciavaldini, Pompei Paoli, Raffaelle Casabianca, du district de la Porta d'Ampugnani, sont élus membres de l'Administration départementale. 36-37

19 Septembre, *Séance du matin*. — Antonio Gentili, Achile Murati, Carlo-Francesco Murati, Pietro Saliceti, du district

d'Oletta, sont élus membres de l'Administration départementale. . . . . pages 37-38

Séance du soir. — Bartolomeo Arena, Guelfucci, Giuseppe Maria Bonaccorsi, Giambattista Leoni, du district de l'Isle-Rousse, sont élus membres de l'Administration départementale. 38

20 Septembre, *Séance du matin.* — Santo Dominici, Mattei avocat, Giovanni Antoni, Giambattista Galeazzini, du district de Bastia, élus membres de l'Administration départementale. 39

Séance du soir. — Rocco Francesco Cesari, Giambattista Quenza, Anton Padovano Giacomoni, Giuseppe Maria Pietri, du district de Tallano, élus membres de l'Administration départementale. 39-40

21 Septembre, *Séance du matin.* — Francesco Grimaldi, Carlo-Francesco Carlotti, Don-Pietro Boerio, Giulio Matteo Grazietti, du district de Corte, élus membres de l'Administration départementale. 40-41

Séance du soir. — Domenico Casamarte, Carlo Andrea Pozzodiborgo, Don-Giacomo Abbatucci, Mario Giuseppe Peraldi, du district d'Ajaccio, élus membres de l'Administration départementale. 41

22 Septembre, *Séance du matin.* — Antonio Multedo, Gian Maria Cittadella, Vincentello Colonna, Gian Antonio Pinelli, du district de Vico, élus membres de l'Administration départementale 42

Séance du soir. — Antonio Giafferri, Ignazio Felce, Antonio Filippo Casalta, Giambattista Taddei, du district de Cervione, élus membres de l'Administration départementale. 42-43

23 Septembre. — Cristoforo Saliceti, nommé Procureur Général Syndic. Francesco Pietri fait lecture des deux adresses à l'Assemblée Nationale et au Roi, qui sont approuvées. L'Assemblée décide que la Corse célébrera une fête solennelle le 30 novembre, jour où l'île a été déclarée partie intégrante de la monarchie française. Discours de Pompei qui félicite la Corse du retour de Paoli, remercie l'Angleterre, et propose à l'Assemblée d'accorder une pension à Paoli, de confirmer son élection comme commandant général des gardes nationales, et de lui élever un monument digne de lui. Malgré la résistance de Paoli qui refuse toute pension, l'Assemblée lui vote une pension annuelle de 50.000 francs. Elle décide ensuite qu'on élévera une statue au général dans le

chef-lieu du département. Panattieri demande que l'Assemblée prenne des mesures contre les intrigues de la République de Gênes en Corse. Arena demande la suppression du régiment Provincial. Pozzodiborgo et Pompei demandent à l'Assemblée d'envoyer aux députés Cesari et Saliceti une lettre de félicitations pour les remercier de leur conduite, et obtiennent un vote de blâme contre les deux autres députés, Buttafoco et Peretti. . . . . pages 43 à 54

24 Septembre. — Discussion sur la fixation du chef-lieu du département. Décision de l'Assemblée à ce sujet. Arena propose de demander au roi la délivrance des Corses condamnés aux galères et détenus à Toulon. Adopté. . . . . . 54 à 56

25 Septembre. — Propositions diverses : d'Arena, demandant que les Corses émigrés lors de l'annexion rentrent en possession des revenus de leurs biens, revenus perçus en leur absence par le trésorier royal ; — de Pozzodiborgo, demandant la révocation des diverses concessions d'étangs, de biens communaux, etc., faites sous l'ancienne administration ; — de Coti, demandant que le *Libro Rosso*, contenant des titres importants pour les communes et les particuliers, soit déposé aux archives du département ; — de Panattieri, demandant qu'une pierre commémorative, rappelant la réunion de la première Assemblée libre, soit placée au-dessus de la porte de l'église du Couvent d'Orezza ; — d'un membre, demandant que Colonna Cesari soit nommé commandant en second des gardes nationales du département ; — de Joseph Bonaparte, demandant l'institution d'une fête nationale pour le 30 novembre ; — de Panattieri demandant que toutes les délibérations prises par les Assemblées des Etats en faveur de Marbeuf, Sionville et Narbonne soient effacées, et que la mémoire de toutes les victimes des pouvoirs judiciaire et militaire soit réhabilitée. Toutes ces propositions sont adoptées. Belgodere, Panattieri, Casabianca et Morati rendent compte de leur mission à Paris auprès de l'Assemblée Nationale et de Paoli. Bonaccorsi, au nom du Comité Supérieur, rend compte à l'Assemblée des opérations du Comité. L'Assemblée charge son président d'écrire à Barbaggi, président du Comité Supérieur, pour féliciter ce corps de son dévouement à l'intérêt public . . . . 56 à 61

27 Septembre. — Paoli annonce qu'il choisit Antonio Gentili et

Carl'Andrea Pozzodiborgo comme députés, pour aller porter les adresses de l'Assemblée électorale à l'Assemblée Nationale et au Roi. Propositions diverses adoptées par l'Assemblée. . . . . pages 61 à 63
— Liste des électeurs du département de Corse réunis à Orezza . . . . 63 à 72

Procès-Verbaux des Séances de l'Administration du Département ou Conseil Général.

30 SEPTEMBRE, *Séance du matin*. — Réunion du Conseil Général à Bastia; liste des membres. Ils nomment provisoirement Felce président; Giafferri, Mattei et Antoni scrutateurs, et Arena secrétaire 73-74

Séance du soir. — L'Assemblée nomme à titre définitif Paoli président, et Panattieri secrétaire du Conseil Général. 74-75

1er OCTOBRE, *Séance du matin*. — Felce nommé vice-président, pour remplacer Paoli absent; les trois scrutateurs nommés plus haut sont maintenus. Election des huit membres du Directoire du Département; leurs noms. . . . . . . 75 à 78

Séance du soir. — Bartolomeo Arena nommé Procureur Général Syndic pour remplacer Saliceti absent. Galeazzini demande qu'Arena, avant d'entrer en charge, se conforme à la délibération prise par l'Assemblée Electorale le 17 septembre 1790, et s'acquitte, comme adjudicataire, envers la nation. Arena répond et fait approuver ses raisons par l'Assemblée. Lettre de Paoli au Conseil Général en faveur des Français restés en Corse sans emploi; le Conseil charge son président de la réponse . . 78 à 83

2 OCTOBRE, *Séance du matin*. — Sur la proposition d'Arena, l'Assemblée décide que 500 hommes seront levés dans les divers districts, et pris à la solde du Département; nomination d'un Comité de correspondance et d'un Comité de recherches. . . . . 83 à 85

Séance du soir. — L'Assemblée s'occupe de la protestation des divers habitants de Sartène contre la suppression de la noblesse; elle décide que Colonna Cesari sera chargé d'arrêter les protestataires obstinés ainsi qu'un certain Gallone d'Olmeto. . . . . 85 à 87

3 Octobre. — L'Assemblée nomme diverses commissions. pages 87 à 89

5 Octobre. — L'Assemblée nomme une commission chargée de faire l'inventaire des Archives des Anciens Etats, des Douze, du Comité supérieur. Mesures concernant les trésoriers et les receveurs. Galeazzini présente à l'Assemblée les officiers de la garde nationale de Bastia; réponse du Vice-Président. Franchise des lettres adressées de France aux districts. Sceau du Conseil Général. . . . . . . 89 à 92

6 Octobre. — Délibérations concernant les logements militaires et le Terrier général 92-93

7 Octobre. — Le Général de Barin promet son concours absolu à l'Administration départementale; réponse du Vice-Président. Le Général Maudet, commandant à Calvi, cité à la barre du Département . . . . 93 à 95

8 Octobre. — Subvention de 2,400 francs votée aux députés Gentili et Pozzodiborgo . . . . 95 à 97

9 Octobre. — Instruction du Conseil Général aux Districts sur des matières diverses. . . . . 97 à 102

11 Octobre. — Viale, consul d'Autriche, vient assurer le Conseil Général de son dévouement. Discussion de matières diverses. 102-103

12 Octobre. — Délibération sur les formalités à observer par ceux qui veulent s'embarquer. Le Chapitre de la cathédrale de Bastia fait au Conseil une protestation de patriotisme. Délibérations relatives au remplacement de Gentili et Pozzodiborgo, membres du Directoire, à l'inventaire des pièces du Terrier général. . . . . 103 à 106

13 Octobre. — Délibérations concernant les protestataires de Sartene, revenus à résipicence, et le sieur Lebel, receveur de la douane à Bastia . . . . 106 à 108

14 Octobre. — Le Directeur et les professeurs du Collège de Bastia viennent présenter leurs hommages au Conseil Général. Lecture de divers mémoires 108-109

15 Octobre. — Le Conseil Général décide qu'il continuera à siéger, ne pouvant se séparer pour se réunir de nouveau le 3 novembre, conformément au décret récent de l'Assemblée nationale. Nomination d'une commission pour travailler à un projet de règlement sur les abus champêtres . 109-110

16 Octobre. — Le Conseil Général valide l'élection du Directoire d'Ajaccio; il décide que les scellés seront apposés

sur les archives etc. du Conseil Supérieur, supprimé comme tous les anciens tribunaux de France, par les décrets du 25 août et du 2 septembre 1790 . . . pages 110 à 112

17 Octobre. — Délibération réduisant les appointements des employés des douanes et le nombre de ces employés . . 112 à 114

18 Octobre. — Règlement concernant les employés des douanes et leurs appointements ; liste des principaux employés nommés par le Conseil Général . . . . 114 à 121

19 Octobre. — Délibération relative aux embarquements; instruction aux Districts sur la mendicité . . . . 121 à 124

20 Octobre. — Délibération concernant quelques habitants de Calvi et les Administrateurs du district de Cervione. . 124-125

21 Octobre. — Barbaggi est invité à rendre compte de l'emploi des sommes qu'il a eues entre les mains, comme président du Comité Supérieur 125-126

22 Octobre. — Commission nommée pour mettre fin aux différends survenus entre plusieurs familles de Bonifacio . . 126-127

23 Octobre. — Délibération invitant tous les officiers de justice à se rendre à leur poste dans les huit jours 128-129

25 Octobre. — Délibération relative à la vente du sel en Corse . . . . 129 à 131

27 Octobre. — Modifications au règlement sur les embarquements. Délibération sur le paiement des dîmes et autres droits ecclésiastiques. Circulaire à ce sujet . . . . . 131 à 135

28 Octobre. — Délibération sur diverses matières et particulièrement sur le paiement de la subvention ; instruction à ce sujet envoyée aux communes. . . . . 135 à 142

29 Octobre. — Délibération sur les élections municipales de Bonifacio. Envoi d'une commission dans cette ville . . 143 à 145

30 Octobre. — Proclamation du Conseil Général concernant le service des gardes nationales. . . . . 146 à 148

31 Octobre. — Examen de la comptabilité du trésorier général. 148

1er Novembre. — Continuation du même examen 149

2 Novembre. — Délibération sur les troubles de Bonifacio. . 149 à 152

3 Novembre. — Proclamation du Conseil Général relative aux élections municipales. 152-153

4 Novembre, *Séance du matin*. — Le Conseil Général vote la construction d'un lazaret dans le golfe d'Ajaccio . . . 154-155

Séance du soir. — Nominations d'employés des douanes à l'Isle-Rousse et à l'Algajola. Le Conseil Général demande que l'Assemblée Nationale fixe un traitement pour les Administrateurs du Département. . . . . . . pages 156-158

5 Novembre. — Vœu du Conseil Général afin que l'Assemblée Nationale obtienne des Régences d'Alger, Tunis et Constantine aide et protection pour les pêcheurs de corail venant de Corse. Le Conseil Général va assister dans l'église Saint-Jean à une messe solennelle célébrée pour fêter l'anniversaire de la formation de la garde nationale. Après la cérémonie, le Conseil Général, le District, la Municipalité et la Garde Nationale jurent fidélité à la loi et au Roi . . . . . 158 à 161

6 Novembre. — Le Conseil général élève de 1,600 à 3,000 fr. les appointements d'Arena, Procureur Général Syndic suppléant, et maintient le traitement de 3,000 fr. à Saliceti, Procureur Général Syndic titulaire, absent. Le Conseil décide que l'anniversaire du 30 novembre sera célébré solennellement dans l'île entière. Blâme contre les Administrateurs du District de Cervione. . . . . 161 à 165

8 Novembre. — Le Conseil Général s'occupe de la nomination provisoire des contrôleurs des actes ; droits que ceux-ci percevront dans les diverses localités sur les produits du contrôle et la vente du papier timbré. Liste des nouveaux contrôleurs. . . . . 165 à 169

9 Novembre. — Délibération sur les dépenses à rembourser aux délégués qui ont été envoyés à Lyon et à Paris pour assister aux fêtes de la fédération. 170-171

10 Novembre. — Rossi, commandant en second des troupes de ligne, vient offrir ses services au Conseil Général . . . 171-172

11 Novembre. — Arrivée du général Paoli, qui se rend à l'Assemblée du Conseil . . . .

12 Novembre. — Délibérations sur les différends entre les populations de Vico et la commune de Cargese, sur l'entretien des routes. L'Assemblée décide qu'on enlèvera de la salle du Conseil les armes et les inscriptions lapidaires rappelant la domination des Génois. . . . . 173 à 177

13 Novembre. — Le Conseil décide que, ses travaux n'étant pas terminés, il demandera à l'Assemblée Nationale et au Roi l'autorisation de tenir une session supplémentaire, que tous les écrits publics seront datés de l'an de la liberté (14 juillet 1789). Raffaello Casabianca et Vincentello Colonna nommés membres supplémentaires du Directoire, en remplace-

ment de Gentili et de Pozzodiborgo. Le Comité des recherches est maintenu jusqu'à nouvel ordre. . . . pages 177 à 181
14 Novembre. — Le Vice-Président annonce la clôture de la session. . . . . 181 à 182

1791

Procès-Verbaux des Séances de l'Assemblée Electorale réunie pour l'élection de l'évêque constitutionnel.

7 Mai. — Nomination d'un président et de scrutateurs provisoires pour constituer le bureau. Paoli nommé président; Bartolomeo Arena, secrétaire; Luigi Arrighi, Pasquale Fondacci et Ottavio Colonna, scrutateurs. Quatre électeurs sont choisis pour inviter les chefs des administrations civiles et les officiers des diverses armes à assister le lendemain à la messe solennelle . . . . 183 à 186
8 Mai. — Ignazio Francesco Guasco est élu évêque constitutionnel. . . . . 186 à 191
9 Mai. — Le nouvel évêque prête serment 191-192
10 Mai. — Les membres du Directoire du Département viennent féliciter l'Assemblée Electorale d'avoir choisi un évêque si digne de la confiance publique. Marc'Aurelio Rossi, élu président du tribunal criminel 193-194
11 Mai. — Giovan Francesco Galeazzi élu dénonciateur public. L'administration du District de Bastia vient féliciter l'Assemblée de ses choix. Luigi Tiberi élu chancelier du tribunal criminel 195-196
12 Mai. — L'Assemblée décide qu'un service pour Mirabeau sera célébré dans tous les chefs-lieux de District, et que son buste sera placé dans la salle du Département avec une inscription 196-197

Procès-Verbaux
des Séances du Conseil Général d'Administration réuni en session extraordinaire à Corte.

14 Juin. 1791. — Réunion du Conseil Général à Corte pour faire rentrer la ville de Bastia sous la dépendance des lois.

Paoli, président du Conseil, invité à assister aux délibérations, refuse sous prétexte d'infirmités. Giafferri nommé vice-président. Délibération sur les troubles de Bastia. Corte choisi comme siège provisoire du Directoire du Département. La municipalité de Bastia suspendue ; le corps municipal, le procureur de la commune et le sieur Vidau invités à se présenter devant le Conseil Général ; quatre commissaires envoyés à Bastia avec la force publique . pages 198 à 203

15 Juin, *Séance du matin.* — Le siège du Directoire du district de Bastia est transporté à Luri . . . . 203 à 205

Séance du soir. — Rossi, commandant des troupes de ligne, est chargé de veiller à la sûreté de la citadelle de Bastia ; le Conseil décide que les bateaux-poste aborderont à Saint Florent, et non plus à Bastia . . . . . . 206 à 208

16 Juin. — Le Conseil Général invite Paoli à se mettre à la tête de la Commission envoyée à Bastia. Le Directoire du district de Corte vient présenter ses compliments au Conseil Général . . . . 208 à 210

17 Juin. — Paoli accepte la mission qui lui est offerte ; le Conseil décide que l'Assemblée Nationale sera invitée à fixer le siège de l'évêché à Ajaccio. Délibérations diverses sur le siège du tribunal criminel, sur la mise en liberté de Buonarroti, arrêté à Livourne . . . . 210 à 214

18 Juin. — Le Conseil décide qu'il adressera une circulaire aux Districts pour les engager à réprimer les troubles causés par les ennemis de la Constitution civile du clergé . . 214 à 216

20 Juin. — Mesures diverses relatives à l'expédition contre Bastia. La municipalité et la Garde Nationale de Corte offrent leur concours pour défendre la liberté . . . . . 216 à 218

24 Juin, *Séance du matin.* — Déposition de Pietro Antonio Casella, officier municipal de Bastia, faisant-fonctions de maire, sur les troubles qui ont eu lieu dans cette ville les 1er, 2 et 3 juin . . . . 218 à 226

Séance du soir. — Déposition de Giambattista Oletta sur les mêmes événements. Déposition de Giacomo Montalti. Le Conseil Général décide que le corps municipal et le Procureur de la commune de Bastia seront dénoncés à l'Assemblée Nationale comme coupables de lèse-nation, et seront en attendant arrêtés pour être envoyés devant le tribunal compétent. . . . . 226 à 240

25 Juin. — Le Conseil Général décide que la population de Bastia sera désarmée, que tous les promoteurs de l'insurrection seront arrêtés, et que Cesare Petriconi, commandant des Gardes Nationales de Bastia, devra se présenter devant le Conseil Général. Le corps municipal de Bastia est remplacé par les officiers municipaux sortis de charge en dernier lieu. . . . . pages 240 à 243

27 Juin. — Le Conseil Général décide que les archives du Conseil seront transportées de Bastia à Corte 243-244

30 Juin. — Bernardini, receveur de la Douane de Bastia, est destitué et remplacé par Giuseppe Maria Felici. Délibération sur les différends entre Vico et Cargèse . . . . . 244 à 248

1er Juillet. — Le Conseil décide que toutes les dépenses extraordinaires occasionnées par l'insurrection de Bastia, seront supportées par cette ville. 248-249

7 Juillet. — Le Conseil Général décide que le Directoire du Département aura ses bureaux et tiendra ses séances dans le palais public de Corte 249-250

8 Juillet, *Séance du matin*. — Le Conseil Général vote une indemnité à chacun de ses membres pendant cette session extraordinaire. 250-251

Séance du soir. — Le Conseil Général autorise le Directoire du Département à faire un prêt de six mille livres à la municipalité d'Ajaccio pour la construction du Lazaret . 251 à 254

20 Juillet. — Dépositions de Giacomo Odiardi et Giuseppe Sisco, officiers municipaux de Bastia, sur les troubles survenus dans cette ville . . . . 254 à 260

21 Juillet. — Le Conseil Général décide qu'une force publique de 150 Gardes Nationales sera établie à Bastia. . . . 260-261

23 Juillet. — Indemnités votées aux Gardes Nationales de Niolo qui ont fait partie de l'expédition contre Bastia, et à Buonarroti. 261-262

24 Juillet. — Affaire de Vico et de Cargese; décision du Conseil Général à ce sujet . . . . 262 à 264

25 Juillet. — Félicitations à Arena, à Panattieri et aux membres du Directoire du Département; une indemnité leur est votée . . . . 264 à 266

27 Juillet. — Remerciements des membres du Directoire du Département qui refusent l'indemnité. Délibération sur la composition des équipages des bateaux de poste . . . 266 à 268

28 Juillet, *Séance du matin*. — Les commissaires envoyés à Bastia rendent compte de leur mission. Le Conseil décide que tous les délits relatifs à l'insurrection de Bastia seront poursuivis devant le tribunal du District de Corte . pages 268 à 272

Séance du soir. — Délibération sur la démission de Multedo et sur les Assemblées primaires 273-274

29 Juillet, *Séance du matin*. — Lettre de Multedo. Vote de diverses indemnités. Délibérations relatives à la Garde Nationale, au paiement de la subvention . . . . . 274 à 276

Séance du soir. — Clôture de la session 276-277

Procès-Verbal des Séances du Corps Electoral du Département de Corse, réuni à Corte.

13 Septembre, *Séance du matin*. — Liste des membres de l'Assemblée. Bureau provisoire : Orso Giacomo Fabiani, président ; Giuseppe Bonaparte, secrétaire ; Paolo Casabianca-Gavini, Cesare Pietri, Régnier du Tillet, scrutateurs. 278 à 284

Séance du soir. — Pascal Paoli, nommé président. . 284-285

14 Septembre, *Séance du matin*. — Giuseppe Maria Pietri, nommé secrétaire. Discours de Paoli . . . . . 285 à 289

Séance du soir. — Mario Peraldi e Giacinto Arrighi, nommés scrutateurs 289-290

15 Septembre. — Giuseppe Simoni nommé scrutateur. . . 290

16 Septembre. — Messe célébrée par l'évêque constitutionnel. Les scrutateurs prêtent serment. Discours divers . . . 291

18 Septembre. — Proposition de diviser la Corse en deux départements. Le président annonce que l'Assemblée a à élire six députés à l'Assemblée Législative. Leoni élu député. . . . . 291 à 293

19 Septembre, *Séance du matin*. — Francesco Maria Pietri élu député à l'Assemblée Législative. 293-294

Séance du soir. — Carlo Andrea Pozzodiborgo élu député à l'Assemblée Législative 294-295

20 Septembre, *Séance du matin*. — Don Pietro Gian Tommaso Boerio élu député à l'Assemblée Législative. 295-296

Séance du soir. — Vote sans résultat. 296-297

21 Septembre, *Séance du matin*. — Bartolomeo Arena élu député à l'Assemblée Législative 297

Séance du soir. — Vote sans résultat. 298

22 Septembre, *Séance du matin.* — Mario Peraldi élu député à l'Assemblée Législative. Panattieri élu député supplémentaire . . . . pages 299-300
   Séance du soir. — Onorato Maria du Tillet élu député supplémentaire 300-301
23 Septembre, *Séance du matin.* — Giambattista Tartaroli élu juré à la Haute Cour Nationale 301-302
   Séance du soir. — Giacomo Pasqualini élu juré à la Haute Cour Nationale. 302
24 Septembre, *Séance du matin.* — Giuseppe Bonaparte élu membre de l'Administration du Département 303-304
   Séance du soir. — Vote sans résultat. 304
25 Septembre, *Séance du matin.* — Domenico Moltedo, Bartolomeo Bonaccorsi et Giambattista Leoni élus membres de l'Administration du Département. 305-306
26 Septembre. — Démission de l'abbé Felce. Vote sans résultat. 306-307
27 Septembre. — Lecture d'une lettre du Roi annonçant qu'il a accepté la Constitution ; Carlo Francesco Carlotti et Antonio Luigi Poli élus membres de l'Administration du Département 307-308
28 Septembre. — Election des treize Administrateurs qui restaient à élire ; leurs noms 309
29 Septembre, *Séance du matin.* — Délibération sur le choix du chef-lieu du Département et du siège de l'évêché . . 310-311
   Séance du soir. — Corte déclaré chef-lieu du Département, et Ajaccio siège de l'évêché 311-312
30 Septembre. — Protestation contre la décision de l'Assemblée Départementale. Motions diverses. Clôture de la session . 312 à 315

Procès-Verbal des Séances du Directoire du Département.

16 Septembre. — Démission de Taddei, membre du Directoire. 316-317
22 Septembre. — Démission d'Arena et de Pozzodiborgo, membres du Directoire, et de Peraldi et Boerio, membres du Conseil Général 317
23 Septembre. — Tirage au sort pour compléter le Directoire ; liste des nouveaux membres 318

24 Septembre. — Démission de l'abbé Felce, membre de l'Administration supérieure . . . . pages 319-320
5 Octobre. — Giambattista Leoni, Luigi Ciavaldini et Vincentello Colonna-Leca élus Directeurs supplémentaires . . 320-321
19 Octobre. — Leoni prête le serment ordinaire 322-322
25 Octobre, *Séance du matin*. — Luigi Ciavaldini prête le serment ordinaire. 322
Séance du soir. — Colonna Leca prête le serment ordinaire 323

Publications de la Société :

Bulletin de a Société des Sciences Historiques et Naturelles de la Corse, années 1881-1882, 1883-1884, 1885-1886 et 1887-1890, 4 vol., 724, 663, 596 et 606 pp.

Mémoires de Rostini, texte italien avec traduction française, par M. l'abbé LETTERON, 2 vol., 482 et 588 pp.

Memorie del Padre Bonfiglio Guelfucci, dal 1729 al 1764, 1 vol., 236 pp.

Dialogo nominato Corsica del Rᵐᵒ Monsignor Agostino Justiniano, vescovo di Nebbio, texte revu par M. DE CARAFFA, conseiller à la cour d'appel, 1 vol., 120 pp.

Voyage géologique et minéralogique en Corse, par M. Emile Gueymard, ingénieur des mines, (1820-1821), publié par M. J.-M. BONAVITA, 1 vol., 160 pp.

Pietro Cirneo, texte latin, traduction de M. l'abbé LETTERON, 1 vol., 414 pp.

Histoire des Corses, par Gregorovius, trad. de M. P. LUCCIANA, 1 vol., 168 pp.

Corsica, par Gregorovius, traduction de M. P. LUCCIANA, 2 vol., 262 et 360 pp.

(Ces trois derniers volumes font partie du même ouvrage).

Pratica delli Capi Ribelli Corsi giustiziati nel Palazzo Criminale (7 Maggio 1746). Documents extraits des archives de Gênes. Texte revu et annoté par M. DE CARAFFA, conseiller, et MM. LUCCIANA frères, professeurs, 1 vol., 420 pp.

Pratica Manuale del dottor Pietro Morati di Muro. Texte revu par M. V. DE CARAFFA, deux vol., 354 et 516 pp.

La Corse, Cosme Iᵉʳ de Médicis et Philippe II, par M. A. DE MORATI, ancien conseiller, 1 vol., 160 pp.

La Guerre de Corse, texte latin d'Antonio Roccatagliata, revu et annoté par M. DE CASTELLI, traduit en français par M. l'abbé LETTERON, 1 vol., 250 pp.

Annales de Banchero, ancien Podestat de Bastia, manuscrit inédit, texte italien, publié par M. l'abbé LETTERON, 1 vol., 220 pp.

Histoire de la Corse, (dite de Filippini), traduction de M. l'abbé LETTERON, 1ᵉʳ vol., XLVII-504 pp. — 2ᵉ vol., XVI-332 pp. — 3ᵉ vol., XX-412 pp.

Deux Documents inédits sur l'Affaire des Corses à Rome, publiés par MM. L. et P. LUCCIANA, 1 vol., 442 pages.

Deux visites pastorales, publiées par MM. PHILIPPE et VINCENT DE CARAFFA, conseiller, 1 vol., 240 pp.

Pièces et documents divers pour servir à l'Histoire de la Corse pendant la Révolution Française, recueillis et publiés par M. l'abbé LETTERON, 2 vol., 428 et 464 pp.

Procès-verbaux des séances du Parlement Anglo-Corse, du 7 février au 16 mai 1795, publiés par M. l'abbé LETTERON, 1 vol., 739 pp.

Sampiero et Vannina d'Ornano, (1434-1563), par M. A. DE MORATI, 1 vol., 83 pp.

Correspondance de Sir Gilbert Elliot, Vice-Roi de Corse, avec le Gouvernement Anglais. Traduction de M. SÉBASTIEN DE CARAFFA, avocat, 1 vol., VIII-553 pp.

Mémoires Historiques sur la Corse, par un Officier du régiment de Picardie (1774-1777), publiés par M. V. DE CARAFFA, 1 vol., 266 pp.

Mémoires du Colonel Gio. Lorenzo de Petriconi (1730-1784), publiés par M. l'abbé LETTERON, 1 vol., 245 pp.

Lettres de Pascal Paoli, publiées par M. le docteur PERELLI, 3 vol., 600, 752 et 400 pp.

Pièces et documents divers pour servir à l'Histoire de la Corse pendant les années 1737-1739, recueillis et publiés par M. l'abbé LETTERON, 1 vol., XIX-548 pp.

La conspiration d'Oletta — 13-14 février 1769, par M. A. DE MORATI, 1 vol., 158 pp.

Théodore Iᵉʳ, roi de Corse, traduction de l'allemand de Varnhagen, par M. PIERRE FARINOLE, professeur au Collège de Corte, 1 vol., IV-75.

Documents sur les troubles de Bastia (1ᵉʳ, 2 et 3 Juin 1791), publiés par M. A. CAGNANI, 1 vol., 117 pp.

BULLETIN

DE LA

SOCIÉTÉ DES SCIENCES HISTORIQUES ET NATURELLES DE LA CORSE

PRIX DU BULLETIN :

Pour les membres de la Société, un an . . . . **10** fr.

ABONNEMENTS :

Pour la Corse et la France, un an . . . . . **12** fr.

Pour les pays étrangers compris dans l'union postale, un an . . . . **13** fr.

Pour les pays étrangers non compris dans l'union postale, un an . . . . **15** fr.

NOTA. — Tout abonnement est payable d'avance, et se prend à l'année, du mois de janvier au mois de décembre

S'adresser pour les abonnements à M. CAMPOCASSO, Trésorier de la Société, ou à la librairie OLLAGNIER, à Bastia.

Prix du fascicule : **3** francs

www.ingramcontent.com/pod-product-compliance
Lightning Source LLC
Chambersburg PA
CBHW070903170426
43202CB00012B/2176